社会政策丛书
SOCIAL POLICY SERIES

THE URBAN POVERTY FAMILIES'
SUSTAINABLE LIVELIHOODS OF CHINA

城市贫困家庭
可持续生计

—— 发展型社会政策视角

BASED ON THE PERSPECTIVE OF SOCIAL POLICY FOR DEVELOPMENT

高功敬 著

社会科学文献出版社
SOCIAL SCIENCES ACADEMIC PRESS (CHINA)

前　言

　　国际学术界对贫困内涵的拓展性理解集中体现了贫困问题的复杂性。在人类对贫困现象的认识谱系中，国际学术界对贫困内涵的理解从最初把贫困仅仅定义成收入与消费匮乏，到可行能力匮乏，再到资产或财富匮乏、权利匮乏或社会排斥导致的脆弱性以及稀缺性思维模式，从中我们可以发现贫困现象不仅涉及宏观的制度－文化结构维度，也涉及微观个体或家庭的收入、资产、能力以及心智维度。它不是单一维度主导的结果，而是宏观结构与微观个体（家庭）之间多重交互作用的结果。消除贫困所需要的必要条件是如此之多，任何仅靠单一维度的贫困观所实施的反贫困措施都是不充分的。一百多年来，国际学术界对贫困现象的理解历程及其相应的福利政策实践表明，通过发展理论，开展实证研究，人们对贫困现象的认识不断从单维走向多维、从事实走向规范、从碎片走向整合，强调贫困现象的复杂性、系统性与整合性的生态系统观念逐渐成为主流。任何有效的城市反贫困政策理论与实践，都需要从整体性视角出发，只有从整合性、系统性的多重维度来设计反贫困政策，才有可能实质性地缓解或消除贫困。因此，一种基于对贫困现象复杂性理解的多维整合视野就成为有效反贫困的内在要求。

　　20 世纪 90 年代以来，国际反贫困理论界与实务界在对二战后长期主导发展中国家经济社会发展战略的"现代化发展范式"的经验教训进行全面剖析的基础上，对 20 世纪 80 年代以所谓"华盛顿共识"为代表的"新古典自由主义范式"进行了系统的批判，对基于消费维持基础上的传统社会福利政策范式进行了深刻的反思，在此基础上，逐步形成了发展型社会政策理念。发展型社会政策聚焦于超越基本需求满足的能力建设，试图融合经济发展与社会政策目标，强调跨部门的整合协调，注重社会政策的风险预防与包容能促功能，日益成为国际社会政策领域中占主导地位的政策范式，成为整合20世纪90年代以来社会福利政策领域中各种新思维、新观念与新实践的有效政策框架。

发展型社会政策，作为一种影响广泛的、具有宏大抱负的社会政策范式，在具体针对反贫困领域时，迫切需要一个能够充分体现自身理念的有效分析框架与政策实践工具。一种完全契合于发展型社会政策理念的可持续生计框架（Sustainable Livelihoods Framework，SLF）被逐步发展出来。可持续生计框架提供了一种系统分析贫困家庭生计的理论架构。它包含有几个相互关联的基本要素，有助于人们认识贫困的复杂性以及寻求反贫困的切入点或政策实践。它也集中反映了当前人们对贫困问题以及反贫困实践的拓展性理解，在理论和实践上遵循着如下基本原则：以人为中心、整体性、促进微观－宏观联系、动态性、优势视角以及可持续性目标等。无论是从发展理念、政策目标，还是从干预重心以及运行机制来说，可持续生计框架都完全契合于发展型社会政策理念，逐渐成为反贫困领域的重要分析框架和实践政策工具。

随着中国城市化的快速发展，中国反贫困政策实践与理论研究的重心将逐渐由农村转移至城市，城市反贫困问题日趋重要。长期以来，中国城市反贫困理念与目标具有单纯救助性与生计维持性特征，城市反贫困政策机制具有碎片化、断裂性特点。城市贫困问题的异质性、复杂性以及卷入部门的多样性，内在要求城市反贫困政策从维持性生计目标逐步向可持续性生计目标转变，从单一视野逐步向多维视野转变；迫切要求改变碎片化、断裂性的反贫困政策机制，逐步向跨部门、整体性、协同性的社会政策机制转变，建构并形成发展型社会政策理念下城市贫困家庭可持续生计框架，这是当前及未来中国城市反贫困的关键。中国城市贫困家庭可持续生计框架及其有效政策路径的建构，需要在实证研究的基础上，澄清城市贫困家庭可持续生计的关键影响因素。本书旨在基于实证研究，系统剖析当前中国城市贫困家庭生计维持系统的现实状况及其存在的突出问题，澄清城市贫困家庭可持续生计系统建构的关键要素，并基于发展型社会政策理念，提出构建中国城市贫困家庭可持续生计系统的现实政策路径，以期为推动中国城市反贫困政策理念转变与机制优化提供相应的政策建议，为推进相关学术研究的深入开展提供有价值的参考。

本书系统梳理了国际学术界对贫困内涵的拓展性理解以及国内外学术界关于可持续生计的理论与应用研究成果，明确了研究定位与研究视角；厘清了发展型社会政策理念与可持续生计框架之间的内在关联，确定了研究的基本理念与分析框架。在此基础上，本书对城市贫困家庭的生计系统进行了系统的测量，建构了适用于中国城市贫困家庭生计资本特征的测量指标体系。基于此，本书对城市贫困家庭生计资本状况实施了大规模抽样调查，收集了大量的一手数据。

本书在对数据进行统计分析的基础上，系统剖析了当前中国城市贫困家庭生计系统的现实状况及其突出困境，并深入探讨了城市贫困家庭各种生计资本类型对其生计策略的相关效应。实证分析表明，城市贫困家庭生计资本具有如下显著特征：（1）城市贫困家庭生计资本总体匮乏，城市贫困家庭所实际拥有的各类生计资本水平较低。（2）城市贫困家庭生计资本不仅整体匮乏，而且内部结构严重失衡，主要体现在金融资本与人力资本系统中的职业技能培训水平较低。（3）当前城市贫困家庭生计资本维持型特征突出，发展型特征较弱，城市贫困家庭收支结构总体上维持基本平衡状态，城市贫困家庭消费结构基本属于维持型消费，发展型消费支出偏低。（4）城市贫困家庭生计资本脆弱性强、可持续性差。城市贫困家庭赖以抵御市场风险以及生命历程中重大事件冲击的可行选择十分有限，表现出较强的脆弱性，可持续生计系统的建构需要有效的政策支持。

通过进一步的实证分析，我们有如下几点发现。（1）金融资产对城市贫困家庭主要生计策略具有显著性影响，政府应高度重视各种制度化方式对促进城市贫困家庭金融资产积累的必要性。长期以来，由于认识水平或各种偏见的局限，对于金融资产在城市贫困家庭生计维持系统以及可持续生计发展上的重要性被有意或无意地严重忽视了。包括储蓄、信贷、保险、住房公积金以及投资等在内的金融资产的制度性积累，对于城市贫困家庭可持续生计至关重要。通过制度化方式促进金融资产积累不能仅仅局限于中产及以上阶层，而应基于发展型社会政策理念，拓展其包容性，使穷人能够切实有效可及低利率信贷支持、税收减免、转移支付以及住房公积金等各种制度化金融资产积累渠道。通过制度化方式促进穷人金融资产的积累，并充分发挥金融资产积累过程中对于穷人各种生计资本与生计策略的积极效应，必将成为未来中国城市反贫困政策的发展趋向。（2）加强知识更新与职业技能培训是建构城市贫困家庭可持续生计系统的必由之路。实证研究表明，当前城市贫困家庭先前所拥有的知识技能已经较为陈旧，已经远不能适应当今飞速变化的劳动力市场对相关知识与具体技能的最新需求。城市贫困家庭成员的知识更新和及时有效的技能培训对于其劳动力市场参与及其收入提升具有十分重要的影响。（3）当前中国社会救助理念与机制总体上属于生计维持型特征，发展型特征不明显。促进社会救助理念与运作机制由生计维持型向发展型转变是建构城市贫困家庭可持续生计系统的关键一环。（4）有未成年子女的贫困家庭应成为政策支持的重点对象。社会化理论及其相关研究充分表明，家庭环境对于儿童的健康成长极其关键。城市贫困家庭的儿童成长教育不仅是家庭的根本利益所在和基本人权要求，也是民族振兴与国家可持续发展的基本条件。实证研究表明，有未成年子女的贫困家庭相对于没有未成年子女

的贫困家庭而言，其生计维持负担相对较重，其维持型消费支出
与发展型消费支出都显著较高，需要更多的、更有针对性的社会
救助支持。（5）对生活是否拥有信心是影响城市贫困可持续生计
建构的重要变量。实证研究表明，对未来生活有信心的城市贫困
家庭相对于信心不足的城市贫困家庭而言，其劳动力市场参与水
平显著较高，对于社会救助的依赖明显减少。不仅如此，对未来
生活充满信心也是城市贫困家庭生活质量的基本内容之一。当然，
对于城市贫困家庭而言，对未来生活充满信心不是建立在空中楼
阁之上的，除了家庭成员的共同努力，还需要从政策制度上赋予
其生活信心生发的土壤。这就需要从制度上促进城市贫困家庭金
融资产的积累，加大城市贫困家庭成员的职业技能培训力度，促
进城市贫困家庭成员的知识技能更新步伐，推动社会救助制度由
单纯的生计维持型向发展型转变，通过整合各种有效政策措施提
振城市贫困家庭成员对未来生活的信心，使其对可持续生计怀有
现实的期许，看到经过自身不断努力可以改变的希望。

　　最后，本书基于发展型社会政策理念和现实国情，有针对性
地提出了以制度化方式支持城市贫困家庭可持续生计的相关政策
建议，勾勒出中国城市贫困家庭可持续生计框架的基本要素。（1）
构建发展型社会救助政策，促进社会救助制度理念与机制由生计
维持型向发展型转变。建构发展型社会救助政策是中国经济社会
发展的内在要求，是党和国家所倡导的共享发展理念的基本要求，
也是社会救助政策自身发展的基本趋势。建构中国发展型社会政
策需要大力推动"社会救助法"早日出台，以使各项救助实现整
体协调功能；需要把目标拓展到基本生存需求之上的可持续生计；
增强现行社会救助政策的包容性与能促性，扩大覆盖面，增加缓
冲期，一段时间内"脱贫不脱帽"，拓展自主选择空间，巩固脱贫
成果，最终走上可持续生计发展道路。（2）创新职业技能培训机
制，加大对城市贫困家庭有劳动能力成员的职业技能培训力度，
促进城市贫困家庭成员的知识技能更新步伐。（3）建立中国贫困

家庭儿童教育发展账户。建立城市贫困家庭儿童教育发展账户是发展型社会政策理念在贫困家庭领域中的重要体现，也是建构城市贫困家庭可持续生计的主要内容之一。本书初步探讨了中国城市贫困家庭儿童教育发展账户建构的基本原则与具体机制。（4）促进住房公积金全覆盖。住房公积金制度在保障绝大多数城市家庭住房资产积累上发挥了重要的基础性作用，然而，这一运作较为成功的住房政策自建立以来一直被参加正规就业的职工所享有。事实上，住房公积金最重要的福利部分不在于单位缴纳的基金配比，而是这项政策能够给购买住房的家庭提供一大笔长期低利率的信贷资金，这笔信贷资金常常是普通家庭成员在其漫长的一生中所能够享有的为数不多的大笔低利率信贷机会。尽管《住房公积金管理条例》进行了修订，已经将缴存对象扩大到无雇工的个体工商户、非全日制从业人员以及其他灵活就业人员等，但并没有实现城市贫困家庭全覆盖。另外，对于极其贫困的家庭，个人缴存住房公积金的能力有限，在事实上被排除在外。鉴于住房公积金制度在住房资产积累以及金融资产建设上的双重地位，早日实现住房公积金全覆盖，拓展至所有城市（贫困）家庭，其重要意义不仅仅限于为城市贫困家庭可持续生计系统的构建注入强有力的金融政策支持，而且对于抑制我国日益扩大的贫富分化趋势，优化阶层结构，实现共享、可持续发展必将具有深远的积极影响。

目　录

第一章　导论 …………………………………… 1

一　可持续生计与城市贫困 …………………… 1

二　国内外可持续生计研究 …………………… 6

三　研究方法与调查对象 ……………………… 32

四　研究思路与研究结构 ……………………… 35

第二章　发展型社会政策与可持续生计框架 ……… 39

一　发展型社会政策：背景与理念 …………… 39

二　可持续生计框架 …………………………… 55

三　可持续生计框架与中国城市贫困家庭 …… 72

第三章　城市贫困家庭生计资本指标体系建构及测量 … 76

一　人力资本指标及测量 ……………………… 76

二　住房资产状况及测量 ……………………… 82

三　物质资本（非房）指标及测量 …………… 84

四　金融资本指标及测量 ……………………… 87

五　社会资本指标及测量 ……………………… 98

第四章　城市贫困家庭生计资本现状分析 ………… 101

一　整体匮乏 …………………………………… 101

二　结构失衡 …………………………………… 107

三　维持型突出，发展型不足 ………………… 111

四　脆弱性较强，可持续性差　　　　　　　　　114

第五章　城市贫困家庭生计资本与生计策略　　118
一　模型设定　　　　　　　　　　　　　　　118
二　生计资本与劳动力市场参与　　　　　　　120
三　生计资本与就业方式　　　　　　　　　　130
四　生计资本与社会救助　　　　　　　　　　134
五　生计资本与消费方式　　　　　　　　　　140
六　小结　　　　　　　　　　　　　　　　　143

第六章　城市贫困家庭可持续生计政策路径　　146
一　构建发展型社会救助政策　　　　　　　　146
二　创新职业技能培训机制　　　　　　　　　151
三　建立城市贫困家庭儿童教育发展账户　　　153
四　促进住房公积金制度全覆盖　　　　　　　161

第七章　结论与讨论　　　　　　　　　　　164
一　研究发现　　　　　　　　　　　　　　　164
二　相关讨论　　　　　　　　　　　　　　　170

专题研究　城市低保家庭资产与健康状况　　172
一　城市低保家庭资产状况：基于一项比较研究　172
二　城市低保家庭人口健康状况　　　　　　　198
三　城市低保对象精神健康状况及其影响因素分析　219

参考文献　　　　　　　　　　　　　　　　238

附录　城市贫困家庭生活状况调查问卷　　　252

图目录

图 1-1　当代学术界关于贫困内涵的拓展性理解 ················ 15

图 2-1　DFID（农户）可持续生计框架（SLF）示意 ········· 57

图 2-2　生计资产五边形 ·········· 63

图 4-1　城市贫困家庭生计资本五边形 ·········· 109

图 7-1　中国城市贫困家庭可持续生计
　　　　框架（SLF）示意 ··············· 169

图 1　杠杆作用对残差平方标绘 ··············· 233

图 2　标准化残差分布 ················ 234

表目录

表1-1　中国知网"可持续（性）生计"主题
　　　　历年研究文献数量分布 …………………………… 22

表1-2　农户可持续生计研究中所使用的主要研究方法、
　　　　技术手段及其代表成果 ………………………………… 25

表2-1　规范性理论及其社会政策意涵 …………………… 53

表3-1　家庭成年成员受教育年限调查情况一览 ………… 77

表3-2　家庭成年成员受教育水平标准分一览 …………… 78

表3-3　家庭所有成员健康状况调查情况一览 …………… 79

表3-4　家庭所有成员健康状况标准分一览 ……………… 79

表3-5　家庭有劳动能力成员调查情况与
　　　　标准分一览 ………………………………………… 80

表3-6　家庭职业技能状况调查与标准分一览 …………… 81

表3-7　家庭住房资产标准分一览 ………………………… 83

表3-8　家庭物质资本（非房）标准化处理一览 ………… 86

表3-9　家庭收支调查项目一览 …………………………… 88

表3-10　家庭收支情况一览 ………………………………… 92

表3-11　家庭收支平衡情况一览 …………………………… 95

表3-12　家庭金融资产类别及其标准分一览 ……………… 97

表3-13a　家庭社会支持调查情况一览 …………………… 98

表3-13b　家庭社会支持调查情况一览 …………………… 99

表3-14　家庭社会资本标准分一览 ………………………… 99

表4-1　城市贫困家庭生计资本标准分一览 ……………… 101

表 4 - 2　城市贫困家庭人力资本调查状况一览 ……………… 103

表 4 - 3　家庭住房资产调查情况一览 ………………………… 104

表 4 - 4　两项同年度抽样调查家庭物质资本（非房）
　　　　　调查情况一览 ……………………………………… 105

表 4 - 5　家庭技术证书数量与技能培训人次一览 ………… 110

表 4 - 6　2012 年全国城镇居民收支状况一览 ……………… 112

表 5 - 1　城市贫困家庭工资性收入及其占比
　　　　　影响因素 OLS 模型 …………………………………… 122

表 5 - 2　城市贫困家庭劳务性收入及其占比
　　　　　影响因素 OLS 模型 …………………………………… 128

表 5 - 3　城市贫困家庭正规就业收入与非正规就业收入
　　　　　影响因素 OLS 模型 …………………………………… 132

表 5 - 4　城市贫困家庭救助性收入及其占比
　　　　　影响因素 OLS 模型 …………………………………… 135

表 5 - 5　城市贫困家庭制度性救助收入及其占比
　　　　　影响因素 OLS 模型 …………………………………… 138

表 5 - 6　城市贫困家庭维持型消费与发展型消费
　　　　　影响因素 OLS 模型 …………………………………… 141

表 6 - 1　"共筑中国梦"：城市贫困家庭儿童教育
　　　　　发展账户运作机制 ……………………………………… 154

表 6 - 2　某省普通二本院校文科大学生四年
　　　　　花费情况一览 ……………………………………… 156

表 6 - 3　小王教育发展账户（1∶2 比例配款）
　　　　　运作情况一览（示例 1） ……………………………… 157

表 6 - 4　小王教育发展账户（1∶3 比例配款）
　　　　　运作情况一览（示例 2） ……………………………… 160

表 1　城市低保家庭收支变量及其构成一览 ……………… 177

表 2　城市低保家庭现金资产与房产情况一览 ……………… 179

表 3　城市低保家庭资产分布状况（2005/2012） ………… 182

表 4　城市低保家庭月收支概况一览 …………………………… 190

表 5　城市低保家庭耐用品及其他物质资产概况 ………… 192

表 6　城市低保家庭子样本分布情况 …………………… 202

表 7　城市贫困人口健康状况分布情况 …………… 206

表 8　不同变量组别下城市贫困人口的生理健康状况 ……… 207

表 9　不同变量组别下城市贫困人口的抑郁状况 ……… 211

表 10　不同变量组别下城市贫困人口的焦虑症状 ………… 214

表 11　城市低保家庭子样本分布概况 ………… 225

表 12　低保对象抑郁程度概况 ……………………… 230

表 13　低保对象抑郁程度影响因素 OLS 模型 ……………… 231

第一章　导论

伴随着城市化的飞速发展，中国城市贫困问题日益凸显，已成为反贫困政策实践与理论研究的重要关切。在新时代背景下，中国城市贫困群体的复杂多样性及其面临的多重脆弱性环境，内在要求城市反贫困政策实践从维持性生计目标逐步向可持续性生计目标转变，从单一视野逐步向多维视野转变；迫切要求改变碎片化、断裂性的反贫困政策机制，逐步向跨部门、整体性、协同性的发展型社会政策机制转变。本章主要任务是提出研究问题、开展文献综述、介绍研究方法、澄清调查对象、阐明研究思路及研究结构。

一　可持续生计与城市贫困

近三十年来，国际学术界对基于消费维持基础上的传统社会福利政策范式进行了深刻的反思，普遍认为这种政策范式虽然在一定程度上缓解了贫困，但由于忽视了贫困产生的复杂性以及贫困者的自身能力建设，没有从根本上减少贫困，也缺乏与经济、社会整体发展的协调。① 20 世纪 90 年代以来，西方社会由传统的社会福利政策范式向发展型社会政策范式转变，强调反贫困的系

---

① Michael Sherraden, *Assets and the Poor：A New American Welfare Policy* (New York：M. E. Sharpe, Inc., 1991). Sen, Amartya K., *Development as Freedom* (Oxford：Oxford University Press, 1999). Anthony Hall and James Midgley, *Social Policy for Development* (London：Sage. 2004).

统复杂性与整体性，注重贫困者资产与能力建设的核心作用，逐渐由基于消费维持的传统单一性救助模式向包容性的多元整合模式转变，由被动性向能促性转变。[①] 20 世纪 80 年代末，世界环境与发展委员会提出了"可持续生计"的概念，1992 年，联合国环境与发展大会把"可持续生计"理念引入行动议程，强调可持续生计系统对于反贫困的重要性。逐渐发展起来的可持续生计框架（the Sustainable Livelihood Framework，SLF）体现了跨部门的、整体的生计支持取向，为解决贫困问题提供了一种更富有弹性、包容性以及整合性的思路，典型地体现了发展型社会政策的基本理念[②]，已经成为联合国开发计划署等国际组织反贫困的有力分析工具与操作方法。[③]

自 20 世纪 90 年代以来，中国城市贫困问题日益凸显，贫困现象日趋复杂，逐渐成为国内反贫困政策实践与研究领域中的主要议题之一。[④] 中国城市贫困问题随着经济社会体制的持续转型、工

---

① 关信平：《现阶段中国城市的贫困问题及反贫困政策》，《江苏社会科学》2003 年第 2 期；徐月宾、张秀兰：《中国政府在社会福利中的角色重建》，《中国社会科学》2005 年第 5 期；张秀兰、徐月斌、詹姆斯·梅东里编《中国发展型社会政策论纲》，中国劳动社会保障出版社，2007；杨团：《社会政策研究范式的演化及其启示》，《中国社会科学》2002 年第 4 期；杨团：《资产社会政策——对社会政策范式的一场革命》，《中国社会保障》2005 年第 3 期。

② 关于发展型社会政策理念与可持续生计框架的具体意涵及其内在关联，本书将在第二章中详细阐述。

③ Scoones，*Sustainable Rural Livelihoods：a Framework for Analysis*，Working Paper 72（Brighton：Institute of Development Studies，1998）.

④ 众所周知，长期以来，中国贫困问题的核心议题主要聚焦于农村贫困人口。目前农村贫困人口依然是中国贫困问题的重中之重，比如根据国家统计局发布的数据，改革开放以来中国农村减贫业绩举世瞩目，但截至 2014 年底，根据农村每人每年 2800 元的贫困线标准测算，中国农村贫困人口规模依然维持在 7017 万人（张为民：《脱贫步伐加快，扶贫成效显著，我国贫困人口大幅减少》，http://www.stats.gov.cn/tjsj/sjjd/201510/t20151016_1257098.html，最后访问日期：2018 年 7 月 11 日）。相比之下，中国城市贫困现象，作为一个重要社会问题主要是在 20 世纪 90 年代以来，伴随着中国经济结构调整与国企改革的大背景下产生的（唐钧：《当前中国城市贫困的形成与现状》，《中国党政干部论坛》2003 年第 2 期，第 22~25 页）。进入 21 世纪后，随着（转下页注）

业化（甚至后工业化）与城市化的飞速发展以及全球化、市场化的深入拓展而不断演化，总体上可以区分出三个明显的发展阶段，呈现显著的时代特征。20 世纪 90 年代之前，城市贫困人口主要集中在传统的"三无"群体，规模较小，主要由国家民政部门施以救济，保障其较低水准的基本生活。20 世纪 90 年代初至 21 世纪初，国家对效率低下的大量国有（集体）企业实施以"减员增效、下岗分流、规范破产、鼓励兼并"为导向的市场化改革，长期体制内生存的传统产业工人大规模下岗失业，尤其是 1997～2003 年更是形成了下岗失业潮。这期间，大规模下岗失业人员由于择业困难以及社会救助制度的滞后，基本生活陷入困境，构成了城市贫困人口的主体。与此同时，国家大力推进再就业工程，并逐步建立了具有鲜明中国特色且影响深远的城市贫困家庭基本生活保障制度（城市低保），维持城市贫困家庭的最低生活标准。这期间中国成功加入世贸组织（WTO），轻装上阵的国有企业在股份制改革后释放了新的发展动能，中国经济在国内大规模投资与繁荣的外贸出口导向性经济推动下，一派欣欣向荣。中国城市低保制度基本完善，城市低保人口规模在"应保尽保"原则下逐步趋于稳定，基本维持在 2000 万人左右。[①] 城市低保制度与诸多其他社会救助制度的建立与完善，使得当初因经济体制转型遭受贫困的大规模下岗失业群体得到了多样化的社会救助与福利服务，获得了一定的体制性补偿。与此同时，高速的经济发展促使大量农民工涌入城市，逐步融入城市生活，城镇化率大幅度提

（接上页注④）工业化与城市化的飞速发展，中国城市贫困人口问题越来越突出。尽管在未来一段时期内，农村反贫困问题依然任重道远，然而，可以合理预期，城市反贫困的重要性必将在未来中国反贫困体系中占据主导地位。近年来，城市贫困问题越来越成为国内反贫困政策实践与学术研究的重要议题，也反映了这一变化趋势。

① 《2014 年社会服务发展统计公报》，http://www.mca.gov.cn/article/sj/tjgb/201506/201506008324399.shtml，最后访问日期：2015 年 6 月 10 日。

升。① 然而，户籍制度及福利区隔等各种社会性排斥使大量定居在城市中的外来流动人口处于弱势地位，其中相当一部分人口构成了当前城市贫困群体的新来源。2007 年，中国国内生产总值（GDP）增速达到了改革开放以来令人震惊的 14.2% 的峰值。② 自此以后，开始逐步回落，不具可持续性的过快 GDP 增速不仅使资源、环境等难以承受，客观上也削弱了经济体制结构的内在转型动力，并积累了大量的经济、社会矛盾。全面、协调、可持续发展理念逐渐成为新时代的主题。由美国次贷危机所引发的金融动荡，通过全球化机制将影响扩散至世界各地，中国经济面临着更加突出的转型压力，诸多传统行业产能过剩、需求不振，市场的优胜劣汰机制产生了新背景下的失业群体。在此期间，也出现了刚毕业不久的大学生就业生活困难群体（所谓的"蚁族"群体），城市贫困群体的复杂性与多样性日趋增加。值得强调的是，除了人口统计学类型多样化之外，城市贫困群体所面临的脆弱性冲击来源也是多重的、相互交织的，不仅受到经济体制转轨与宏观结构调整因素的约束，而且越来越多地受到全球化风险以及市场化力量的交互影响。

在新时代背景下，中国城市贫困群体的复杂多样性及其面临的多重脆弱性环境，内在要求中国城市反贫困政策实践要从维持性生计目标逐步向可持续性生计目标转变；要从单向度视野逐步向多维整合视野转变，要迫切改变分散化、碎片化、断裂性的反贫困政策机制，逐步向跨部门、整体性、协同性的政策机制转变。一言以蔽之，新时代背景下中国城市反贫困政策实践，内在要求

---

① 2010 年，中国城镇化率达到 50%，即城镇人口与乡村人口首次持平，该年城镇人口规模达到了 6.70 亿人，乡村人口减至 6.71 亿人。参见 http://data.stats.gov.cn/ks.htm? cn = C01&zb = A0501，最后访问日期：2018 年 7 月 10 日。

② 参见 http://data.stats.gov.cn/ks.htm? cn = C01&zb = A0501，最后访问日期：2018 年 7 月 10 日。

我们从中国城市贫困群体所面临的现实环境出发，基于发展型社会政策理念建构出城市贫困家庭可持续生计的具体实践框架。适切于中国现实国情的城市贫困家庭可持续生计框架的建构，有一个先在的前提条件，即需要对当前中国城市贫困家庭的生计维持系统现状及其特征有一个系统完整而又相对准确的把握和理解。这构成了本项研究的基本任务。具体来说，本研究主要解决如下两个密切关联的基本问题。①在实证研究基础上，深入分析当前中国城市贫困家庭生计维持系统的现实状况及其存在的突出困境。这需要在实证研究基础上，系统剖析当前中国城市贫困家庭所实际拥有的生计资产状况及其生计策略等。②从当前城市贫困家庭生计维持系统现状出发，基于发展型社会政策理念，具体探讨当前城市贫困家庭可持续生计系统建构的关键环节与现实路径，并据此提出中国城市贫困家庭可持续生计框架。

国外学术界对发展型社会政策理念下可持续生计方面的相关研究，更多地聚焦于发展中国家的农村反贫困领域，而国内相关学者也主要聚焦于对农村居民、失地农民可持续生计框架的研究。国内个别对城市贫困家庭可持续生计框架的研究，也基本上局限于理念倡导阶段，缺乏扎实的实证研究，在研究视角上存在着单一性，缺乏整合性视野。因此，相关学术界总体上缺乏对发展型社会政策理念下中国城市贫困家庭可持续生计框架的专门系统研究，本研究可被视为该领域一个有价值的学术探索。另外，当前国际社会反贫困的政策思路与实践已从传统的单一性、救助性、被动性向多元整合、资产与能力建设以及能促性转变，而中国城市反贫困实践也迫切要求寻求新的发展方向并注入新的变革动能。实证研究当前中国城市贫困家庭生计维持系统的现状与问题，并建构中国城市贫困家庭可持续生计系统的政策路径，以期为推动中国城市反贫困政策实践转向以及相关福利政策范式的本土化发展贡献一定的智识力量，其中所提出的具体改进措施也可为相关理论与实务部门提供相应的借鉴。

二　国内外可持续生计研究

无论是发展型社会政策理念还是可持续生计框架，本身都是建立在当代学术界对贫困复杂内涵的拓展性理解基础上的。可持续生计研究在国际学术界已开展二十多年，积累下大量的研究成果，成为本研究必须吸取的智识资源。本部分首先对一百多年来学术界关于对贫困内涵的演进谱系进行系统梳理，然后，紧紧围绕着国内外学术界对可持续生计（框架）的理论探讨与实证研究展开综述，以期在此过程中澄清研究定位，明确研究视角。需要说明的是，关于发展型社会政策理念、可持续生计框架及其二者之间的关系问题将在第二章进行详细阐述。

（一）对贫困内涵的拓展性理解

对贫困的感知与探讨，自从人类社会诞生以来就一直存在，广泛地反映在各种文学作品、哲学著作以及宗教典籍等文献中。但贫困现象作为近代社会科学研究的专门对象，只有短短的一百来年。尽管卢梭、亚当·斯密、卡尔·马克思、弗里德里希·恩格斯等人对工业革命以来大规模的贫困现象进行了深刻揭露、批判与研究——尤其是恩格斯曾在 1845 年发表了《英国工人阶级状况》①，然而，学界基本上公认英国经济学家朗特里（Seebohm-Rowntree）1901 年出版的《贫困：城镇生活研究》，标志着现代社会科学对贫困现象研究的开端。1899 年朗特里在英国约克郡进行

---

① 恩格斯：《英国工人阶级状况》，《马克思恩格斯全集》（第二卷），中共中央马克思恩格斯列宁斯大林著作编译局译，人民出版社，2006。这是恩格斯根据自己 1842 年 11 月至 1844 年 8 月在英国居住期间的直接观察和各种官方及非官方文件的材料写成的一部重要著作，1844 年 9 月至 1845 年 3 月写于德国巴门，1845 年在莱比锡出版。

了一次大型家计调查，在此基础上，第一次为贫困家庭基于经验性数据建构了一个明确的贫困标准或测量尺度。其在该书中，从收入和消费支出的角度对贫困做出了界定：家庭收入水平不足以满足维持机体正常功能所需要的最低生活必需品状态。据此理念，其计算出最低生活支出的金额，建立了收入与消费维持（生计维持）基础上的贫困线概念。[①]

朗特里开创的基于收入与消费维持基础上的贫困概念，是从个体生理最低需要角度出发的，该基本需要不能得到满足，人们便不能生存，更谈不上基本功能得到正常发挥了。因此，朗特里的贫困意涵是一种绝对贫困的概念。1958 年，美国著名经济学家加尔布雷斯（Calbrainth）从收入与消费支出的维度，提出了相对贫困的概念，明确指出，是否贫困不仅取决于维持生计所需要的基本收入水平，更重要的是取决于社会中其他人的收入水平。[②] 随后，英国学者鲁西曼（Runciman）和唐森德（Townsend）提出并发展了相对贫困理论。[③] 唐森德 1979 年提出了"相对剥夺"的概念，进一步深化了相对贫困理论和实践的研究。他指出："在一个社会中，任何个人、家庭或群体，如果缺乏资源以获取各类食品、参加社会活动、享有生活条件和各类设施，不能依照其所属社会成员习惯性的、广受鼓励或广为认可的方式生活，那么，我们就可以说他们处于贫困之中。"[④]

无论是朗特里的绝对贫困概念还是唐森德的相对贫困概念，其共同的核心维度都仅仅局限于收入与消费支出范畴，是从维持基本生存或相对于社会平均生活水准所需要的最低基本

---

① Rowntree, B. S. 1901. *Poverty: A Study of Town Life*（Bristol: Policy Press, 2000）.

② Galbraith, J. K., *The Affluent Society*（Mariner Books, 1998）.

③ Townsend, Poverty and Relative Deprivation, in Wedderburn, D.（ed.）*Poverty, Inequality and Class Structure*（Cambridge: Cambridge University Press, 1974）, pp. 57－74.

④ Townsend, *Poverty in the United Kingdom*（Harmondsworth: Penguin Books, 1979）.

消费品货币水平来度量贫困。食品消费的卡路里法以及平均收入比例法就成为收入与消费维持基础上测量贫困的两种经典量化方法。①

由朗特里所开创的基于收入与消费支出理念上的贫困理论影响巨大，长期以来主导着人们对于贫困的理解以及相关的福利政策实践。然而，这种看待贫困现象的理论视角是非常狭窄的。第一，收入与消费维持理念下的贫困观，把人视为生物人，而非有着社会性需求的社会人。根据英国研究贫困问题的权威之一唐森德的总结，"生计维持的思路把人的需要简化为物质需要，也就是衣食住，而不是社会需要。在批评者看来，人是需要扮演各种角色的社会存在。他们不单单是各种物品的消费者，更是生产者，并且参与到与物品生产相关的社会活动之中"②。第二，收入与消费维持理念下的贫困观，仅仅从经济维度来审视贫困，也漠视了贫困的政治、社会和文化制度，能力发展，资产建设以及心理认知等多重维度。第三，收入与消费维持理念下的贫困观忽视了财富或资产的不平等及其真实内涵，这是一个巨大的缺憾。针对收入与消费维持理念的贫困观所忽视的能力维度与资产（财富）维度，国际学术界逐步发展出了能力为本的贫困观以及资产为本的贫困观。简言之，贫困的内涵不仅仅是收入和消费的匮乏，本质上应拓展到能力匮乏以及资产匮乏的更广阔维度上。其中最著名的代表人物是阿玛蒂亚·森与迈克尔·谢若登，前者发展出了影响深远的可行能力理论，后者形成了以资产为基础的福利理论。

---

① 世界银行在1990年根据购买力平价标准将绝对贫困线确定为每天生活低于1美元，2008年，世界银行将绝对贫困线标准提升至每天消费不足1.25美元，2015年又提升至1.90美元。

② Townsend, *The International Analysis of Poverty* (London and New York: Harvester Wheatsheaf, 1993).

　　阿玛蒂亚·森是一位杰出的经济学家（1998 年曾获得诺贝尔经济学奖），也是一位政治哲学家、伦理学家。其在 20 世纪 70 年代以后发表了一系列关于贫困问题的理论著作与经验性研究，构建了举世闻名、影响深远的可行能力理论。可行能力理论散见于其发表的大量文献中。[①] 在长达 20 多年间所发表的系列著作中，森一以贯之，系统而深刻地揭示了贫困内涵的能力或自由匮乏维度。所谓可行能力（Capabilities）理论，也被称为可行选择理论或实质性自由理论。相对于抽象的先验制度主义的自由权利理论，森突出强调要从人们实际能够把握的实质性自由、实质性机会或实质性选择的生活角度，来度量或透视贫困问题。在森那里，实质性自由等同于可行选择（可行选项集合），等效于可行能力。可以说，在森看来，自由、选择、能力是同一个意思。其在 1999 年出版的著名专著《以自由看待发展》中，明确提出并发展了可行能力贫困（Capabilities Poverty）概念。可行能力贫困是："用一个人所实际上能够把握的可行选择，即一个人所拥有的、享受个体有理由珍视的那种生活的实质自由选择集合来衡量一个人的处境或贫困状况。"[②]可行能力视角下的贫困观，不仅仅是收入和消费支

─────────────

① Sen, Amartya K., *On Economic Inequality* (Oxford: Clarendon Press, Expanded Edtition, 1996). Sen, Amartya K., "Poverty: An Ordinal Approach to Measurement," *Econometrica*, 46 (1976): 219 - 232. Sen, Amartya K., *Poverty and Famines: An Essay on Entitlement and Deprivation* (Oxford: Clarendon Press, 1981). Sen, Amartya K., *Resources, Values and Development* (Oxford: Black Well, 1984). Sen, Amartya K., "Rights as Goals," in S. Guest and A. Milne, eds., *Equality and Discrimination: Essays in Freedom and Justice* (Franz and Steiner, 1975). Sen, Amartya K., *The Standard of Living* (Cambridge: Cambridge University Press, 1987). Sen, Amartya K., *Inequality Reexamined* (Oxford: Clarendon Press, 1992). Sen, Amartya K., *Development as Freedom* (Oxford: Oxford University Press, 1999). Sen, Amartya K., *The Idea of Justice* (Harmondsworth: Penguin Books, 2009).

② Sen, Amartya K., *Development as Freedom* (New York: Knopf, 1999). 也可参见阿玛蒂亚·森《正义的理念》，王磊、李航译，中国人民大学出版社，2012，第 210 ~ 211 页。

出的匮乏，更是自由选择能力缺失或权利遭受剥夺。基本可行能力的匮乏或遭受剥夺主要表现为：严重营养不良、慢性流行病、较低的受教育程度、较低的适应环境能力、信息基础匮乏、社会资本匮乏等。影响能力剥夺的因素除了收入水平，更重要的是社会公共政策、社会制度结构、社会保障制度以及民主参与的程度等。① 森发展出来的可行能力理论，在贫困理论研究中具有里程碑意义。他将贫困的收入与消费维持的狭隘内涵拓展到实质性自由或能力维度，将对贫困现象的解释从单纯的经济维度扩展到政治、社会、文化、制度等多重维度。森的可行能力理论在人类发展和国际反贫困政策领域影响巨大，现在已成为众多国际机构用来度量贫困和设计反贫困政策实践的主流观念。它彻底改变了过去以收入和消费支出单一维度来度量贫困的方法，人们开始采用反映人类发展需要的实质性自由或可行选择的多样性综合指标来度量贫困，并设计整合性的反贫困政策。② 需要强调的是，可持续生计框架正是在森等学者对贫困内涵的拓展性理解基础上发展出来的，森对贫困问题的研究成果为可持续生计框架的形成奠定了重要的理论基础。

对单纯以收入与消费为基础的贫困观进行激烈批判的另一个关键视角是强调资产或财富在贫困内涵中的重要性。换言之，贫困不仅仅是收入与消费匮乏，更重要的是资产匮乏，原因在于穷人普遍缺乏制度化积累资产的有效机制。对资产与贫困之间的关系探讨，早期较为深入的是卡尔·马克思，20 世纪 70 年代是约

---

① Sen，Amartya K.，*Development as Freedom*（New York：Knopf，1999）.

② 联合国开发计划署（UNDP）早在 1996 年的《人类发展报告》中就采纳了森的能力贫困度量指标（capability poverty measure），用来度量贫困程度（可行能力被剥夺的程度）。1997 年，联合国开发计划署在对 1996 年可行能力贫困指标修改的基础上，建立了人类贫困指数（Human Poverty Index，HPI），该指数由三类指标组成：寿命剥夺、知识剥夺以及生活水平剥夺。

翰·罗尔斯。[1] 然而，专门系统地对资产与贫困之间关系的实证探讨，是美国华盛顿大学的迈克尔·谢若登教授。谢若登于 1991 年出版了其名著《资产与穷人——一项新的美国福利政策》，他强调了资产或财富建设在反贫困理论与实践中的重要性。所谓贫困不仅仅是收入与消费的匮乏，根本上是资产或财富的匮乏。为什么资产匮乏如此严重？在总结多学科相关研究的基础上，他发展出了资产的福利效应理论。他提出，"人们在积累资产时会产生不同的思想和行为，具体而言，资产改善经济稳定性；将人们与可行有望的未来相联系；刺激人力或其他资本的发展；促使人们专门化和专业化发展；提供承担风向的基础；产生个人、社会和政治奖赏；并增强后代的福利"[2]。也就是说，通过制度化的方式激励穷人进行资产积累，不仅有助于增强人们抵御风险的能力，而且将会逐步改变人们的思维模式、行动模式，具有极强的积极心理效应。资产积累导致人们着眼于长远，不再局限于当下；有助于约束人们的当下消费，增加储蓄；有助于抵抗各种非预期性风险，增强人们面向未来的积极心态；等等。因此，反贫困的关键在于，

---

[1] 在罗尔斯社会最低保障概念中，包含超越了基本需求满足的部分，主要由公平正义理论中差别原则所决定。差别原则通过调节收入与财富的不平等程度，确保这种不平等不能危及平等的基本自由权利原则（包括政治自由的公平价值）以及公平的机会平等原则。"（在差别原则的调解下）进行适当的收入和财富分配：必须确保所有公民获得他们理智而有效地实现其基本自由所必需的、适合各种目的的手段。缺少这一条件，那些拥有财富和较高收入的人就容易宰制（主宰）那些财富和收入较少的人，并日益控制政治权力，使之有利于他们自己。"（约翰·罗尔斯：《政治自由主义》，万俊人译，译林出版社，2011，第 42 页）资本主义福利国家的基本需求概念，其目标在于为公民提供一种"体面的最低生活标准"，围绕着收入维持与消费需求满足，成功地缓解了自由放任资本主义的内在不稳定。然而，由于贫富差距悬殊，忽视背景正义，这就会"产生一种沮丧而消沉的下等阶级长期依赖于福利"，他们感到自己被社会抛弃了，放弃参与公共政治文化，日益变得愤世嫉俗、离群索居，疏离社会（参见约翰·罗尔斯《正义论》，何怀宏、何包钢、廖申白译，中国社会科学出版社，2009，第 136~142 页）。

[2] 迈克尔·谢若登：《资产与穷人——一项新的美国福利政策》，高鉴国译，商务印书馆，2005，第 180 页。

要变革现有的社会福利政策，并通过各种经济与财税等公共政策帮助穷人积累资产，设计有显著激励效果的政策措施鼓励穷人开始积累资产。比如：通过家庭储蓄配额，建立儿童教育储蓄账户、医疗与养老保险账户；实施普遍性的住房公积金制度；变革不鼓励穷人资产积累的各种救助制度；等等。事实上，现代福利政策实践日益重视资产或财富积累在反贫困中的重要作用。正如迈克尔·谢若登所强调的，"福利政策的失误是一种民族观念的失误"，传统国家福利政策对穷人资产建设的忽视是错误的，"收入只能维持消费，而资产则能改变人们的思维和互动方式"①。其所倡导的资产建设理论与政策深刻揭示了资产或财富积累对穷人的积极效应，并设计、实践了资产建设的个人发展账户模式，该模式已在美国等多个国家得到实践和发展。资产建设理论对于穷人的资产，尤其是金融资产积累的重要性，为发展型社会政策理念下可持续生计框架中生计资本的拓展提供了重要的理论支持。

在对贫困问题的理解上，不平等视角下的贫困观是一种源远流长、影响深远的贫困理论。从不平等角度看贫困由来已久，但近代以来，影响最大的依然是马克思主义理论。马克思主义强调经济与社会地位的不平等带来了两极分化，导致大规模结构性、制度性贫困。传统的社会民主主义理念，继承了马克思主义对待贫困的基本看法，注重经济和社会的不平等对于贫困现象的解释和处理。然而，传统的社会民主主义理念在全球化、知识经济及其所导致的系统风险社会时代，显得力不从心。换言之，仅仅从收入与财富再分配的角度来解决贫困问题困难重重。从不平等的角度来审视贫困，就不能仅仅停留在收入与财富的衡量尺度上，必须对不平等的内涵与外延进行拓展性理解。进入20世纪90年代后，在知识经济、全球化以及社会系统风险频发的新时代背景下，

---

① 迈克尔·谢若登：《资产与穷人——一项新的美国福利政策》，高鉴国译，商务印书馆，2005，第1~6页。

众多学者借助于不平等理论重新审视贫困现象，认为贫困现象在很大程度上是系统性社会风险所导致的社会排斥的结果，是日益加剧的全球化所带来的不平等经济和社会结构的结果。因此，在新时代背景下，不平等的要义越来越体现在社会排斥上，即很大一部分人由于抵御系统性风险的能力较弱以及社会保护的匮乏，在非预期性风险突然降临之际，手足无措，无法有效应对，表现出极强的脆弱性。罗伯特·钱博尔（Robert Chamber）对全球化风险社会背景下贫困群体的脆弱性问题进行了深入的研究，揭示了贫困群体在面对风险社会所产生的各种非预期冲击时所面临的孤立无助状态，穷人因其缺乏有效抵御日趋增多的风险手段与能力而直接遭受各种全球化风险的冲击，进而形成恶性循环，难以摆脱贫困状况。[①] 因此，重要的是要打破这种负反馈系统，通过制度化机制减缓或消除各种脆弱性冲击所导致的社会性排斥，增强穷人抵御风险的能力。加强社会性投资，建立社会投资性国家，进而增强社会的包容力以及贫困群体抵御系统风险的能力，成为反贫困的重心所在。这种观念的集大成者是安东尼·吉登斯的"第三条道路"思想。"第三条道路"思想主张在全球化以及知识经济时代下，要对传统中平等与不平等内涵进行新的理解，用包容性界定平等，用社会排斥重新诠释不平等。"第三条道路"思想拓展了传统社会民主主义仅仅着眼于收入与财富维度的经济不平等的狭隘观念，要求建立社会投资性国家，以期消除广泛存在于社会中的形形色色的社会排斥机制及其影响，逐步增强社会制度和文化上的包容性。

　　除了以上四种典型的贫困观，近年来，从个体微观视角兴起的行为科学为贫困现象的研究提供了一种心智维度上的拓展性理解，其中的典型代表是哈佛大学终身教授塞德希尔·穆来纳森

---

① Chamber, R., "Poverty and Livelihood: Whose Reality Counts?" *Economic Review* 11 (2) (1995): 357 – 382.

（Sendhil Mullainathan）在行为经济学领域中的最新研究成果。穆来纳森等人基于一项行为经济学的实证研究发现，长期稀缺会俘获人们的大脑（Scarcity Captures the Minds），减少人们的思维带宽（Bandwidth）容量，产生一种稀缺心态（Scarcity Mindset），最终导致稀缺性思维模式，致使心智能力大幅下降，丧失判断力、洞察力与前瞻性，削弱行动执行能力。[1] 穆来纳森的研究揭示了长期陷入稀缺状态的严重性，贫困不像新古典自由主义者及右派们所认为的那样，主要是由于穷人自身不够努力，也不像社会民主主义者等左派们所强调的那样，主要是由于社会结构制度不平等，这些认识仅仅抓住了贫困现象的冰山一角。问题的真相在于，穷人不是不够努力，也不是仅仅靠左派们所强调的再分配机制以及消除社会排斥就能轻易改变，而要体认到长期陷入贫困对穷人行为与思维模式客观影响的严重性。换言之，长期贫困状态所形成的稀缺性思维模式，使穷人逐渐丧失了关键的判断力、洞察力与执行力。这些研究不仅为迈克尔·谢若登的资产建设福利理论从反面提供了新的有力证据，而且把贫困的复杂性内涵拓展到心智思维的深层领域。这些研究从行为科学视角所揭示的长期稀缺对穷人的深刻影响，展现了更为深层的贫困意涵。

综上所述，在人类对贫困现象的认识谱系中，国际学术界对贫困内涵的多维理解集中反映了贫困问题的复杂性。从最初把贫困仅仅定义成收入与消费匮乏，到可行能力匮乏，再到资产或财富匮乏、权利匮乏或社会排斥导致的脆弱性以及稀缺性思维模式，我们可以发现贫困现象不仅涉及宏观的制度－文化结构维度，也涉及微观个体或家庭的收入、资产、能力以及心智维度。它不是单一维度主导的结果，而是宏观结构与微观个体（家庭）能动之间多重交互作用的结果（见图1-1）。消除贫困所需要的必要条件

---

[1] Sendhil Mullainathan and Eldar Shafir, *Scarcity: Why Having Too Little Means So Much*（Allen Lane, 2013）.

是如此之多，任何仅靠单一维度的贫困观所实施的反贫困措施都是不充分的。一百多年来，国际学术界对贫困现象的理解历程及其相应的福利政策实践表明，通过发展理论，开展实证研究，人们对贫困现象的认识不断从单维走向多维、从事实走向规范、从碎片走向整合，强调贫困现象的复杂性、系统性与整合性的生态系统观念逐渐成为主流。现在我们已经充分意识到，贫困是一种复杂性、系统性的匮乏。一百多年来的贫困研究也表明，任何有效的社会福利政策理论与实践，都需要从整体性视角出发，从整合性、系统性的多重维度来设计福利政策，只有这样，才可能实质性地缓解或消除贫困。因此，一种基于对贫困现象复杂性理解的多维整合视野就成为有效反贫困的内在要求。契合于发展型社会政策理念的可持续生计框架充分体现了贫困的多维内涵。

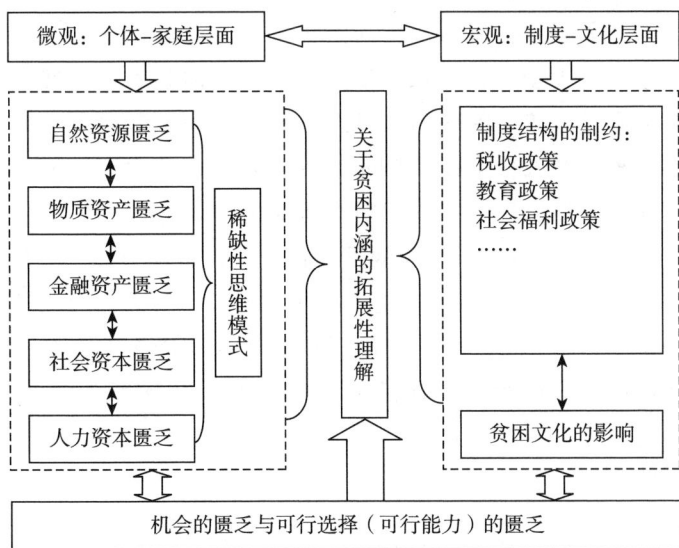

图 1-1　当代学术界关于贫困内涵的拓展性理解

（二）国外可持续生计研究

20 世纪 90 年代以来，基于人类对贫困内涵的拓展性理解，国际学术界逐渐强调反贫困的要义不能局限于收入与消费维持基础上的基本需要满足，而应聚焦于贫困个体或家庭的可持续生计（Sustainable Livelihoods，SL），并逐步发展出一种系统性、整合性的可持续生计框架（Sustainable Livelihoods Framework，SLF），作为反贫困领域的分析与操作工具。本部分主要总结三十多年来国际学术界对可持续生计的相关研究，剖析国际学术界对可持续生计研究的基本脉络与现状。概而言之，国际学术界对可持续生计研究主要包括两个基本方面：一是对可持续生计内涵与可持续生计框架方面的理论研究；二是对可持续生计框架的应用性与实证性研究。

1987 年，联合国环境与发展大会在日本东京召开，大力倡导可持续发展理念，首次提出可持续生计概念，并将其确立为反贫困的基本目标。[①] 当初，联合国环境与发展大会将可持续生计的内涵界定为"具备维持基本生活所必需的充足食品、现金储备量以及流动量"[②]。显然，这一概念依然属于传统的收入与消费维持的基本需要满足范畴。1992 年，钱伯斯（Chambers）和康威（Conway）在《可持续农村生计：面向 21 世纪的实践概念》一文中对可持续生计的内涵进行了拓展，明确将能力维度注入可持续生计内涵。[③] 这成为可持续生计研究的重要转折点，超越于收入与消费需求维持的可持续生计内涵为此后的可持续生计研究拓宽了思路。显然，这一内涵的拓展吸纳了阿玛蒂亚·森等诸多学者对于贫困研究的新理念。随后，生计的能力维度被引入英国政府发布的

---

① 纳列什·辛格、乔纳森·吉尔曼：《让生计可持续》，《国际社会科学》2000 年第 4 期，第 124 页。原文参见 Jonathan Gilman，"Sustainable Livelihoods," *Internationa Social Science Journal* 17（4）（2000），pp. 77 - 86。

② WCED，*Food* 2000：*Global Policies for Sustainable Agriculture*（London：Zed Books，1987），p. 2.

③ Chambers, R. and Conway, G., "Sustainable Rural Livelihoods：Practical Concepts for the 21ˢᵗCentury," IDS Discussion Paper 296（1992）.

《国际发展白皮书》中，引发了广泛的讨论。[①] 1998 年，卡尼在《实施可持续生计框架》中明确将能力（Capacities）、资产（Assets）以及生活方式所需要的活动（Activities）作为生计内涵的基本要素。[②] 同年，谢菲尔德（Shepherd）在《可持续农村发展》一书中，在对长期主导着发展中国家农村发展的现代化范式弊端进行反思的基础上，对生计思路的概念化进行了系统阐述。[③] 也是在同一年，斯库尼斯（Scoones）在《可持续农村生计：一个分析框架》一文中对可持续生计概念做出了被学界普遍认可的经典界定："一个生计维持系统要包括能力、资产（既包括物质资源也包括社会资源）以及维持生活所必需的活动。只有当一个生计维持系统能够应对压力和重大打击，并且可以从中恢复过来，还可以在现在和未来保持甚至提高其自身的能力和资产，同时不损害自然资源的基础时，它才具有可持续性。"[④]斯库尼斯等人对原始的可持续生计框架做了详细的分析与概括。[⑤] 2000 年，英国国际发展部（Department for International Development，DFID）建立了一个适用于发展中国家农村贫困问题的可持续生计框架，作为用于可持续生计研究与实践的一般性分析与操作框架，并发展出相关的指导原则。[⑥] DFID 可持续生计框架主要包括相互联系的五大要素：脆弱性背景、生计资产、转型结构与过程、生计策略以及生计产出。

① DFID, *Eliminating World Poverty: A Challenge for the* 21st *Century*, London: Department for International Development, 1997.

② Carney, D., *Implementing a Sustainable Livelihood Approach*, London: Department for International Development, 1998, pp. 52 – 69.

③ Shepherd, A., *Sustainable Rural Development* (Basingstoke: Macnillan, 1998).

④ Scoones, I., "Sustainable Rural Livelihoods: A Framework for Analysis," Working Paper 72 (1998): 5.

⑤ Scoones, I., "Sustainable Rural Livelihoods: A Framework for Analysis," *Working Paper 72* (1998). Farrington, J. et al., "Sustainable Livelihoods in Practice: Early Applications of Concepts in Rural Areas," *Natural Resource Perspectives 42* (1999).

⑥ DFID, *Sustainable Livelihoods Guidance Sheets* (London: Department For Interatioanl Development, 2000), pp. 68 – 125.

其中，脆弱性背景分析包括重大事件的冲击、趋势性变化以及季节性变迁。生计资产分为五类，分别是人力资本、自然资本、金融资本、物质资本以及社会资本，构成了贫困者用于生计维持的资源条件。转型结构与过程通常是指影响贫困者脆弱性背景及其生计资产的结构性因素和实际运转过程分析，结构性因素包括政府部门与私人部门，实际运转过程分析主要指涉及的相关法律、政策、文化以及制度等转变造成的影响。生计策略是指贫困者运用生计资产所开展的各种生计活动。生计产出是指生计策略的产出结果，可用于衡量和评估生计策略的实际效果。DFID 可持续生计框架强调以人为中心、整体性视角、促进微观与宏观的联系、动态性、优势视角以及可持续目标等基本原则（详见第二章相关内容）。该分析框架被学术界和实务界广为接受，产生了广泛的影响，成为可持续生计框架的标准陈述。除了 DFID 模型，其他各类组织针对不同的目标与环境也发展出了诸多可持续生计框架。①2002 年，卡尼在《可持续生计框架：进展与变化的可能性》一文中回顾了可持续生计思路的演化过程，总结了可持续生计框架在不同情境中的应用，并指出不同组织或机构针对不同的目标对象和侧重点，对原始的可持续生计框架必然要做出相应的修正和调适，以适应复杂多样的环境。② 有研究者发现，原有框架的生计资本中缺少了政治资本维度以及地方本土性知识维度，认为应该考

---

① 比如，美国援外合作机构（Cooperative for American Remittances to Everywhere, CARE）发展出了用于农户安全生计、联合国开发计划署（United Nations Development Programme, UNDP）、联合国粮农组织（Food and Agriculture Organization）以及世界银行（World Bank）也各自发展出了相应的可持续生计框架[参见 Frankenberger, T. D., Maxwell, M., "Operational Household Livelihood Security: A Holistic Approach for Addressing Poverty and Vulnerability," in CARE Lasse K., *The Sustainable Livelihood Approach to Poverty Reduction*. (Stockholm: Swedish International Development Cooperation Agency, 2001), pp. 42 – 98]。

② Carney, D., *Sustainable Livelihoods Approaches: Progress and Possibilities for Change* London: Department for International Development, 2002.

虑将其加入到可持续生计框架中去。[①]

　　进入 21 世纪之后，可持续生计框架的理论探索几乎止步不前，更多的研究者转向了可持续生计框架的应用性与实证性研究。大量的相关学术文献集中于将可持续生计框架运用于发展中国家农村贫困地区的研究。法林顿（Farrington）等人概括了可持续生计思路在发展中国家农村地区的早期运用案例，比如在巴基斯坦和赞比亚贫困乡村做的贫困研究、在纳米比亚所做的以社区为基础的自然资源管理等。[②] 艾利逊（Allison）和伊利斯（Ellis）结合可持续生计方法对小型渔业养殖管理进行了研究。[③] 近年来，切尼（Cherni）等人运用可持续生计框架对古巴乡村社区居民生计与可再生能源的关系进行了研究；卡基（Karki）探讨了区域保护对农户生计的影响；维斯塔等（Vista）以菲律宾农村椰果庄园为对象，开展了土地变革与农户可持续生计之间关系的研究；阿莫德等（Ahmed）研究了孟加拉国以捕虾为业的渔民可持续生计策略对于海洋生态系统的影响；等等。[④] 2013 年，莫斯（Morse）和诺拉（Nora）出版了《可持续生计框架：一个理论和实践的批判》，认

[①] Baumann, P. and Sinha, S., "Linking Development with Democratic Processes in India: Political Capital and Sustainalbe Livelihoods Analysis," *Natural Resource Perspectives* 68 (2001).

[②] Farrington, J. et al., "Sustainable Livelihoods in Practice: Early Applications of Concepts in Rural Areas," *Natural Resource Perspectives* 42 (1999).

[③] Allison, E. H. and Ellis, F., "The Livehoods Approach and Management of Small-scale Fisheries," *Marine Policy* 25 (2001).

[④] Cherni, J. A. and Hill Y., "Energy and Policy Providing for Sustainable Rural Livelihoods in Remote Locations-The Case of Cuba," *Geoforum* 40 (2009): 645 – 654. Karki, S. T., "Do Protected Areas and Conservation Incentives Contribute to Sustainable Livelihoods? A Case Study of Bardia NationalPark, Nepal," *Journal of Environmental Management* 128 (2013): 988 – 999. Vista, B. M. et al., "Land, Landlords and Sustainable Livelihoods: The Impact of Agrarian Reform on A Coconut Haciendain the Philippines," *Land Use Policy* 29 (2012): 154 – 164. Ahmed, N., Troell M. and Allison, E. H. et al., "Prawn Postlarvae Fishing in Coastal Bangladesh: Challenges for Sustainable Livelihoods," *Marine Policy* 34 (2010): 218 – 227.

为大量的相关应用性研究并没有详细阐明被广泛接受的可持续生计概念在真实世界中的运作机制。他们通过对天主教区发展服务组织（the Catholic Church's Diocesan Development Services Organization）运用可持续生计框架，在非洲农村地区开展的一项历时两年多的小额信贷方案——部分是通过增强当地社区与国际捐助之间更为紧密的联系，帮助其提升现存的小额信贷运作效能——运作过程的研究，呈现了可持续生计框架的实际运作机制，并对现有的可持续生计框架内在蕴含着的发展中国家与发达国家之间关系的割裂意涵提出了批评。据此，他们提出要超越可持续生计概念，倡导一个更为全球化的可持续生活方式（sustainable lifestyle）观念，认为这是一个有着细微差别而又更具包容性的方法，它不仅包括人们如何形成一个可持续的生计，还包括人们怎样过可持续的生活。①

尽管国际学术界关于可持续生计框架的最初设计主要是用于发展中国家农村反贫困，且大量的应用性研究基本上聚焦于发展中国家农村发展领域，然而，也有部分研究者提出可以尝试将可持续生计思路拓展到城市贫困研究领域，并初步探讨了城乡可持续生计之间的差异。吉尔曼（Gilman）指出城市家庭生计不同于农户生计，可持续生计框架可以根据城市贫困家庭面临的独特环境加以改造，以用于城市贫困家庭可持续生计分析。② 艾米斯（Amis）和比埃尔（Beall）各自都强调了城市家庭生计更多地依赖于劳动力就业市场，更为直接地暴露在市场化风险面前。③ 有研究者认为，城市贫困家庭面临着比农户更为复杂、更为脆弱的生活环

① Morse, S. and Nora, M., *Sustainable Livelihood Approach: A Critique of Theory and Practice* (Germany: Springer, 2013).

② Gilman, J., "Sustainable Livelihoods," *Internationa Social Science Journal* 17 (4) (2000): 77 – 86.

③ Amis, P., "Making Sense of Urban Poverty," *Environment and Urbanization* 7 (1) (1995): 145 – 158. Beal, J., "Social Security and Social Networks Among the Urban Poor in Pakistan," *Habitat International* 19 (4) (1995): 427 – 445.

境，其生计维持系统更需要跨部门、多领域的协作，需要采取高度机制化、整合性的生计策略。[①] 尽管有学者一直倡导将可持续生计框架应用于城市贫困群体的研究，不过，这方面的研究总体而言还十分薄弱，适切于城市贫困群体生计特征的分析框架也有待发展。

总之，国际学术界对于可持续生计的研究主要集中在发展中国家农村贫困地区，可持续生计框架的构建与发展是基于发展中国家农村贫困环境及农户生计特点的。尽管有部分学者倡导建立适用于城市贫困群体生计特点的分析框架，然而，这方面的实证研究与理论探讨一直没有取得实质性进展，仅处在初期的理念倡导与探索阶段。另外，值得强调的是，由于可持续生计框架较为准确地把握了对贫困现象复杂性的拓展性理解，并体现了发展型社会政策的基本理念（详述参见第二章），因此，它具有较强的适应性与调适能力，完全可以经过合理的改造而适切于复杂多样的环境。只不过，这种改造并非易事，不可能经过稍加修补即可套用，而是需要建立在对不同的宏观结构因素以及具体贫困问题的真实理解基础上。接下来，我们对国内学术界关于可持续生计方面的相关研究进行综述。

（三）国内可持续生计研究

进入 21 世纪，国内学术界对于可持续生计方面的研究开始出现，近十年来基本上呈现稳步增长趋势。根据中国知网关于"可持续生计"（包括"可持续性生计"）主题词检索的结果，截至 2016 年 12 月，共有 1418 篇相关研究论文，2005 年之前仅有 10 余

---

① Bean, J., "Living in the Present, Investing in the Future: Household Security A-mong the Urban Poor," in C. Rakodi and T. Lliyd Jones (eds) *Urban Livelihoods: A People-Centred Approach to Reducing Poverty* (2002): 71 – 95. Rakodi C., "Intro-duction," in C. Rakodi and T. Lliyd Jones (eds) *Urban Livelihoods: A People-Cen-tred Approach to Reducing Poverty* (2002): 1 – 9.

篇文献，2005～2010 年（含 2010 年）平均每年约 50 篇，2014 年、2015 年和 2016 年每年稳定在 200 篇以上（见表 1-1）。相关研究论文的稳步增长反映出 21 世纪以来国内学术界对可持续生计研究领域重视程度的提升。国内学术界对可持续生计方面的研究经过前期的引介阶段后，主要围绕着农户生计问题开展了大量的实证研究。近年来，随着城镇化的快速推进，失地农民以及进城农民工的可持续生计研究逐渐兴起。另外，对于城市贫困问题的可持续生计研究也逐渐进入研究者的视野，发展到呼吁倡导与前期探索性研究阶段。

表 1-1　中国知网"可持续（性）生计"主题历年研究文献数量分布

单位：篇，%

年份	数量	占比	年份	数量	占比
2001	1	0.07	2010	63	4.44
2002	0	0.00	2011	96	6.77
2003	3	0.21	2012	147	10.37
2004	7	0.49	2013	170	11.99
2005	32	2.26	2014	204	14.39
2006	33	2.33	2015	245	17.28
2007	53	3.74	2016	259	18.27
2008	49	3.46	合计	1418	100
2009	56	3.95			

2000 年，祝东力翻译了由辛格和吉尔曼所撰写的《让生计可持续》一文，发表在《国际社会科学》上。该文介绍了可持续生计的概念与思路，这篇论文可能是中文期刊中最早介绍可持续生计研究的，此后获得了较高的引用率（目前已被引用 165 次）。[①] 2003 年，马萨（Martha）与杨国安在《地理科学进展》上发表了

---

① 纳列什·辛格、乔纳森·吉尔曼：《让生计可持续》，《国际社会科学》2000 年第 4 期。

《可持续发展研究方法国际进展》一文，对国际上可持续生计思路做了较为全面的引介，并将其与脆弱性分析方法进行了比较。[①] 2004 年，李斌、李小云、左停在《农业技术经济》上发表了《农村发展中的生计途径研究与实践》一文，对生计内涵、可持续生计框架、生计途径的研究和实践进行了简要介绍与相关评述。[②] 这些作品对于早期普及国际上发展出来的可持续生计研究发挥了重要作用。此后也有几篇综述性质的研究论文发表，它们从不同角度介绍了可持续生计研究的最新进展。[③]

国内学术界对于可持续生计的应用性研究主要集中在农村、农户方面，包括对农户的脆弱性、生计资产、生计策略等方面进行的经验性研究。李小云、董强、饶小龙等人尝试建构一个中国农户生计资本测量的指标体系，并基于此对农户脆弱性进行了定量分析，研究发现不同群体的农户的脆弱性具有显著的差异性，生计资产的单一或多元匮乏是农户脆弱性的主导因素。[④] 该文利用可持续生计框架对中国农户生计资本的测量做了探索性研究，产生了一定的影响，然而，其建构的测量指标体系的信度与效度有待进一步检验。沿着该思路，许多研究者对不同环境下的农户生

---

① Martha，G. R.、杨国安：《可持续发展研究方法国际进展——脆弱性分析方法与可持续生计方法比较》，《地理科学进展》2003 年第 1 期，第 11 ~ 21 页。

② 李斌、李小云、左停：《农村发展中的生计途径研究与实践》，《农业技术经济》2004 年第 4 期，第 10 ~ 15 页。

③ 近年来，国内学术界关于可持续生计方面综述性质的论文有：苏芳、徐中民、尚海洋：《可持续生计分析研究综述》，《地球科学进展》2009 年第 1 期；唐丽霞、李小云、左停：《社会排斥、脆弱性和可持续生计：贫困的三种分析框架及比较》，《贵州社会科学》2010 年第 12 期；王三秀：《国外可持续生计观念的演进、理论逻辑及其启示》，《毛泽东邓小平理论研究》2010 年第 9 期；何仁伟、刘邵权、陈国阶等：《中国农户可持续生计研究进展及趋向》，《地理科学进展》2013 年第 4 期；汤青：《可持续生计的研究现状及未来重点趋向》，《地球科学进展》2015 年第 7 期；等等。

④ 李小云、董强、饶小龙等：《农户脆弱性分析方法及其本土化应用》，《中国农村经济》2007 年第 4 期，第 32 ~ 39 页。

计资本进行了相应的量化研究，基本思路大同小异。① 除了对生计资本现状进行测量，还有学者尝试运用国际上测量脆弱性的常用方法，对农户脆弱性进行测量。伍艳运用国际常用的预期贫困脆弱性（Vulnerability as Expected Poverty，VEP）测量方法对秦巴山区农户的生计脆弱性进行了测量，研究发现生计资本的多重匮乏是导致农户慢性贫困的根源，其中，多种生计资本匮乏的农户，其脆弱性程度最高，金融资本匮乏型、人力资本匮乏型以及社会资本匮乏型农户的脆弱性高于农村平均水平。② 也有学者试图建立

---

① 这方面的相关研究还有：关云龙、付少平：《可持续生计框架下的农户生计资产分析——基于四省五县的调查》，《关东农业科学》2009 年第 12 期；杨云彦、赵锋：《可持续生计分析框架下的农户生计资本的调查与分析——以南水北调（中线）工程库区为例》，《农业经济问题》2009 年第 3 期；谢东梅：《农户生计资产量化分析方法的应用与验证——基于福建省农村最低生活保障目标家庭瞄准效率的调研数据》，《技术经济》2009 年第 9 期；陈玉萍、冯黎：《健康问题研究中农户财富状况指标的构建——基于四川农户调查数据的分析》，《经济管理》2010 年第 4 期；史月兰、唐卞、俞洋：《基于生计资本路径的贫困地区生计策略研究——广西凤山县四个可持续生计项目村的调查》，《改革与战略》2014 年第 4 期；等等。

② 伍艳：《贫困地区农户生计脆弱性的测度——基于秦巴山片区的实证分析》，《西南民族大学学报》2015 年第 5 期。国外常用的关于贫困脆弱性测量方法有两种，一种是以个体效用为本的福利主义思路，另一种是以家庭面板数据测量脆弱性的非福利主义思路。具体的测量方法有如下三种。其一是作为期望贫困的脆弱性（Vulnerability as Expected Poverty，VEP），指在将来某个时间陷入贫困的概率期望，作为脆弱性的定义或度量，世界银行的经济学家 Chaudhuri 和 Suryahadi 率先采用该方法，将未来 t 时的脆弱性定义为家庭 $t+1$ 时收入低于贫困线的概率，即通过估计家庭未来收入的方差和均值对未来陷入贫困的概率期望进行预测。其具体公式为：$S_{it} = \int_{-\infty}^{\ln z} f_t(\ln G_{i,t+1}) d(\ln G_{i,t+1})$，其中下私服 i 为家庭，t 代表时间，G 代表家庭的收入水平，z 表示贫困线，S_{it} 表示家庭 i 在 t 时的脆弱性，也可理解为家庭 i 在 $t+1$ 时收入水平低于贫困线的概率［具体参见 Chaudhuri and Suryahadi, "Assessing Household Vulnerability to Poverty: A Methodology and Estimates for Indonesia," *Columbia University Department of Economics Discussion Paper No.* 0102 - 0152（2002）: 45］。其二是作为低期望效用的脆弱性（Vulnerability as Low Expected Utility，VEU），指用贫困线的效用减去未来某个时间的收入的效用之差作为脆弱性的度量。其三是作为无保险之风险暴露的脆弱性（Vulnerability as Uninsured Exposure to Risk，VER），是指家庭对于重大冲击的承载力或应对力，往往属于事后测量。这三种测量脆弱性 （转下页注）

多层次的评价指标模型。[①] 在对农户生计策略方面的研究上，梁义成等人基于多元概率单位模型对农户多样化的生计策略及其影响因素进行了实证研究，证实了家庭结构变量与生计资本状况对农户多样化生计策略的决定性影响。[②] 其他相关研究也证实了不同的生计资本状况决定着不同的生计策略及其运用能力。[③] 另外，在对农户可持续生计研究中所使用的研究方法主要是量化研究方法，具体使用的相关技术手段是多样的（见表 1 – 2）。

表 1 – 2　农户可持续生计研究中所使用的主要
研究方法、技术手段及其代表成果

研究方法、技术手段	代表成果	案例区域村落	方法运用
抽样调查法	卓仁贵，2011	三峡库区（重庆涪陵区）的 3 个典型村	农村的生计策略与地块层面的土地利用调查
参与性农村评估法（PRA）	张丽萍等，2008	青藏高原东部山地农牧区金川县克尔马村	对 63 个农户、272 个地块进行了系统的调查与取样，以研究农户的生计多样化与耕地利用模式
样带研究方法	阎建忠等，2009	青藏高原东部样带的 3 个县	从样带尺度定量分析了高原东部高山峡谷区、山原区和高原区农牧民的生计资产现状、生计多样化特点和今后的生计策略

（接上页注②）的方法，第一种属于事前估计家庭未来遭受风险的福利损失，大多数研究者在测量脆弱性时常采用这种方法（具体参见伍艳《贫困地区农户生计脆弱性的测度——基于秦巴山片区的实证分析》，《西南民族大学学报》2015 年第 5 期，第 133 页）。

① 代富强：《农户生计可持续性评价理论解析及指标体系构建》，《湖北农业科学》2015 年第 2 期。

② 梁义成、李树苗、李聪：《基于多元概率单位模型的农户多样化生计策略分析》，《统计与决策》2011 年第 15 期。

③ 参见伍艳《农户生计资本与生计策略的选择》，《华南农业大学学报》2015 年第 2 期；徐定德、张继飞、刘邵权等：《西南典型山区农户生计资本与生计策略关系研究》，《西南大学学报》（自然科学版）2015 年第 9 期；胡新艳、朱文珏、王晓海、符少玲：《生计资本对农户分工模式的影响：来自广东的调查分析》，《农业现代化研究》2015 年第 3 期。

续表

研究方法、技术手段	代表成果	案例区域村落	方法运用
描述性统计分析法	黎洁等，2009	陕西省周至县退耕山区	农户生计与环境状况调查
层次分析法（AHP）、Logistic 回归模型	苏芳等，2009	甘肃省张掖市甘州区	运用 AHP 确定农户生计可持续发展评价指标权重；运用 Logistic 回归模型探讨生计策略与生计资产的关系
OLS 回归模型	李聪等，2010	陕西周至南部山区	研究劳动力迁移对农户生计资产的影响
匹配倍差法	谢旭轩等，2010	宁夏固原地区和贵州毕节地区	识别退耕还林工程实施对农户可持续发展生计的净影响
因子分析法	徐鹏等，2008	西部 5 省、市 10 县（区）	建立农户生计资产评价模型，对 10 县（区）1000 个农户的生计资产状况进行实证分析
多元概率单位模型	梁义成等，2008	陕西省周至县	研究农户多样化生计策略的影响因素
Probit 回归模型	李聪等，2010	陕西省周至县秦岭北麓	分析外出务工对参加非农生计活动的影响
数据包络分析（DEA）	梁流涛等，2008	南京市江宁区	分析不同兼业类型农户的土地利用行为和土地利用效率的差异
RS、GIS	阎建忠等，2005	大渡河上游壤塘县、马尔康县和金川县	分析研究 1950～2000 年生计方式的时空格局和 1967～2000 年的土地利用/覆被变化过程
PRA + "3S"	王成等，2011	重庆市西部郊区白林村	建立农户属性数据与地块的空间数据相链接的"农户－土地"数据库

资料来源：参见何仁伟、刘邵权、陈国阶等《中国农户可持续生计研究进展及趋向》，《地理科学进展》2013 年第 4 期（第 32 卷），第 663 页。

　　总体上，国内学术界对农户可持续生计进行了富有成效的研究。需要指出的是，可持续生计框架具有沟通宏观与微观的整合性优势。然而，现有的农户可持续生计方面的研究，大都局限于农户生计资本与脆弱性测量与分析，缺乏宏观的政策制度分析以及宏观与微观的整合性研究，这不能不说是一个严重的缺憾。事实上，这一缺憾也体现在如下各个领域可持续生计的相关研究方面。

国内学术界基于可持续生计框架，除了运用多种方法与技术对传统意义上的农户生计进行实证研究外，还有相当数量的研究聚焦于失地农民可持续生计分析。自 20 世纪 90 年代后期以来，由于城镇化的快速推进，失地农民群体成为可持续生计研究的重要对象。由于失去赖以生存的土地资源以及传统的生计方式，失地农民的可持续生计成为一个十分突出的现实问题。2004 年，中国社会科学院社会政策研究中心课题组，通过在北京、山东、浙江、四川等地区的专题调查研究，主张通过建立合理的补偿机制、进行资产积累、促进生产就业、纳入社会保障机制等政策措施帮助失地农民使其生计可持续。[1] 2005 年，唐钧、张时飞在《京郊失地农民生存状况调查报告》中对失地农民的可持续生计系统建构进行了大力呼吁，提出了相关政策措施。[2] 这期间对失地农民的可持续生计研究基本上处于政策倡导与初步研究阶段。此后，对失地农民的可持续生计研究进入到更为广阔而深入的专题范围，关于失地农民的社会保障、可持续生计框架、生计资本、生计策略等方面的研究逐渐增多。刘家强等通过对成都市的调查，发现失去土地不仅意味着失去赖以生存的自然资源，也意味着社会资本与物质资本随之失去，认为在重构失地农民可持续生计框架时，社会保障制度的完善是基本前提，这一主张强调"土地换保障"对于失地农民可持续生计的重要性。[3] 赵曼、张广科探讨了失地农

---

[1]　中国社会科学院社会政策研究中心课题组：《失地农民"生计可持续"对策》，《经济参考报》2004 年 12 月 22 日。

[2]　唐钧、张时飞：《京郊失地农民生存状况调查报告》，《中国改革》2005 年第 5 期。

[3]　刘家强、罗蓉、石建昌：《可持续生计视野下的失地农民社会保障制度研究——基于成都市的调查与思考》，《人口研究》2007 年第 4 期。值得说明的是，对失地农民社会保障的建立一直是失地农民研究领域的重要内容，早在世纪之交，就有诸多学者一直进行倡导性研究（参见鲍海君、吴次芳《论失地农民社会保障体系建设》，《管理世界》2002 年第 14 期）。

民可持续生计框架的内涵以及相关的制度需求。[①] 成得礼基于修正后的可持续生计框架，分析了失地农民生存发展所面临的脆弱性背景，并以成都、南宁的抽样调查数据为例，测量了失地农民的生计维持资本，探讨了城中村在失地农民生计资本建设中的功能。[②] 黄建伟等在 SLA 可持续生计框架以及成得礼所修正的适用于失地农民可持续生计框架的基础上，较为系统地建构了失地农民可持续生计框架。[③] 由于失地农民的生计维持资本系统中的社会资本遭受了重大的转变，有不少学者重点探讨了失地农民的社会资本问题。[④] 当前，基于可持续生计框架对失地农民的整体生计资本状况及其相关因素研究逐渐引起重视。比如，万章浩基于襄阳市失地农民的抽样调查，分析了失地农民生计资本的状况，并运用二元 Logistic 回归方法，对失地农民的生计资本对自主创业生计策略的影响进行了实证研究。[⑤] 可以预期，随着国内学术界对失地农民可持续生计框架的建立以及可持续生计指标体系的完善，对失地农民可持续生计、生计策略及其影响因素等有较高信度与效度的高质量实证分析将会逐步出现。

尽管国内学术界对农民工（进城务工人员）群体的研究浩如烟海，然而，运用可持续生计框架对农民工（进城务工人员）生计进行的研究数量较少，整体上要比对传统农户以及失地农民的研究弱得多。一方面，这可能是由于农民工群体不像传统农户与失地农民那样生活固定，较强的流动性对于可持续生计框架应用

---

① 赵曼、张广科：《失地农民可持续生计及其制度需求》，《财政研究》2009 年第 8 期。
② 成得礼：《对中国城中村发展问题的再思考——基于失地农民可持续生计的角度》，《城市发展研究》2008 年第 3 期。
③ 黄建伟、刘典文、喻洁：《失地农民可持续生计的理论模型研究》，《农村经济》2009 第 10 期。
④ 黄建伟、喻洁：《我国失地农民的社会资本研究——基于七省一市的实地调查》，《农村经济》2010 年第 12 期；沈关宝、李耀锋：《网络中的蜕变：失地农民的社会网络与市民化关系探析》，《社会学研究》2010 年第 2 期。
⑤ 万章浩、杨巧芳：《生计资本对失地农民创业影响的实证分析——以襄阳市襄州区失地农民为例》，《当代经济》2015 年第 1 期。

而言难度较大或不太适切；另一方面，更重要的深层原因可能是农民工群体在身份以及生计策略上的分离及其历史性（农民工群体迟早要成为历史），使相关分析框架难以定义研究对象，有不少相关研究把农民工群体纳入农户可持续生计研究的一部分，这削弱了农民工可持续生计研究的学术独立价值。然而，有学者认为农民工可持续生计框架研究将成为未来可持续生计研究的重要领域，开始倡导将可持续生计框架运用于农民工群体研究的必要性与可行性，并探讨农民工可持续生计框架的独特性。[1] 潘云新等探讨了农民工所面临的失业、疾病、工伤等生计脆弱性风险，并提出了预防农民工生计风险的相关政策建议。[2] 栾驭等则对农民工生计资本与社会融合的关系进行了初步探讨。[3] 苏飞等基于杭州农民工的调查研究，认为农民工生计资本存在着教育培训缺失、人力资本不足，租房生活为主、物质资本薄弱，收入水平低、金融资本虚化，边缘感较强、社会资本匮乏等突出特征。[4] 总之，目前学术界对于农民工可持续生计方面的研究比较匮乏，突出表现在还没有建立起分析农民工可持续生计的基本框架，而相应的高质量、大样本抽样调查研究还基本处在空白状态。

相比之下，学术界对城市贫困群体可持续生计方面的研究更是十分薄弱。[5] 关信平和唐钧是较早研究中国城市贫困问题的学

---

① 靳小怡、李成华、杜海峰、杜巍：《可持续生计分析框架应用的新领域：农民工生计研究》，《当代经济科学》2011 年第 3 期。

② 潘云新、苏飞、赵秀芳、马莉莎、庞凌峰：《城市农民工生计风险分析及其政策建议》，《北方经贸》2012 年第 12 期。

③ 栾驭、任义科、赵亚男：《农民工生计资本与社会融合》，《山东社会科学》2012 年第 11 期。

④ 苏飞、马莉莎、庞凌峰、赵秀芳、潘云新：《杭州市农民工生计脆弱性特征与对策》，《地理科学进展》2013 年第 3 期。

⑤ 事实上，无论是从广度还是从深度上，学术界关于城市贫困群体的可持续生计研究不仅无法与农户可持续生计研究相比，即便是与农民工可持续生计研究相比也显得十分薄弱。

者。关信平较早指出中国城市贫困问题将逐步朝着长期化和稳固化方向发展，认为城市贫困问题难以解决的关键在于贫困群体的机会匮乏与能力匮乏。① 唐钧则较早地倡导对城市贫困群体进行可持续生计研究，其于 2003 年发表的《城市扶贫与可持续生计》一文从可持续生计的角度探讨了城市反贫困的政策措施，强调要依托社区，承认并促进非正规就业在城市反贫困中的积极功效，创办就业中心，健全小额信贷，发展城市贫困人群的可持续生计。② 2005 年，唐钧在《城市低保制度、可持续生计与资产建设》一文中基于可持续生计目标对城市低保制度的救助理念与机制进行了反思，探讨了城市低保制度的未来发展与转型的重要前瞻性议题，主张可将其从"单纯的社会救助扩展到包括可持续生计与资产建设在内的整个反贫困的社会政策"③。经过最初的倡导之后，将可持续生计框架运用于城市贫困问题的研究近乎停滞，在关于城市贫困问题研究的大量文献中，可持续生计方面的具体研究极为匮乏。直到最近几年，有个别学者开始尝试着运用可持续生计框架对城市贫困问题进行理论探讨与实证分析。2012 年，刘璐琳在《可持续生计视角下城市新贫困问题治理研究》一文中，分析了城市新贫困人口可持续生计面临的脆弱性背景，指出经济社会转型、生计资本匮乏、城市管理制度、不利的社会文化以及不利的经济

---

① 关信平：《现阶段中国城市的贫困问题及反贫困政策》，《江苏社会科学》2003年第 2 期。

② 唐钧：《城市扶贫与可持续生计》，《江苏社会科学》2003 年第 2 期。其于 2004年发表的《可持续生计与城市就业》再次深化了该文观点（参见唐钧《可持续生计与城市就业》，《中国民政》2004 年第 2 期）。

③ 唐钧：《城市低保制度、可持续生计与资产建设》，《商洛师范专科学校学报》2005 年第 1 期。该文首次提出将单纯救济性的城市低保制度基于可持续生计与资产建设理念而拓展成一个整体性的城市反贫困体系。这是一个极具前瞻性的观点，在当前看来，依然是。另外，需要指出的是，尽管该文把可持续生计与当时刚刚被引入国内的资产建设福利理论相并列，实际上，资产建设福利理论完全可以被包容在发展型社会政策理念下的可持续生计框架中。

社会环境等对于城市新贫困人口生计脆弱性的影响。[①] 2015 年，胡彬彬分析了城市贫困群体区别于农村贫困群体的脆弱性特征，认为城市贫困人口存在着结构性致贫根源、更为脆弱的经济背景、高度风险的生活环境、诸多社会性排斥以及更易被边缘化的心理状态。在此基础上，其修正了 SLA 可持续生计框架，初步探索了中国城市贫困群体可持续生计框架的基本要素。然而，该框架存在着简单化、笼统化以及缺乏可行性等缺陷，并没有具体建立起适切于中国城市贫困群体可持续生计的一般分析框架，也缺乏必要的实证研究基础。在对中国城市贫困群体可持续生计指标体系构建以及大规模抽样调查的实证研究方面，目前学术界的研究基本上还处于空白状态，仅有的个别实证研究在测量指标体系以及样本规模上存在着明显的缺陷。[②]

（四）小结

综上所述，国内外学术界对可持续生计方面的大量研究，发展了适应于各种情境的可持续生计框架，并做了大量的应用性研究，这都为本项研究提供了重要的知识基础和参考借鉴。然而，当前国外大量的相关研究主要集中在对发展中国家的农村社区发

---

① 刘璐琳：《可持续生计视角下城市新贫困问题治理研究》，《宏观经济管理》2012 年第 12 期。该文所提出的 "城市新贫困" 人口概念包括城市贫困职工、部分常住城市的流动人口以及部分失地农民工。而本研究所界定的城市贫困群体主要包括城市低保家庭人口以及其他城市常住贫困人口（主要是居住半年以上非本地户籍贫困人口），其中与该文所界定的城市新贫困人口有重叠。

② 关于中国城市贫困群体可持续生计量化研究的文献寥寥无几，所使用的指标体系基本上参照了农户可持续生计指标方法，且有效样本规模也太少。比如王世靓、谢兵的研究，样本仅为 100 户（参见王世靓、谢兵《西部城市贫困家庭可持续生计发展的影响因素分析——以 Q 省 X 市 Z 区 100 户贫困家庭生计资本状况分析为例》，《攀登》2014 年第 1 期）。乐章、涂丽所做的实证研究，样本规模仅为 171 户（参见乐章、涂丽《城市贫困家庭的生计资本与生计策略——基于武汉市三个典型社区的实证研究》，《湖北经济学院学报》2015 年第 4 期）。

展及其贫困家庭的可持续生计分析上。国内学术界对于可持续生计方面的研究也主要集中在农村地区，聚焦于传统农户和失地农民可持续生计框架的系统建构与实证研究，而对于城市贫困群体（家庭）可持续生计方面的研究基本上处于前期探索阶段，仅有的相关研究要么仅仅局限于宏观政策倡导层面而流于空泛，要么缺乏较为扎实的实证研究而失于清浅。另外，现有研究还普遍忽视了可持续生计框架在沟通宏观与微观联系、整合多维视角方面的内在要求，在实际研究中，大多仅仅着眼于微观视角，缺乏宏观政策因素的分析。换言之，可持续生计框架本身强调的整合多维视角的优势，在实际研究中并没有充分体现出来。

因此，在实证研究的基础上，系统分析中国城市贫困家庭生计资本现状及其存在的突出困境，剖析城市贫困家庭生计资本对其生计策略的现实影响，并基于发展型社会政策理念，深入探讨当前城市贫困家庭可持续生计框架建构的关键环节、现实路径及相关政策制度变革，已成为当前学术界关于可持续生计研究以及城市反贫困研究领域中的重要学术问题与知识发展义务。

三 研究方法与调查对象

本研究所采用的方法有抽样调查法、个案访谈法与文献法，具体调查对象为城市贫困家庭，下面具体介绍本研究所使用的方法，并阐明具体的调查对象。

（一）研究方法

本研究主要使用抽样调查法，并辅之以个案访谈法与文献法。在具体抽样方法上，本研究主要采用多阶段抽样法，在山东省济南、青岛、聊城以及青海省的西宁市共抽取 2600 户贫困家庭展开调查。① 首先，本研究从上述四个城市中抽取了五个区，分别是济南的市中区与槐荫区、青岛的市北区、聊城的东昌府区以及西宁的城中区；其次，从所选的五个区共计 57 个街道办事处中②，按照等距抽样法抽取了 13 个街道办事处；再次，从每个街道办事处中等距抽取 4 个社区；最后，从每个社区所提供的贫困家庭名册中等距抽取 50 户，共计 2600 户。课题组于 2012 年 7 月至 9 月开展抽样调查工作，实际完成有效调查问卷 2487 户，占计划样本的95.65%。针对抽样调查数据的具体分析方法，本研究主要采取描述性统计分析以及多元线性回归（OLS）分析等。除了抽样调查法，本研究在济南市选取了 30 户城市贫困家庭进行了深度结构式访谈，以弥补量化研究的不足。另外，本研究还收集整理了国家统计局所发布的城市贫困家庭收入与消费状况等数据，开展二次分析以及相应对比分析。

（二）调查对象

根据研究目的与抽样调查的可操作性，本研究的具体调查对象主要包括如下两类。一是当前享受城市最低生活保障待遇的家庭，即城市低保户。这是非常容易识别且能够获得花名册的城市贫困家庭类型。从有效性以及可操作性角度看，该类家庭成为本研究抽样调查对象的重要组成部分。尽管城市低保户通常是城市家庭中最为贫困的群体，但仅把城市低保户作为城市贫困家庭的

---

① 之所以确定这四个城市，主要有如下考虑。其一，山东省的济南、青岛与聊城三个城市，无论是从区位，还是从经济社会发展状况，对于山东省乃至全国而言，都具有较强的典型性和代表性。另外，考虑到西部省份的特殊性，我们在青海省选择了西宁市作为代表。其二，可行性较强，由于课题组在这四个城市中具有可行的调查资源，为数据采集的顺利开展提供了便利。当然，还有研究经费的局限，相应的经费预算并不足以在全国更多的省份开展更大规模的抽样调查。

② 57 个街道办事处中，济南槐荫区、市中区分别有 16 个、17 个街道，青岛市北区有 12 个街道，聊城东昌府区下辖 5 个街道（还有 7 个镇），西宁城中区下辖7 个街道（还有 1 个镇）。

总体，显然属于城市贫困内涵的狭义视角。因此，本研究拓展了城市贫困家庭的范围，把城市低保边缘户也纳入本研究的抽样调查总体。① 城市低保边缘户显然属于低收入阶层，也属于典型的城市贫困家庭。更重要的是，从操作性角度看，城市低保边缘户在当地街道或社区也有记录，通常他们也都提出过城市低保申请或

---

① 当前中国城市贫困人口的规模到底有多大？学者们争议很大，基于不同的测算标准，对此有不同的答案。第一，根据城市低保人数来测算。通常较为狭义的看法是，中国城市贫困人口大体相当于中国城市低保群体规模。比如，有学者认为，"根据国家标准，通常认为城市贫困人口是指，收入低于所在城镇最低生活保障线以下的非农业人口"（参见陈琳《现阶段中国城市贫困人口问题研究》，《农村·农业·农民》2009 年第 4 期，第 52 页）。"目前我国城市最低生活保障制度的覆盖范围仅仅限于城市户籍人口。如果按照户籍人口来估计城市贫困人口，其数量基本上等于享受城市低保人口量。"（李刚、周加来：《中国的城市贫困与治理——基于能力与权利视角的分析》，《城市问题》2009 年第 11 期，第 56 页）2014 年底，中国城市低保家庭共有 1026.1 万户，城市低保对象（人口）共计 1877 万人（《2014 年社会服务发展统计公报》，http://www.mca.gov.cn/article/sj/tjgb/201506/201506158324399.shtml，最后访问日期：2018 年 7 月 16 日）。这是一种基于国家城市贫困线基础上的比较狭义的城市贫困人口规模估计。第二，根据城市常住人口基数来测算。中国城市贫困人口不仅包括城市低保群体，还包括长期居住（半年以上）并生活在城市中的非本地户籍人口。有研究表明，当前中国城市非本地户籍常住人口的贫困人口比例约占外来常住人口的 15%，2009 年我国城市外来常住人口的规模大约为 1 亿人，因此中国城市外来常住贫困人口的规模约为 1500 万人。城市低保人口加上城市外来常住贫困人口约为 4500 万人（吴鹏森：《中国城市贫困问题及其现代保障体系的建构》，《南京师范大学学报》2008 年第 2 期，第 33~39 页）。第三，根据国际城市贫困救助覆盖比例来估算。有学者认为，发达国家城市贫困救助覆盖范围在 10% 左右，发展中国家约为 6%，中国城市贫困救助合理范围为 6%~8%，2009 年中国城市贫困人口规模为 3300 万~4500 万（李刚、周加来：《中国的城市贫困与治理——基于能力与权利视角的分析》，《城市问题》2009 年第 11 期，第 56 页）。根据国家统计局公布的数据，2014 年中国城市人口总数为 7.4916 亿人，城市化率为 54.77%，根据这种测算，2014 年中国城市贫困人口规模为 4500 万~6000 万人（《2014 年国民经济和社会发展统计公报》，http://www.stats.gov.cn/tjsj/zxfb/201502/t20150226_685799.html，最后访问日期：2018 年 7 月 16 日）。也有研究人员测算，城市贫困人口通常是城市低保人口的 2 倍多，一般占城市总人口的 8% 左右，按照这种测算方式，2011 年中国城市贫困人口规模约为 5000 万人（米艾尼、葛江涛、韩克庆：《中国城市有多少穷人》，《今日国土》2011 年第 9 期，第 45 页）。

各种救助，但由于不符合某个条件而没有获得低保资格。除此之外，在抽样过程中，根据居委会所提供的有效信息，对于明显属于较低收入的家庭也纳入具体抽样总体中。鉴于不可能获取当地所有家庭的经济状况信息，从而根据明确的贫困线或低收入标准确定调查总体，因此，从实际研究目的和可操作性角度看，本研究所确定的上述类型家庭作为实际调查对象是真实有效的，属于局限条件下的最优选择。

四 研究思路与研究结构

下面围绕着研究目标，介绍一下研究的基本思路与基本结构，在此过程中，概述一下各章的主要内容。

（一）研究思路

本项目的基本目标是基于实证研究，系统剖析当前中国城市贫困家庭生计维持系统的现状及存在的突出问题，明确中国城市贫困家庭可持续生计框架建构的关键要素，并基于发展型社会政策理念，提出中国城市贫困家庭可持续生计系统建构的现实政策路径，以期为推动中国城市反贫困政策理念转变与机制优化提供相应的政策建议，为推进中国城市贫困家庭可持续生计相关学术研究的深入开展提供有价值的参考。为完成上述目标，研究团队确立了如下基本研究思路。

首先，需要在国内外大量相关研究的基础上，厘清发展型社会政策理念、可持续生计框架及其二者之间的内在关联，进而确立本研究的基本理念与基本框架。

其次，需要对中国城市贫困家庭的生计系统开展科学严谨的操作化工作，建构出适用于中国城市贫困家庭生计资本特征的测量指标体系，基于此，设计出调查问卷，开展问卷调查，并分门别类地选择具有较强代表性的城市贫困家庭进行深度访谈。

再次，在对调查问卷数据统计分析的基础上，系统剖析当前中国城市贫困家庭生计系统的现实状况及其突出困境，并深入探讨中国城市贫困家庭生计资本类型对其生计策略的具体效应，进一步确定影响中国城市贫困家庭可持续生计系统的关键环节。

最后，基于发展型社会政策理念和现实国情，有针对性地提出以制度化方式支持城市贫困家庭可持续生计的相关政策建议，提出中国城市贫困家庭可持续生计框架。

（二）研究结构

根据上述基本思路，本研究主体部分包括紧密相连的七章内容，下面对各章主要任务及相关内容进行简要介绍。

第一章，可持续生计相关研究。本章主要任务是，清晰陈述研究背景、问题与意义；对国内外相关研究进行系统综述，在此过程中明确研究定位与研究视角；介绍研究方法、澄清调查对象，并简要概述本研究的基本思路与结构。

第二章，发展型社会政策与可持续生计框架。本章主要任务是确立研究的基本理念与分析框架。本研究是基于发展型社会政策理念对城市贫困家庭可持续生计进行的研究，这就需要准确、完整地对发展型社会政策理念以及可持续生计框架进行阐述，明确发展型社会政策理念的发展背景、基本特点与主要原则，介绍可持续生计框架的基本内容，并阐明发展型社会政策理念与可持续生计框架之间的内在关联。国际上可持续生计框架主要是在发展中国家农村反贫困过程中形成与发展出来的，因此在本章中还需要初步澄清该框架应用于城市贫困家庭生计系统分析中的要点。

第三章，城市贫困家庭生计资本指标体系建构及测量。对城市贫困家庭生计资本的实证研究首先涉及较为复杂而系统的生计资本指标体系建构及其测量问题。本章在国内外相关研究的基础上，针对城市贫困家庭生计资本的特点，建构了城市贫困家庭生计资本指标体系，并进行了逐一测量。具体而言，本研究测量城市贫困家庭各项生计资本的一级指标包括五个维度：人力资本、住房资产、物质资本（非房）、金融资本以及社会资本，每一个一级指标被分解成相应的二级或三级等可测量的指标。在相应指标的标准化处理上，主要采取线性比例变换法，完成无量纲化处理。在此过程中，本章还对当前中国城市贫困家庭的具体生计资本状况进行了初步的统计分析。

第四章，城市贫困家庭生计资本现状分析。本章主要任务是基于对城市贫困家庭生计资本的描述性统计分析结果，系统总结与深入剖析当前中国城市贫困家庭生计资本的现实状况及突出困境。概而言之，实证研究发现当前中国城市贫困家庭生计资本状况，总体上呈现如下基本特征：整体匮乏；结构失衡；维持型突出，发展型不足；脆弱性强，可持续性差。

第五章，城市贫困家庭生计资本与生计策略。本章主要任务是基于多元线性回归（OLS）模型，探讨城市贫困家庭各种生计资本对其生计策略的具体效应，剖析影响城市贫困家庭生计资本系统的关键要素。本章详细考察了城市贫困家庭五大生计资本对其劳动力市场参与、就业方式、社会救助支持以及消费支出取向等方面的具体影响。本研究有如下五点发现。①人们长期忽视了城市贫困家庭金融资本的制度化积累的重要性，包括储蓄、信贷、保险、住房公积金以及投资等在内的金融资本的制度化积累对城市贫困家庭可持续生计系统的建构至关重要。②加强知识更新与职业技能培训是建构城市贫困家庭可持续生计系统的必由之路。③实证研究表明，当前以城市低保政策为代表的制度性救助理念与机制总体上属于生计维持型特征，发展型特征不明显。虽然其在一定程度上对于城市贫困家庭生计维持发挥了关键性作用，但其由于严苛而频繁的经济审查机制，严重抑制了城市贫困家庭劳动力市场参与的积极性。促进制度性救助理念与机制由生计维持型向发展型转变是建构城市贫困家庭可持续生计系统的关键一环。④有未成年子女的贫困家庭应成为城市贫困家庭政策支持的重点对象。

第六章，城市贫困家庭可持续生计政策路径。本章在对城市贫困家庭生计资本现状及其可持续生计系统所必需的政策要素的实证分析基础上，有针对性地提出了如下四项政策建议。①构建发展型社会救助政策，促进社会救助制度理念与机制由生计维持型向发展型转变。②创新职业技能培训机制，加大对城市贫困家庭有劳动能力成员的职业技能培训力度，促进城市贫困家庭成员的知识技能更新步伐。③建立中国贫困家庭儿童教育发展账户，为贫困家庭儿童从小注入"大学梦"，配额激励教育储蓄长期积累，并在此过程中提升贫困家庭金融知识与财务管理技能水平，消除经济文盲，促使贫困家庭着眼于长远。④实施住房公积金制度全覆盖，促进贫困家庭住房资产积累，增加城市贫困家庭有效可及低利率信贷的可行选择。

第七章，结论与讨论。本章对主要研究发现进行了概述，提出了中国城市贫困家庭可持续生计框架的一般形式，并简要探讨了本研究进一步改进的方向。

最后，本研究针对城市低保家庭这一典型类型，基于调查数据库中城市低保家庭子样本进行了专题探讨，重点探讨了城市低保家庭的资产状况与健康状况。

第二章　发展型社会政策与
可持续生计框架

本章主要任务是阐明研究的基本理念与分析框架。基于发展型社会政策理念对城市贫困家庭可持续生计进行研究，需要准确、完整地对发展型社会政策理念以及可持续生计框架进行阐述，明确发展型社会政策理念的发展背景、基本特点与主要原则，介绍可持续生计框架的基本内容，并阐明发展型社会政策理念与可持续生计框架之间的内在关联。国际上可持续生计框架主要是在发展中国家农村反贫困过程中形成与发展出来的，因此在本章中还需要初步澄清该框架应用于城市贫困家庭生计系统分析中的要点。

一　发展型社会政策：背景与理念

20 世纪 80 年代末 90 年代初以来，国际反贫困理论和实务界在对二战后长期主导发展中国家经济社会发展战略的"现代化发展范式"以及 20 世纪 80 年代以所谓"华盛顿共识"为代表的"新古典自由主义范式"的理念和政策后果的系统批判基础上，逐步形成了发展型社会政策理念。发展型社会政策聚焦于超越基本需求满足的能力建设，试图融合经济发展与社会政策目标，强调跨部门的整合协调，注重社会政策的风险预防与包容能促功能，日益成为国际社会政策领域占主导地位的政策范式，成为整合 20世纪 90 年代以来社会福利政策领域中各种新思维、新观念与新实践的有效政策框架。

本部分主要概述发展型社会政策形成的背景，总结发展型社会政策的基本理念或主要特征。在概述发展型社会政策背景过程中，简要剖析一下发展型社会政策与同时期崛起的"第三条道路"福利理论以及"资产建设"福利理论之间的关系，探讨发展型社会政策作为一种有效整合各种新福利观念框架的潜力，为探讨发展型社会政策理念下可持续生计框架奠定理论基础。

（一）发展型社会政策产生的背景

发展型社会政策理念主要是在对二战后发展中国家反贫困政策范式和实践后果反思批判的基础上发展出来的，同时，也汲取了社会福利政策领域中为应对新古典自由主义挑战而发展出的各种社会福利政策新观念。

众所周知，二战后崛起的广大发展中国家面临着工业化难题，所要解决的突出问题是从农业社会向工业社会转型，发展经济学中的现代化理论范式应运而生。该范式强调国家集中资源实施工业化战略，实现大规模经济结构转型，将传统的农业经济逐步向工业化经济转变，将剩余劳动力从农业领域向以城市为基础的工业领域转变。该发展战略认为，伴随着大规模工业化与城市化进程，大规模贫困现象将自然得到缓解或消除。① 的确，二战后世界

---

① Nurkse, R., *Problems of Capital Formation in Underdeveloped Countries* (London: Oxford University Press, 1953). Boeke, J., *Economics and Economic Policy in Dual Societies* (Haarlem: Willink, 1953). Lewis, W. A., "Economic Development with Unlimited Supplies of Labour," *Manchester School of Economic and Social Studies* 22 (2) (1954): 139 – 191. Higgins, B., "The Dualistic Theory of Underdeveloped Areas," *Economic Development and Cultural Change* 4 (1) (1956): 22 – 115. Rostow, W., *The Stages of Economic Growth: A Non-Communist Manifesto* (Cambridge : Cambridge University Press, 1960).

范围内长期存在着的大规模贫困主要集中在广大发展中国家的农村领域，现代化发展范式认为消除大规模贫困的要点在于实施工业化战略，工业化进程中的资源扩散机制以及补偿机制必将大规模减少广大发展中国家的贫困人口。然而，现代化发展范式由于过于强调国家在经济社会发展中的单一主导作用、过于聚焦于工业化宏观经济目标、过于强调实施大规模国家项目，而客观上忽略了广大贫困人口的现实生计需求以及资源的再分配，无视贫困人群以及地方社区的自主性，严重低估了贫困现象的复杂性，还一直伴随着官僚式的粗放低效问题。大量的研究表明，国家单一主导的现代化发展范式虽然极大地促进了工业化经济的发展，但在减少贫困与降低不平等方面成效甚微。[1] 20世纪70年代，在对现代化发展范式的系统反思下，世界银行开始强调在经济发展过程中国家必须采取必要的社会干预政策及高度重视贫困群体的基本生活需求，呼吁缓解或消除无法忍受的大规模贫困现象，促进资源再分配的公平性。[2] 1976年，在瑞士日内瓦召开的世界就业大会上，国际劳工组织倡导一种替代现代化发展范式的新型发展观，

---

[1]　有学者后来总结道："（在此期间）几乎没有什么国家成功地实施了工业化战略，也几乎没有什么国家靠扩张现代的就业部门就大规模地降低了贫困率。东亚国家采取了出口导向型战略，而不是进口替代型工业化战略；除了在这一地区，现代化战略几乎没有获得什么成功。"（参见安东尼·哈尔、詹姆斯·梅志里《发展型社会政策》，罗敏译，社会科学文献出版社，2006，第93页）相关文献亦可参见 Schulz, T. W., *Transforming Traditional Agriculture* (New Haven, CT: Yale University Press, 1964); Chenery, H. et al., *Redistribution with Growth* (Oxford: Oxford University Press, 1974); Coombs, P. and Ahmed, M., *Attacking Rural Poverty: How Non-Formal Education Can Help* (Hashington, DC: Word Bank, 1974); Wisner, B., *Power and Need in Africa* (London: Earthscan, 1988); Eicher, C. K. and Staatz, J. M., *International Development in the Third World. Baltimore* (MD: Johns Hopkins University Press, 1998); Shepherd, A., *Sustainable Rural Development* (Basingstoke: Macmillan, 1998)。

[2]　World Bank, *The Assault on World Poverty* (Baltimore, MD: Johns Hopkins University Press, 1975).

即人类基本需求发展观，强调经济发展要把人类的基本需求满足——物质的和非物质的——放到首要位置，发展的目的是满足人类多样化的基本需要，尤其要高度重视贫困群体的物质与非物质的最低需求满足，把经济发展与社会发展相结合，采取国家干预措施消除贫困，缓解经济社会的不平等。① 自此以后，国际反贫困理论与实践逐渐扬弃了国家单一主导的现代化发展范式，强调在公平中寻求发展，在经济发展中注重贫困群体的基本需求满足与潜能的开发，国家主导的大规模干预项目逐渐被强调不同地区条件约束下的小规模干预项目所替代，并注重项目干预的跨部门整合。其中比较具有代表性的思路是"整合化农村发展项目"（IRDPs），"这些项目内含一些合成性干预措施，试图在农业生产增长的基础上辅之以基本医疗服务、教育、环境保护以及其他一些服务……尽管这些思路出现了一些问题，但包含在其中的整合化和跨部门合作的理念已经被纳入了许多小规模发展规划之中，并被尊崇为指导原则"②。另一种对传统现代化发展范式和国家自上而下的项目干预战略持批判态度的是强调反贫困中的社区发展路径。社区发展路径批判传统现代化发展范式忽视了地方社区的情境多样性以及社区民众参与的重要性，主张反贫困的关键是动员社区民众的广泛参与，自下而上的社区民众参与是提升民众生

---

① Streeten, P. et al., *First Things First: Meeting Basic Needs in Developing Countries* (New York: Oxford University Press, 1981). Stewart, F., *Basic Needs in Developing Countries* (Baltimore, MD: Johns Hopkins University Press, 1985).

② 安东尼·哈尔、詹姆斯·梅志里：《发展型社会政策》，罗敏译，社会科学文献出版社，2006，第132页。哈尔和梅志里认为，尽管整合化农村发展项目思路强调了基本需要满足的优先性以及整体合成与跨部门合作的重要性，但其被一系列问题所困扰，削弱了其所宣称的效果，这些问题包括"高工程成本、效率低下的跨部门合作水平、官僚体系的复杂性以及缺乏受益者参与，再加上无法解决的根本性的制度结构性壁垒问题（例如土地所有权的不平等）"（安东尼·哈尔、詹姆斯·梅志里：《发展型社会政策》，罗敏译，社会科学文献出版社，2006，第132页）。尽管如此，这些项目思路为可持续生计框架提供了先导性实践经验。

活质量、消除贫困和社会剥夺的必要条件。[①] 社区发展路径倡导规模较小且有针对性、能有效回应不同情境下地方社区居民多样性基本需求的社区发展项目，认为社区参与能有效提高社区民众的权能水平或自主性，提高贫困者的健康卫生、文化教育以及市场就业技能等人力资本水平以及增加劳动就业参与的社会资本，更有助于缓解或消除地方性贫困。社区发展思路在反贫困中特别强调基于社区本身资源开展与市场经济相适应的小微企业和小额信贷项目。其中典型个案是由 2006 年获得诺贝尔和平奖获得者、小额信贷模式创始人穆罕默德·尤纳斯（Muhammad Yunus）在 1983 年于孟加拉国基于社区创立的格莱明乡村小额信贷银行。该信贷银行开展社区合作信贷模式，支持地方性社区民众多人合作创办小微市场实体，共同担保贷款、分担风险。[②] 面向穷人的小额信贷项目为地方社区贫困群体获得发展生计策略所必需的稀缺金融资源提供了一种可行的市场机制，通过鼓励和支持贫困民众利用社区资源开展合作，创办小微经济实体，勇敢地面向市场，积累市场化生存经验，进而实质性改变贫困状态。在对传统现代化发展范式的批判中所形成的发展理念与实践为发展型社会政策的产生奠定了实践基础。

---

① Bhattacharyya, S. N., *Community Development：An Analysis of the Programme in India* (Calcutta：Academic Publishers, 1970). De Soto, H., *The Other Path：The Invisible Revolution in the Third World* (New York：Harper and Row, 1989). Oakley, P., *Projects with People：The Practice of Participation in Rural Developmet* (Geneva：International Labour Office, 1991). Burkey, S., *People First：A Guide to Self-Reliant, Participatory Rural Development* (London：Zed Books, 1993). Mafeje, A., "Conceptual and Philosophical Predispositions," in F. Wilson, N. Kanjhi, and E. Braathen (eds), *Poverty Reduction：What Role for the State in Today's Globalized Economy?* (London：Zed Books, 2001). Midgley, J., *Social Development：The Developmental Perspective in Social Welfare* (London：Sage, 1995).

② Yunus, M., *Grameen Bank：Experiences and Reflections* (Dhaka：Grameen Bank, 1991). Wahid, A., *The Grameen Bank：Poverty Relief in Bangladesh* (Boulder, CO：Westview Press, 1994). Holcombe, S. H., *Managing to Empower：The Grameen Bank's Experiment of Poverty Alleviation* (London：Zed Books, 1995).

发展型社会政策形成的智识资源，除了包括在对 20 世纪 50 ~ 70 年代盛行的传统现代化发展范式批判基础上发展而来的新发展主义理念以及社区发展范式的重要经验，还包括对新古典自由主义发展理念的诸多批判性反思。20 世纪 80 年代，伴随着战后福利国家体制的衰落以及世界政治经济格局的演变，以芝加哥经济学派领军人物弗里德曼为代表的新古典自由主义以及以哈耶克、诺齐克等为代表的政治哲学传统中自由至上主义思潮逐渐占据上风。撒切尔夫人在英国以及里根总统在美国的执政开启了经济社会领域中自由化、私有化、民营化、市场化的变革。这场变革影响深远，以至于在 20 世纪 90 年代初形成了所谓的"华盛顿共识"：要求普遍解除管制、削减国家福利项目、减少公共开支、降低税率，推进经济社会的自由化与市场化。新古典自由主义严厉批判国家主导的传统现代化发展观以及战后福利国家体制，指责其经济效率低下、公共福利支出难以为继，并攻击战后福利国家体制导致了严重的福利依赖问题，破坏了工作伦理，形成了难以克服的贫困陷阱与贫困文化，不仅没有实质性地消除贫困，还带来了新的贫困问题。新古典自由主义发展观坚信通过市场化机制迫使个体参与劳动力市场，使之成为市场主体的责任担当者，并相信经济的繁荣会自然而然地消除大规模贫困现象，而必要的补缺性社会福利项目仅仅面向那些由于残障等原因无法参与就业市场的贫困个体或家庭，发挥有限的社会安全网功能。新古典自由主义范式突出了自由市场机制在经济社会发展中资源有效配置的重要功能，然而，由于自由市场机制内在的缺陷以及有效功能发挥条件的局限约束，其并不能使经济的繁荣自然而然地惠及普罗大众。相反，伴随而来的是急剧扩大的经济不平等，贫富分化在随后的几十年中也达到了前所未有的程度。激进的自由主义变革由于忽视了传统社会、政治与文化条件的约束，带来了社会的持续动荡和长期撕裂等非预期后果。另外，其由于漠视了贫困问题的复杂性，并没有实质性解决大规模贫困问题。伴随着新古典自由主义学者们在智利皮切诺特政府时期自由化试验的失败，人们逐渐认识到新古典自由主义发展范式并不像其所宣称的那样，能够实现经济的持续繁荣与贫困的显著减少。事实上，尽管经济发展一直是缓解和消除贫困的必要条件，然而，单靠市场经济的自然扩散并不能解决贫困难题，贫困问题的复杂性传导机制内在要求摆脱贫困需要更多的必要条件。

　　20世纪90年代以来，理论和实务界对新古典自由主义发展范式进行了深刻的反思，逐渐认识到，尽管市场化机制在促进资源有效配置以及经济繁荣方面具有不可替代的核心功能，然而，自由市场资源配置功能的有效发挥是有诸多条件的，其在财富再分配上具有不断扩大贫富分化的内在冲动。仅仅盯着经济的增长而忽视经济发展所必需的社会、环境、制度、信息、人力等必要条件是极其狭隘的，不断扩大的贫富分化以及持续恶化的社会、环境以及贫困问题，反过来也会损害市场机制对资源有效配置的可持续性发挥。因此，长期有效的可持续性发展离不开市场机制与政府的有效干预，在经济发展与社会发展之间必须进行恰当的平衡。在经济学界，以斯蒂格利茨（Joseph E. Stiglitz）[①] 为代表的经济学家们主张超越狭隘单一的"华盛顿共识"，强调经济发展的制度性条件，追求经济与社会、环境与人的进步的协调发展，强调

---

① 斯蒂格利茨是信息经济学这一现代经济学重要分支的创立者，也是公共部门经济学领域最重要的专家之一。其以研究信息非充分条件下市场机制资源配置效率问题而闻名于世，奠定了非对称信息条件下市场机制分析的理论基础。2001年，其与迈克尔·斯宾塞、乔治·阿克尔洛夫由于在"对充满不对称信息市场进行分析"领域所做出的重要贡献共同分享了当年诺贝尔经济学奖。根据其理论，由于现实世界中信息总是不对称的，因此，市场机制配置效率也总是不充分的，这为政府或其他机构的干预提供了经济学学理支持。用他的话说，就是"在我的模型中，我总是能找到一种特定的干预方式，使人人都受益"［约瑟夫·斯蒂格利茨、卡尔·沃尔什：《经济学》（第四版），黄险峰、张帆译，中国人民大学出版社，2013］。其对不平等高度关注并大力批判，2012年还出版了《不平等的代价》，在书中探讨了急剧扩大的贫富分化及其所带来的诸多后果［约瑟夫·斯蒂格利茨：《不平等的代价》（2012年），张子源译，机械工业出版社，2013］。

共享经济繁荣、财富公平分配的重要性以及民众广泛参与发展的必要性。因此，要获得长期可持续性发展必须澄清政府与市场的功能边界，恰当平衡政府与市场的作用。[①] 关于这些，秉承芝加哥经济学派精神的新制度主义经济学家们也难以否定。[②] 超越新古典自由主义的狭隘"华盛顿共识"、走向"后华盛顿共识"在经济学界得到了充分的学理支持。

面对日益加深的全球化趋势以及（新古典自由主义所提出的）社会福利政策领域必须共同面对的时代议题和挑战，社会政策学

---

① Stiglize, J., *Globalization and Its Discontents* (London: Penguin Books, 2002).

② 比如，秉承古典自由主义传统的新制度主义经济学奠基人之一张五常，并不否认自由市场经济具有内在的贫富分化倾向。其辨识出贫富分化的四个主要原因。第一，利率差距的效果。首先，由于交易费用的存在，根据市场机制，富人借贷的利息率通常低于穷人借贷的利息率，相差几个百分点是常态，假以时日，借贷的利率差距导致的贫富分化显著。"穷人难借钱，是因为讯息与监管还钱的费用存在……富人借钱远比老百姓借钱的利率为低，增加了贫富分化的机会。"［张五常：《经济解释》（卷四之制度的选择），中信出版社，2014，第322~323页］其次，富人不仅借贷多，而且多通过借贷进行资产投资，在经济繁荣时，富人的财富增值的百分比比不富有的高，且平均获取的资本性收益更是远远大于劳动力的收益。当经济下行时，只要不出现严重的通缩，富人的相对优势也不会下降［参见张五常《经济解释》（卷四之制度的选择），中信出版社，2014，第322~323页］。第二，通货膨胀效应。通货膨胀对富人损害较少，通胀推升资产的币值价格而对工资性收入的购买力是巨大伤害。尽管通缩的效应相反，然而，纵观人类历史，通胀的机会远大于通缩。第三，贪污腐败加大贫富分化。第四，子女接受良好教育的机会差距大。尽管许多国家普及了基础教育，但穷人的孩子进入著名高校的机会显然远低于富人［张五常《经济解释》（卷四之制度的选择），中信出版社，2014，第324~326页］。从新制度经济学角度来看，除了贪污腐败这个原因，利率机制、通货膨胀以及教育机会不平等这三个原因并非市场机制的外生变量，在没有其他有效手段干预下，市场机制通过利率机制、通胀效应以及教育不平等机制将不断再生产出新的贫富分化，不断扩大不平等，形成恶性循环。值得一提的是，这一点也从经济学角度支持了迈克尔·谢若登所倡导的资产建设理论的重要性（参见迈克尔·谢若登《资产与穷人——一项新的美国福利政策》，高鉴国译，商务印书馆，2005）。资产积累不仅具有谢若登所说的各种资产效应，而且制度化促进穷人资产积累也有利于削弱不平等的内在扩大化趋势。这一点，在我们考察城市贫困家庭的资产状况时再深入讨论。

界基于不同背景资源发展出了诸多福利政策新思维。其中比较典型的是如下三种：以安东尼·吉登斯为代表的"第三条道路"福利思想、迈克尔·谢若登所倡导的资产建设福利理论以及以詹姆斯·梅志里为代表的发展型社会政策理念。吉登斯所倡导的超越左与右的"第三条道路"，在扬弃了传统社会民主主义以及新古典自由主义的基础上，倡导积极的福利政策，强调社会福利政策与经济发展的融合性、提升个人或家庭的能力建设，使个体成为积极的风险责任承担者，在全球化风险社会中不断增强个体抵御非预期风险的能力。① "第三条道路"福利思想聚焦于国家的社会投资功能，倡导建立社会投资型国家，强调国家应致力于"投资机会平等或机会的再分配，以消除社会排斥，促进社会融合；重点投资于人力资本建设领域，强调教育与培训的投入，发展终身学习的教育理念；注重劳动力市场参与和公共参与，培养公民的社会责任担当能力，培养有竞争力且负责任的公民，使公民成为'责任风险承担者'（Responsible Risk Takers）；在福利传递机制上，主张优先利用市场配置资源，国家、公民、社会组织积极参与，构建一种平等的合作伙伴关系"②。谢若登在批判性反思长期以来以收入与消费为本的福利政策基础上，强调穷人股本占有的重要性，主张应把穷人的金融资产建设作为福利政策的关注重点，倡导资产为本的福利政策理念和实践。用他的话来说，就是"在过去几年里，我一直在深入思考美国的社会政策，尤其是福利政策，并且产生了一个与众不同的想法。这个想法可以非常简明地概括为：我们应该更多地关注储蓄、投资和资产积累，而不是像以前那样将福利政策集中在收入和消费。或许可以用'股本占有'

---

① 安东尼·吉登斯：《第三条道路：社会民主主义的复兴》，郑戈译，北京大学出版社，2000。
② 安东尼·吉登斯：《第三条道路：社会民主主义的复兴》，郑戈译，北京大学出版社，2000。

一词来概括这一想法，它表明如果穷人要摆脱贫困——不仅仅从经济上，而且是在社会与心理上——他们必须在体制中积累一种'股本'。体制中的股本意味着以某种形式拥有资产。我将这种新的观点称作'以资产为基础的福利政策'。与仅仅提供物质支持不同，以资产为基础的福利政策寻求社会政策与经济发展的整合"①。为此，谢若登总结并发展出了资产的福利效应理论以及作为资产为本福利政策实践工具的个人发展账户（Individual Development Accounts，IDAs）。关于以詹姆斯·梅志里为代表所发展出的发展型社会政策理念，上文曾论述，其在总结发展中国家反贫困政策实践的经验教训以及对社会福利政策中传统发展主义理念的深入挖掘基础上，主张经济发展与社会政策的目标整合，倡导贫困群体的可持续生计能力建设以及跨部门的整体性、包容性的福利政策机制。

三种典型的福利政策理论都强调社会政策与经济发展的内在一致性，这并非偶然，是对新古典自由主义向整个福利政策界提出的时代挑战的一致性回应。目前看来，在面对新古典自由主义的效率责难或可持续性挑战的时代议题上，也只有强调社会福利政策与经济发展的内在一致性，才能有效回应新古典自由主义所发起的挑战。正是在这种背景下，20世纪90年代以来所发展出的各种社会福利政策新思维有着内在的趋同性：致力于整合经济发展与社会政策的目标，寻求二者内在一致性的政策实践及其各种潜力。由于目标的趋同性，三种典型的福利理论在具体福利政策理念与实践上具有内在的一致性与较强的互补性。一方面，三者都主张国家在社会投资中的基本功能和责任，强调能力建设，注重教育投资与劳动就业市场技能培训，主张多元主体治理机制与

①　迈克尔·谢若登：《资产与穷人——一项新的美国福利政策》，高鉴国译，商务印书馆，2005，（序）第8页。

公民参与等。另一方面，三者之间存在着较强的互补性，也就是说，各自聚焦的侧重点有所不同，而且可以被整合到一个统一的框架结构中。具体来说，"第三条道路"福利理论是更为宏大的福利政策观念，其更注重宏观的、普遍性的社会性投资，尤其是教育投资与劳动就业技能投资。资产建设福利理论主要聚焦于穷人金融资产的制度性积累，在具体操作上，不赞成日益宽泛而往往流于形式的福利目标，认为应该持有一种实用主义取向，通过穷人的资产建设这一具体政策抓手来实现社会福利政策的核心目标。① 相比之下，发展型社会政策不仅强调宏观上国家必须担负的社会投资性责任，而且强调个体或家庭微观层面可持续生计资产建设，综融了"第三条道路"福利思想与资产建设福利理论双方的核心主张，具有极强的包容性，可以作为一种统合性政策框架，整合本质趋同、各有侧重的不同福利政策新思维或新观念。另外，还需要强调的是，20世纪80年代末90年代初期以来社会政策界发展出的这三种典型的新观念，分别具有不同的政策实践背景与理论资源。具体来说，以安东尼·吉登斯为代表的"第三条道路"福利思想，主要是在西方资本主义福利国家——尤其是西欧战后福利国家体制——的经验教训基础上发展出来的，其更多地继承了社会民主主义的福利传统资源，尤其强调在日益加深的全球风险社会挑战面前，如何变革国家福利体制以有效应对非预期风险以及新古典自由主义的挑战。迈克尔·谢若登的资产建设福利理论主要是在美国福利政策实践经验的反思基础上发展出来的，尽管其有着与"第三条道路"福利思想同样的改造传统福利政策范式的伟大抱负，但其明确强调所有的福利政策重点应该聚焦于为穷人家庭开展资产建设——更准确地说是金融资产，而非把重点

---

① 迈克尔·谢若登：《资产与穷人——一项新的美国福利政策》，高鉴国译，商务印书馆，2005，第53页。

放到不切实际的、往往流于形式的诸多政策行动上，具有非常鲜明的美国实用主义特征。相对而言，发展型社会政策理念则主要是基于发展中国家长期反贫困政策的经验教训以及传统社会福利政策领域中发展主义资源的基础上逐渐形成的。[①] 发展中国家的贫困家庭面临着远比发达国家严重得多的各种资源障碍、制度缺陷以及其他脆弱性环境基础。因此，更具包容性的发展型社会政策理念具有整合各种政策新思维的先天优势与能力。换言之，"第三条道路"福利思想以及资产建设福利理论等诸多新观念与新主张都可以在发展型社会政策的框架下得到合理的统合。接下来简要概括一下发展型社会政策的基本理念。

（二）发展型社会政策的基本理念

尽管学术界对发展型社会政策的定义并不一致，各种号称发展型理念的具体政策也千差万别，但 20 世纪 90 年代以来，对发展

---

① 詹姆斯·梅志里认为，在社会福利政策领域中，传统的社会福利制度模型分析基本上都是基于西方发达工业国家的实践经验，并不适合亚非以及中南美洲等发展中国家。美国社会政策学家威伦斯基（Harold Wilensky）和兰博（Charles Lebeaux）1965 年把社会福利政策分为剩余型模式（Residual）与制度型模式（Intuitional）所开启的福利制度模型分类，随后在此基础上，英国的蒂特马斯（Richard Titmuss）、加拿大的米什拉（Ramesh Mishra）以及瑞典的艾斯平 - 安德森（Gosta Esping Anderson）分别进行了影响广泛的相关福利制度模型比较分析。然而，这些福利制度模型分类都忽略了发展中国家的实践经验，分类系统并不适合发展中国家的基本情况（参见詹姆斯·梅志里《发展型社会政策：理论与实践》，载张秀兰、徐月斌、詹姆斯·梅志里编《中国发展型社会政策论纲》，中国劳动社会保障出版社，2007，第 158 页）。基于此，梅志里试图提出"社会政策的发展型模型"或社会政策的"发展视角"。相关内容参见如下文献：Midgley, J., *Social Development: The Developmental Perspective in Social Welfare* (Thousand Oaks, CA. and London: Sage Publications, 1995); Midgley, J. & Sherraden, M., "The Social Development Perspective in Social Policy," in Midgley, J., M. B. T., and Livermore M., eds., *The Handbook of Social Policy* (Thousand Oaks, CA: Sage Publications, 2000), pp. 435–446; Midgley, J. & Tang, K. L., "Social Policy, Economic Growth and Developmental Welfare," *International Journal of Social Welfare* 10 (4) (2001): 242–250。

型社会政策的基本理念或原则的认识逐渐趋于一致。①那么，发展型社会政策的核心理念有哪些？换言之，一项社会政策具有何种特征时才能被称为发展型的？下文对此简要概述。

（1）可持续能力发展理念。从个体或家庭的微观视角来看，发展型社会政策的基本目标直接聚焦于个体或家庭基本需求满足之上的可持续能力发展。"发展型社会政策的倡导者批判那些一味向贫困人口转移资源而满足其社会需要的政策措施……（传统的政策）只能把穷人的收入维持在不可接受的低水平上。而发展型社会政策不是建立在资源分配基础上的静态方法，而是建立在对社会变迁之需要的动态概念上，致力于培养人们的能力。"②发展型社会政策注重通过社会政策制度变革促进人们基本需要满足之上的能力发展，尤其是对贫困群体而言，社会政策的核心目标要着眼于贫困个体或家庭的可持续生计能力建设。

（2）整合经济与社会发展目标。从整体性的宏观角度看，发展型社会政策致力于整合经济发展与社会发展目标，强调社会政策与经济发展的内在一致性。"发展型社会政策的支持者们认为，在发展过程中，社会政策必须和经济政策放在同等重要的位置上，经济政策应该产生切实的社会效益，而社会政策应该积极推动经济发展……发展型社会政策不仅能够在无伤经济发展的前提下提

---

① 长期以来，发展型社会政策处在争论之中，"不同的学术著作对发展型社会政策有不同的定义，各种干预项目从制定到实施也都大相径庭。由此，发展型社会政策经常被看作社会政策领域内一种折中主义和实用主义方法……然而，自从20世纪90年代以来，更多的人在努力促使发展型社会政策的思路形成一个较为严整、理论较精微的概念体系……对作为发展型社会政策基础的概念和规范理念，认识则更深入和一致。这些概念化的理念关注社会变迁、干预、社会包容以及经济与社会的和谐发展问题"（参见詹姆斯·梅志里《发展型社会政策：理论与实践》，载张秀兰、徐月宾、詹姆斯·梅志里编《中国发展型社会政策论纲》，中国劳动社会保障出版社，2007，第163～164页）。

② 詹姆斯·梅志里：《发展型社会政策：理论与实践》，载张秀兰、徐月宾、詹姆斯·梅志里编《中国发展型社会政策论纲》，中国劳动社会保障出版社，2007，第164页。

高人们的福利水平，还能够促进经济发展。"①发展型社会政策通过协调经济与社会发展目标，主张国家投资于经济与社会发展的一致性领域，强调社会性投资不仅有助于促进人们的福祉与能力发展，而且是经济可持续发展的前提条件与生产力要素内容本身，进而消解了新古典自由主义对福利政策效率议题的长期责难。

（3）社会性投资聚焦于各类资产建设与劳动力市场参与。发展型社会政策支持者们认为，无论是从个体或家庭微观的可持续生计能力建设，还是从整合经济发展与社会发展目标的宏观效果来看，社会性投资的核心领域应聚焦于各类可持续生计资本建设以及消除劳动就业创业中存在的制度性障碍，进而促进劳动力市场参与。人力资本投资是发展型社会政策所重点强调的投资领域之一，教育、就业技能培训、健康促进等具体领域是人力资本投资关注的核心。在人力资本投资领域中，有未成年子女的贫困家庭又是人力资本投资的焦点对象。发展型社会政策注重社会资本建设，尤其是社区社会资本建设。诸多研究表明，社会资本不仅自身具有内在价值，而且有助于个体或家庭的能力提升以及促进经济长期健康发展。② 除了人力资本与社会资本，在现代高度发达的资本市场背景下，金融资本建设越来越引起社会政策研究者的高度重视。迈克尔·谢若登强调要使贫困家庭摆脱贫困，福利制度必须从单纯以收入和消费转支为目的，向鼓励和支持贫困家庭的金融资产积累转变。③ 制度化激励贫困家庭开展金融资产建设已

---

① 詹姆斯·梅志里：《发展型社会政策：理论与实践》，载张秀兰、徐月斌、詹姆斯·梅志里编《中国发展型社会政策论纲》，中国劳动社会保障出版社，2007，第167~168页。

② 罗伯特·普特南等人基于意大利的一项著名的实证研究，发现社会资本与经济发展之间存在着高度密切的正相关关系〔参见 Putnam, R. D., Leonardi, R. and Nanetti, R. Y., *Making Democracy Work*: *Civic Traditions in Modern Italy*（Princeton：Princeton University Press, 1993）〕。

③ 迈克尔·谢若登：《资产与穷人——一项新的美国福利政策》，高鉴国译，商务印书馆，2005。

经成为发展型社会政策的基本主张之一。在政策切入点或重点抓手上，发展型社会政策一方面强调各类资产建设，另一方面强调社会性投资还应着力于促进劳动力市场参与，消除一切阻碍劳动力就业、创业参与的制度性障碍。[①]

（4）整体协调性理念。从政策机制过程来看，发展型社会政策强调跨部门、多领域的整体协调性原则。发展型社会政策充分认识到贫困现象的复杂性，能力建设尤其是贫困家庭的可持续生计发展，因其涉及多个政策主体、各种资源投入以及不同政策项目，在政策运行机制过程中，必须基于比较优势视角，发挥跨部门、多领域的整体协同作用，只有这样，才有可能实现政策的基本目标。整体协调性理念尤其要求尽力消除各种内在不一致的政策制度和实践，要使各种政策制度和实践项目协调一致，发挥合力效应。另外，发展型社会政策本质上是一种整体性社会政策，在综融强调政府主导社会性投资的国家主义思路、强调市场功能的企业化思路以及强调社区发展的平民主义思路三种政策范式各自适切功能的基础上，注重通过多元整合方式应对复杂多样的现实挑战（见表 2-1）。[②] 因此，发展型社会政策的整体协同原则决定了其必须具有较强的开放包容能力，是一种多维度的社会政策概念。

表 2-1 规范性理论及其社会政策意涵

规范性理论中的 社会政策传统	主要行为人	目标群体/目标	社会政策意涵
国家主义思路	中央政府 （自上而下）	家庭的福利	社区发展；渐进主义（南方）；福利国家（北方）；法定的社会服务；公民权

[①] 张秀兰、徐月斌、詹姆斯·梅志里主编《中国发展型社会政策论纲》，中国劳动社会保障出版社，2007，第 8 页。

[②] 安东尼·哈尔、詹姆斯·梅志里：《发展型社会政策》，罗敏译，社会科学文献出版社，2006，第 52~53 页。

规范性理论中的 社会政策传统	主要行为人	目标群体/目标	社会政策意涵
企业化思路	市场	个人支持	补缺主义；安全网/社会基金；家计调查；私营化/准市场
平民主义思路	民众 （自下而上）	社区发展	社群主义；觉悟化运动；社会运动；本土意识/价值观

↓

整体性社会政策

行为人	目标群体/目标	政策
●国家（中央、地方） ●市民社会（非政府组织、社区、社会运动） ●民营商业部门（国内的、跨国的、超国家的） ●国际发展机构（多边的、双边的、跨国机构、区域性组织）	●目标群体：个人、家庭、社区 ●目标：增进全民福利、提升人力资本、增进劳动力的国际竞争力、增强社会凝聚力、抗击社会排斥（无论是阶层、性别，还是种族划分）	●基本的社会服务（卫生、教育、住房、社会保障） ●安全网/社会基金 ●可持续性生计支持 ●跨部门的问题处理方式 ●法定权利、社会权利、能力参与/包容 ●责任性的落实（建立问责机制）

资料来源：安东尼·哈尔、詹姆斯·梅志里：《发展型社会政策》，罗敏译，社会科学文献出版社，2006，第52~53页。

综上所述，发展型社会政策在对现代化发展范式以及新古典自由主义范式反思批判的基础上，综融了20世纪90年代以来的各种社会福利政策新思维和新观点，通过聚焦于个体或家庭的可持续生计能力建设，整合经济发展与社会发展目标，强调社会性投资要投资于对生计能力具有基础性作用的各类资本建设，鼓励劳动力市场参与，为解决当代经济社会发展的诸多关键性议题（尤其是贫困现象）提供了一种整体性的发展思路。针对城市贫困家庭可持续生计问题，发展型社会政策提供了基本的政策理念和指导原则。一种完全契合于发展型社会政策理念的可持续生计框架被逐步发展出来，可以成为城市贫困问题的基本分析框架和实践政策工具。下面对可持续生计框架及其相关重要问题进行剖析，阐明本研究的基本分析框架。

二 可持续生计框架

20 世纪 90 年代以来，国际反贫困实务和理论界在对贫困现象复杂性认识以及贫困内涵拓展性理解的基础上，逐步发展出一套适用于各种贫困现象系统性分析与反贫困实践策略的整合性思路与方法，为不同情境中贫困家庭或群体的多样性生计需求提供有针对性、精准性、系统性的整体解决方案，这就是完全契合于发展型社会政策理念的可持续生计框架。

（一）生计与可持续生计

1987 年，联合国环境与发展大会提出了可持续生计概念，将其作为消除贫困的主要目标，纳入行动议程。① 尽管联合国环境与发展大会最初重点强调的依然是维持基本生活所必需的物质和收入内涵，然而，使用"生计"（Livelihoods）一词已远远超越了单纯的收入与消费观。实际上，仅从词源学来看，中英文词典都把"生计"一词解释为"赚钱谋生的方式（手段）"，这比"基本需要"、"生存"、"生活"和"福利"等常用的相关词语更能够表达主体的能动性、广阔的可能性、动态的过程性以及多维组合的整体性等政策意涵。使用生计概念作为表达反贫困的核心词语，更有助于把握贫困个体或家庭的整体生存状态，更能够表达贫困现象的复杂性，更有利于分析贫困者所拥有的可行选择或采取的多样化生存策略，也能更有效地传递学者们对贫困内涵的拓展性理解。很显然，作为"谋生之道"或"生存之计"，"生计"概念内在地蕴含了如下要素：①个体或家庭可及的各种资产（自然资源、物质资本、人力资本、金融资本以及社会资本）；②在具体制度和社

① Gilman, J., "Sustainable Livelihoods," *Internatoonl Social Science Journal* 17 (4) (2000): 77 - 86.

会规范的约束下，获得可及资产的可能途径或拥有的各种行动策略；③制定、选择和执行具体行动策略的能力。钱伯斯（Chambers）和康威（Conway）对"生计"概念进行了拓展，使能力维度明确纳入其中。①"生计"概念本身是包括了可及资产、行动策略、可行选择能力的组合，也就是说，"一种生计包括能力（Capacities）、资产（Assets）以及一种生活方式所需要的活动（Activities）"②。那么，一种生计具有什么样的状态才能被称为具有可持续性？斯库尼斯（Scoones）界定了被学界和实务界广为认同的可持续性生计内涵："一个生计维持系统要包括能力、资产（既包括物质资源也包括社会资源）以及维持生活所必需的活动。只有当一个生计维持系统能够应对压力和重大打击，并且可以从中恢复过来，而且可以在现在和未来保持甚至提高其自身的能力和资产，同时不损害自然资源的基础时，它才具有可持续性。"③如果将可持续性生计作为反贫困的主要目标，那么，反贫困就绝不能停留在保障贫困个体或家庭仅维持满足当下基本生存需要的状态，它必然要求整合各种宏观和微观因素，促使贫困个体或家庭具备必要的风险抵御能力或抗击脆弱性的承载力，必然要求能够持续提升自身能力和资产水平的可能性。

（二）可持续生计框架：要素与关系

可持续生计理念需要一个分析性和操作性框架。在实践的基础上，人们逐步发展出了诸多可持续生计框架（SLF），其中被普遍接收和采用的是由 2000 年英国国际发展机构基于阿玛蒂亚·森

①　Chambers, R. and Conway, G., "Sustainable Rural Livelihoods: Practical Concepts for the 21st Century," *IDS Discussion Paper* 296 (1992).

②　Carney D., *Implementing a Sustainable Livelihood Approach*, London: Department for International Development, 1998, pp. 52 – 69.

③　Scoones, I., "Sustainable Rural Livelihoods: A Framework for Analysis," *Working Paper* 72 (1998): 5.

等对贫困性质拓展性理解以及其他相关研究所形成的一个可持续
生计框架（见图2-1）。①

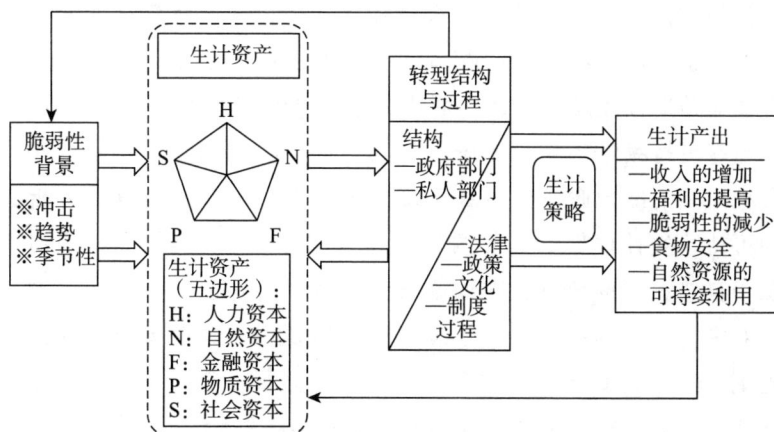

图2-1 DFID（农户）可持续生计框架（SLF）示意

DFID发展出来的可持续生计框架最初主要是用来分析发展中
国家农村贫困问题复杂性及农户生计维持活动的。"这个模型可以
指导生计策略和单个家庭限制条件的分析……它为发展和贫困研
究提供一个重要问题的核对清单，并概括出这些问题之间的联系；
它提醒人们把注意力放在关键的影响和过程上；强调影响农户生计
的不同因素之间多重性的互动作用。"②该框架包含了脆弱性背景
（Vulnerability Context）、生计资产（Livelihood Assets）、转型结构
与过程（Transformational Institutions and Processes）、生计策略
（Livelihood Strategies）以及生计产出（Livelihood Outcomes）五大
要素以及不同要素之间的内在联系。

1. 脆弱性背景

根据斯库尼斯（Scoones）对可持续生计的经典阐述，个体或

---

① DFID, *Sustainable Livelihoods Guidance Sheets*, London: Department For Interatioanl Development, 2000）, pp. 68 - 125.

② 苏芳、徐中民、尚海洋：《可持续生计分析研究综述》，《地球科学进展》2009
年第1期，第62页。

家庭的生计系统是否具有可持续性，是与该生计系统能够有效应对脆弱性的能力密切相关的。[1] 只有当生计系统能够抗击重大生活事件的冲击，能够有效应对来自经济、社会等的趋势性变迁以及生产、就业、市场价格的季节性和周期性波动所导致的各种预期性或非预期性风险时，这个生计系统才可能被称为具有可持续性。不具有可持续性的生计系统具有典型的脆弱性特征，反映了应对各种风险的能力匮乏。生计系统的脆弱性程度及其背景的分析成为可持续生计框架的重要内容。有学者指出，脆弱性分析最初来源于自然灾害的研究，在面临自然灾害的打击时，不同个体或家庭对灾害打击的敏感性、承载力以及恢复力有显著差异，在此基础上，学者们发展出了综合性的脆弱性分析框架，研究不同背景下脆弱性群体在面对各种打击或风险时的脆弱性程度、应对手段、恢复能力及相关因素。[2] 在可持续生计框架中，学者们针对农户所面临的脆弱性背景区分出了三种典型的风险来源，分别是"冲击"（Shocks）、趋势性（Trends）变化以及季节性（Seasonality）或周期性变迁，用以指导分析研究对象通常所面临的脆弱性风险及脆弱性程度。

（1）冲击。个体或家庭的脆弱性风险通常来自生命历程中的重大生活事件冲击或非预期性的灾害性打击，这些重大冲击对家庭生计系统会产生重大影响。需要强调的是，除了一般生命历程中所面临的共性生活事件的冲击，比如患重病、重大意外事故等，不同背景的研究对象，所面临的重大冲击类型或内容通常也有所不同。比如，学者们在对农户的脆弱性背景分析中发现，自然灾害所导致的农作物歉收以及市场剧烈波动导致的农产品价格大幅下降是重要的冲击内容，而在城市贫困家庭生计中呈现的重大冲

---

[1] Scoones, I. , "Sustainable Rural Livelihoods: A Framework for Analysis, " *Working Paper* 72 (1998): 5.

[2] 玛哈·罗伯茨、杨国安：《可持续发展研究方法国际进展——脆弱性分析方法与可持续升级方法比较》，《地理科学进展》2003 年第 1 期，第 14 页。

击类型则往往包括下岗失业或频发的意外事故等。除了突发性自然灾难等意外事故，对生计产生直接影响的重大冲击事件通常与经济社会结构的趋势性变化以及季节性或周期性变化等宏观维度紧密相连，因此，对脆弱性及其背景的分析就必须把这些宏观结构因素以及时间周期因素纳入分析框架。

（2）趋势，即趋势性变化。政治、经济、社会、就业市场、人口结构等重大宏观结构发生的显著性趋势变化，通常直接或间接地对个体或家庭的生计系统产生深刻的影响。在国际化以及经济全球化日益加速的背景下，看似遥远世界中的风险事件也会通过各种复杂的传导机制对当地个体或家庭的生计维持系统产生诸多非预期性影响，比如2008年美国次贷危机所引发的各种连锁反应。这种风险社会的性质和全球性特征曾被乌尔里希·贝克以及安东尼·吉登斯等学者所充分揭示。[①] 因此，分析或揭示影响个体或家庭生计系统的趋势性结构变化是可持续生计框架的重要维度。事实上，对于许多中国城市贫困家庭而言，其主要的脆弱性受到了宏观结构的趋势性变革的影响，比如20世纪末与21世纪初期实施的国企改革所带来的下岗失业潮，2008年美国次贷危机所引发的全球性影响以及当前中国经济结构的艰难转型等。如果不能对宏观结构的趋势性变化及其影响做出合理的解释以及有效应对，可持续性生计系统的建立往往南辕北辙。

[①] 贝克于1986年在其德文版《风险社会：迈向一种新的现代性》专著中提出了"风险社会"（risk society）的概念，用以概括西方高度发达的现代社会的系统风险特征。随后其围绕着风险社会理论发表了一系列论著：Beck, U., *Risk Society: Towards a New Modernity* (London: Sage, 1992)；Beck, U., Giddens, A. & Lash S., *Reflexive Modernization: Politics, Tradition and Aesthetics in the Modern Social Order* (Cambridge: Polity Press, 1994)；Beck, U., *World Risk Society* (Cambridge: Polity Press, 1998)；Adam, B. & Beck, U. & Van Loon, J., *The Risk Society and Beyond: Critical Issues for Social Theory* (London: Sage, 2000)；Beck, U., *World at Risk* (Cambridge: Polity Press, 2009)。吉登斯对现代社会的系统风险揭示可参见 Giddens, A., *The Consequences of Modernity* (Cambridge: Polity, 1990)。

（3）季节性，或周期性变化。由于传统上可持续生计框架更多的是用于分析贫困农户的生计系统，而影响农户生计的季节性因素是不容忽视的。在脆弱性背景分析中，季节性因素往往成为影响农户生计系统脆弱性的重要维度。对于城市贫困家庭而言，时间维度上的季节性因素也会对其生计系统产生重要影响，通常表现为季节变化对生计需求以及非正规就业等生计活动的影响。然而，时间维度对于城市贫困家庭生计系统的影响更多地体现在生活消费以及就业市场（通常为非正规就业）的周期性变化上。

脆弱性背景分析在可持续生计框架中具有重要位置。通过脆弱性背景分析，可以评估贫困个体或家庭所面临的脆弱性程度及脆弱性来源；可以分析影响个体或家庭生计资产的宏观结构性因素；可用来剖析相关制度与福利政策在提升个体或家庭生计维持系统、抗击脆弱性的功能发挥与改进方向方面的影响。更重要的是，通过完善各种机制或采取有效手段，促使贫困个体或家庭不断增强针对趋势性、周期性的宏观结构变动及其可能后果的分析能力和理解能力以及有针对性的应对能力，并整合各种预防性保障机制，最终恢复或不断提升自身的生计维持能力，这是可持续生计框架的内在要求。

2. 生计资产

个体或家庭所拥有的生计资产是其运用生计策略、应对脆弱性风险、维持生计系统的资源基础，是测量个体或家庭贫困程度或脆弱性程度的基本指标，也是可持续生计框架分析的核心内容和整合性反贫困政策的基本切入点和着力点。可持续生计框架对贫困个体或家庭的生计资产的分析采取的是一种多维整合性视角，集中反映了当前人类对复杂性贫困现象的拓展性理解。在传统的可持续生计框架中，生计资产包含五种相互影响的资产类型：人力资本、自然资本、物质资本、金融资本以及社会资本。

（1）人力资本。人力资本通常包括身心健康状态、受教育程度或知识水平、劳动技能和就业水平、学习能力以及适应性能力等能力资产。它是所有生计资产中最重要的资本类型，在很大程度上决定着其他各种资本的使用效能。

（2）自然资本。自然资本是指个体或家庭所能享有或使用的可提升生计水平的外部环境资源。在农户生计系统分析中，自然资源是非常重要的，某一地区或群体所实际拥有的土地、气候、河流、山川、林木、生态以及生物多样性等自然资源禀赋严重影响着当地农户的生计系统或脆弱性程度。在城市贫困家庭的可持续生计分析中，城市社区的外部环境、场所设施以及公共服务的可及性成为分析的重点。自然资本构成了贫困家庭用以提升自身生计水平的重要资源和生活生产场域，在可持续生计框架中占有重要位置。

（3）金融资本。金融资本是指那些被用于累积性、生产性和投资性活动的现金流，而非指用于支出和消费的现金流，通常包括储蓄、投资以及各种形式的资产积累。当然，收入具有双重性，既可以用来即时性消费，也可以作为金融资本的原始积累。根据不同的来源，收入具有多种类型。对于农村贫困家庭而言，收入类型通常可包括如下四个方面：生产性收入、经营性收入、财产性收入、社会救助性收入、社会捐赠性收入等。对于城市贫困家庭而言，收入类型通常包括工资性收入、经营性收入、财产性收入、社会救助性收入、社会保险类收入、家庭老人养老金以及社会捐赠性收入等各类收入。归纳起来，收入总体上可分成三种基本类型：劳动性收入、财产性收入以及转支性收入。有研究表明，"劳动收入依然最重要（诸如工薪阶层家庭的主要收入来源依然依靠劳动），然而，劳动作为一种生产要素的重要性正在下降，而财产（资本或资产）正稳步变得更有影响……相比之下，对于非常富有者，财产性收入比劳动收入更重要，对依靠福利的穷人来说，转支是最重要的收入来源"[①]。事实上，在现代市场经济中，金融

---

① 迈克尔·谢若登：《资产与穷人——一项新的美国福利政策》，高鉴国译，商务印书馆，2005，第20~21页。

资本在个体和家庭的可持续生计系统中的地位越来越重要，贫困个体或家庭缺乏金融资本或金融政策支持以及不能有效利用各种可及金融资本是导致其生计缺乏长期可持续性的重要原因，也是其在市场经济波动中不断产生相对剥夺感或脆弱性的内在根源之一。

（4）物质资本。物质资本是指个体或家庭所拥有的生产资料和基础设施，以及其他所能使用的可直接或间接用于生产性或投资性活动的物品或有形资产。在农村，用于农业生产或经营的生产工具、交通运输工具、水利设施、农药、种子、化肥、住房、通信工具等都属于物质资本。在城市，用于生产经营的生产工具、设备、交通运输工具、住房、通信工具等属于城市家庭所拥有的典型物质资本。值得注意的是，诸如冰箱、电视、洗衣机、电脑等家庭耐用消费品也具有物质资本属性，而不仅仅是单纯的消费品。"家庭耐用品，有以家务劳动效率提高为服务的收益。在某些方面，家庭耐用品对家庭而言，类似于工业部门的机器和设备——两者都需要金融资本开支，都被预期增加效率，都有长期的但并非无期限的功用。"[①]另外，需要强调的是，房产具有双重属性，不仅仅具有居住等消费功能，也不仅仅是家庭通常所拥有的重要物质资产，在现代金融制度下，还是非常重要的投资品和抵押品，具有重要的金融资产性质。

（5）社会资本。对于不同的研究对象和分析层次，社会资本具有不同的意涵。就个体或家庭层面而言，社会资本是嵌入在个体关系网络中的各种有形或无形资源；就组织、机构或地区、社区层面而言，社会资本意味着认同、信任、互助、互惠、参与等所标识的整体关系网络形态以及各类正式或非正式的社会支持网

---

① 迈克尔·谢若登：《资产与穷人——一项新的美国福利政策》，高鉴国译，商务印书馆，2005，第123页。

络。① 这两种不同维度上的社会资本形态对于贫困个体或家庭可持续生计而言都具有重要的意义。个体或家庭社会资本对于个体或家庭成员的求职或工作支持、日常生活照料、借贷、信息分享、互助或救助、精神慰藉等诸多方面都具有重要的工具性价值以及不可替代的内在价值。组织或社区层面的社会资本是个体或家庭生计系统可资凭借的各类正式社会支持网络，也是动员个体或家庭社会参与的重要资源，其在减少合作成本、提升合作能力方面具有难以替代的功能。尤其是对于贫困个体或家庭而言，社会资本更是各种社会制度、组织机构对其生计维持系统给予及时响应的关键纽带。另外，也有的学者主张将地方性知识或本土性知识纳入其中，作为优势视角下个体或家庭所拥有的社会性资源。②

　　上述五大资本为分析和测量贫困家庭生计资产及其脆弱性程度提供了一个指导性框架。五大资本构成了一个生计资产五边形（见图2－2），可以用来测量和评估某一个体、家庭或群体的生计资产状况，中间的交汇点是零点，标识五大资本均无的极值点，个体、家庭或群体的生计资本结构状况可以在每一种资本到零点之间的连线上得到标识。生计资本五边形为测量、评估和比较个体或家庭的生计资产结构状况提供了一种简洁直观的分析工具。

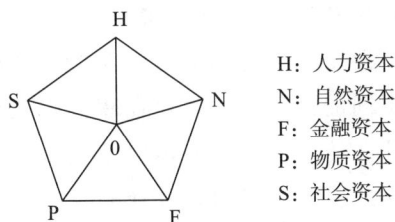

H：人力资本
N：自然资本
F：金融资本
P：物质资本
S：社会资本

图2－2　生计资产五边形

---

①　林南：《社会资本：关于社会结构与行动的理论》，张磊译，上海人民出版社，2005。

②　安东尼·哈尔、詹姆斯·梅志里：《发展型社会政策》，罗敏译，社会科学文献出版社，2006，第137页。

值得强调的是，可持续生计框架中的生计资产分析，不能仅仅被视为一种分析工具，更应该被视为一种福利政策实践工具，这一点在通常理解的可持续生计框架研究和实践中常常被忽视。

首先，贫困家庭的生计资产提升应被视为可持续性生计框架的基本目标之一，应被作为基本目标内容纳入生计产出系统，减少脆弱性以及提升抗击风险的能力在很大程度上直接体现在生计资本水平的可持续提高上。

其次，福利政策的干预重点和切入点应围绕着贫困家庭生计资本水平的提升这一重要抓手，要促进福利政策以收入和消费为特征的维持性生计取向逐步向以生计资产为本的可持续生计取向转变。这一点，迈克尔·谢若登基于美国福利政策的深刻反思所发展出来的资产为本福利政策范式和思路，应该被嫁接到传统的可持续生计框架中，为可持续生计框架作为一种福利政策实践工具注入新的内涵。事实上，尽管资产建设福利理论与发展型社会政策理念及其可持续生计框架有着不同的理论基础、实践来源以及侧重点，然而，其面临着共同的时代问题以及有着趋同性的福利观，可以被整合（兼容、嫁接、注入）进可持续生计框架中，进而实现可持续生计框架的改造和完善，更有效地发挥可持续生计框架在城市反贫困中的政策实践功能。

最后，尽管五大资本各自具有独特功能，并相互影响、相互转化，但也具有不同的地位，通常存在着优先性结构。在城市贫困家庭可持续生计系统中，人力资本以及金融资本具有更重要的地位，其对自然资本、物质资本以及社会资本的增进更具有基础性作用，并且是其他资本所主要增进的方向和内容。谢若登更强调金融资产建设的地位，他认为金融资本在反贫困福利政策实践中更为实际，更具有可操作性。他批判更广泛的福利定义尽管令人向往，但往往陷入空泛和流于空想，不切实际，难以切题。他认为把福利内涵拓展到收入、资产以外的能力、权利、福祉、保护等多重性的宽泛目标中（正如第三条道路福利理论和发展型社会政策所主张的那样），与新古典自由主义或新右派所主张的仅仅强调个体自立的狭隘福利目标一样，"具有意识形态上的偏见和空想，充斥着种种令人怀疑的假定……无论作出如何雄辩和热忱的表述，这些罗列都无济于事。将它们纳入家庭福利定义的任务中是一个过于巨大的理论挑战，而且这个工作并不具有太明显的实际效果。本书的目标并不宏大，旨在维持金融基础上的家庭福利概念，这个概念既包括资产观点也包括收入观点"①。谢若登的主张具有典型的美国实用主义取向，其强调福利政策的理论与实践应该聚焦于对贫困家庭生计起关键作用的金融资本上，这样具有现实的可行性。谢若登对金融资本的聚焦具有重要的启发性，但也要看到，其主张本质上并不与具有更为广泛福利目标的发展型社会政策理念和可持续生计框架相冲突，毋宁说，其凸显了金融资产的重要性，完全可包容于发展型社会政策理念下可持续生计框架，为后者注入更具有可操作性的实际内涵。

3. 转型结构与过程

在可持续生计框架中，转型结构与过程通常是指影响贫困者脆弱性背景以及生计资产的制度结构性因素及其实际运作过程，结构性因素往往来自政府部门以及私人部门，过程性因素一般包括法律、政策、文化、制度的实际运作过程及其对贫困家庭脆弱性、生计策略与生计产出的实际影响。它对贫困家庭生计策略的可行选择及其产出的可能性发挥着整体性的宏观促进或限制作用。其中，政府部门的福利理念及其政策实践、间接转移支付的税收减免制度以及私人部门的市场环境是转型结构与过程要素中重点分析的内容。这一要素要求我们在分析贫困家庭生计维持系统时，要揭示出特定制度因素与政策运作过程中宏观维度的现实影响，为相关政策的变革指出方向。

---

① 迈克尔·谢若登：《资产与穷人———一项新的美国福利政策》，高鉴国译，商务印书馆，2005，第53页。

4. 生计策略

生计策略是指贫困家庭实际拥有或可能拥有的谋生之道，是贫困家庭为维持生计主动运用生计资本进一步创造或拓展生计资本的活动。生计策略体现着贫困家庭的可行能力或可行选择。贫困家庭的生计策略受到实际拥有的生计资本状况的约束和宏观制度结构与过程的制约。可持续生计框架要求识别贫困家庭现有或可能的生计策略，分析宏观制度结构对生计策略的现实约束以及提高与拓展贫困家庭生计策略的可行性或可能性途径，并推动相关福利政策的优化与变革。对于城市贫困家庭而言，重要的生计策略通常包括谋求职业（尤其是非正规就业），开展可行的经营活动，获得职业与技能培训、小额信贷，进行资产积累与建设、收入与消费管理、生活安排、社会交往与关系维持，寻求儿童教育与老年人照料支持以及各类正式或非正式的经济政策与福利政策支持等活动。显然，对于贫困家庭可持续生计而言，生计策略是多样的，必须动员所有可行的生计资本，实施多种可能的生计策略，尽力使其发挥协同性作用，以创造更多的生计成果，进入生计资本创造的正反馈系统，使生计具有稳定性和可持续性。另外值得说明的是，之所以采用"生计策略"（Livelihood Strategies，也有的翻译成"生计战略"）一词而非"生计途径"或"生计手段"，其主要原因或许是该词能够精准呈现生计活动的主体性、动态性、整体性、多样性以及富含积极主动的谋略筹划、自主选择与执行实施等复杂意涵。这些特征与发展型社会政策理念下可持续生计框架所表达的基本原则完全相吻合。相比而言，"生计途径"和"生计手段"等其他相关词语都不能精确传递"生计策略"一词的多维意涵。

5. 生计产出

生计产出是指生计维持系统中生计策略的产出结果，是衡量和评估生计维持系统是否具有可持续性以及生计策略成败的根本指标。一个被称为具有可持续性的生计维持系统或一套有效的生计策略在其产出结果上必须具有显著性，能够使生计维持系统自身具有显著的正反馈效应。DFID 可持续生计框架中标识出了五类生计成果，以便于衡量农户家庭生计策略的有效性：①收入的增加；②福利的提高；③脆弱性的减少；④食物安全；⑤自然资源的可持续利用。① 在可持续生计框架中，生计产出多少不仅可以用来作为事后衡量和评估生计维持系统是否具有可持续性以及生计策略成败的基本指标，也可以用于事前评估贫困家庭生计系统的脆弱性程度、分析面临的突出困境以及澄清导致生计不可持续的关节点。

（三）可持续生计框架基本原则

如上所述，可持续生计框架提供了一种系统分析贫困家庭生计的理论架构，它包含有几个相互关联的基本要素，有助于人们认识贫困的复杂性以及寻求反贫困的切入点或政策实践。它也集中反映了当前人们对贫困问题以及反贫困实践的拓展性理解，在理论和实践上遵循着如下基本原则：以人为中心（be people-centred）、整体性（be holistic）、促进微观 – 宏观联系（promote micro-macro links）、动态性（be dynamic）、优势视角（build on strengths）以及可持续性目标（aim for sustainability）等。

（1）以人为中心。这涉及发展理念的转变，传统的现代化发展理念以及新古典自由主义的发展观更多地强调经济发展，要么强调通过国家主导战略，要么倡导通过自由市场机制把经济发展作为优先性目标，并相信随着经济的发展可以通过扩散效应实现反贫困目标。这两种范式都严重低估了贫困的复杂性，忽略了贫困者的基本需要与能力建设，没有把人本身置于发展的中心位置。可持续生计框架聚焦于贫困个体或家庭的生计系统及其关联性因

---

① Chambers, R. and Conway, G., "Sustainable Rural Livelihoods: Practical Concepts for the 21st Century," IDS Discussion Paper 296 (1992).

素，始终把人的可持续生计作为核心目标。在可持续生计框架中，以人为中心原则还体现在贫困者的主体性参与上。在整个生计系统分析与实践过程中，贫困者都要参与其中，在体认或澄清自身所面临的脆弱性环境、优势资源以及过程实践中，获得能力提升。

（2）整体性。可持续生计框架体现着一种整体性原则，主要体现在如下几个方面。一是系统辨识影响贫困家庭生计系统的多种因素。贫困原因是复杂多样的，既有不同的个体因素，也有政策与制度结构系因素。还要充分认识到贫困者所置身的脆弱性环境因素。换言之，需要辨识所有与生计维持相关的机遇与约束因素。只有系统分析影响贫困家庭生计系统的各种现实因素，才可能为反贫困找到适切的路径。二是可持续生计需要各种生计资本发挥整体协同作用，并采取多样性的生计策略。三是整体解决方案需要发挥多部门的比较优势以及跨部门的协作。基于贫困问题的复杂性以及可持续生计目标的多样性，单靠政府、市场、非营利组织（包括国际发展组织）、社区组织等某一主体是不可能寻求到有效解决方案的。不同主体也具有各自功能发挥的有效边界或比较优势，需要针对共同的目标发挥整体协同作用，倡导广泛多样的伙伴关系。

（3）促进微观与宏观联系。与以人为中心和整体性相关联的另一个突出特点是，可持续生计框架试图沟通微观能动性维度与宏观制度结构性维度。在对于贫困原因的认知上，长期以来一直存在着两种极端对立的视角，一种是社会达尔文主义者、新古典自由主义者以及新右派们所惯常持有的微观个体视角，认为贫困的根本原因在于个体的能力不足、品行不端，因此，反贫困的重心在于矫正导致个体贫困的不良行为或提升贫困者的自立能力。另一种是传统的社会民主主义者所代表的强调宏观制度结构的不平等因素的视角，认为结构制度的不平等是导致贫困的根本原因，反贫困的重心在于改变不合理的制度结构以及完善经济、社会政策。这种二元论的争论并没有反映事物的全部真相，对贫困现象的拓展性理解促使人们认识到有效的反贫困实践必须跨越二元论（Duality）的分歧，向有效整合微观个体－宏观结构的二重性（Dualism）① 迈进。可持续生计框架正突出反映了这一原则，无论是分析贫困家庭生计系统的约束性因素，还是寻求各种生计策略，整个过程无不体现出试图消解传统的微观－宏观二元对立、促进微观－宏观内在联系的基本精神。

（4）动态性。可持续生计框架要求理解贫困家庭生计的动态过程性特征，注重各种因素的交互作用，要求具有长期视野。可持续生计系统是贫困主体在多方支持下，利用各种生计资本，采取有效可行的生计策略，能够稳定产出显著的生计资本，进而形成生计系统正反馈循环的动态过程。生计策略必然随着内部因素以及外部条件的变化而处在不断调适中。正是在此动态过程中，贫困主体才有可能获得切实的生计知识与技能，获得视野的拓展和能力的提升。正如阿玛蒂亚·森所言，过程本身具有不可替代的内在价值，片面的结果取向极其狭隘，全面的结果取向必须包括参与过程。② 动态的生计过程是参与主体在各种相互作用的复杂因素约束下直面挑战、反思学习、实施规划的创造性过程。对于各种支持主体而言，这一过程将是长期的，必须放弃一蹴而就的短视思维。尤其是国家主导的福利政策体系，要不断变革、完善自身以增强针对性，要逐步具有发展性，具备长期视野。

（5）优势视角。可持续生计框架基于优势视角来看待贫困者，把贫困者视为积极的能动者，并基于贫困家庭所拥有的各种资源，在外部支持下使贫困者能够发展出自身的比较优势，实现生计的可持续。

（6）可持续性目标。很显然，从微观层面来看，可持续生计框架追求贫困者的可持续性生计目标，而非基于收入与消费的维

---

① Giddens, A., *The Constitution of Society* (Cambridge: Polity Press, 1984).

② 阿玛蒂亚·森：《正义的理念》，王磊、李航译，中国人民大学出版社，2012，第 201 页。

持性生计目标。从宏观层面来讲，可持续生计框架要求实现经济－社会－制度－环境的协调性，尤其是经济发展与社会福利政策之间的内在一致性。可持续生计框架强调贫困者的资产建设以及能力提升，把贫困者视为宝贵的人力资源，其所追去的目标以及所要求的社会投资政策成为促进经济发展的内在动力，本身并不违背经济发展的效率原则。

（四）可持续生计框架与发展型社会政策理念

可持续生计框架所体现的基本原则完全契合于发展型社会政策理念，可以说，可持续生计框架是发展型社会政策理念在反贫困领域中最为适切的分析工具与政策实践工具。

第一，从发展理念上，发展型社会政策致力于经济发展与社会政策之间的协调与融合，强调社会政策对经济效率的内在促进作用，超越了传统现代化发展观以及新古典自由主义发展观的狭隘性。如上所述，可持续生计框架聚焦于可持续性发展目标，完全体现了发展型社会政策这一基本理念。

第二，从政策目标上，发展型社会政策拓展了传统社会福利政策的狭隘目标追求，转向了更富有进取性的可持续生计目标，内在要求一个可持续生计分析框架与政策实践工具。基于贫困复杂性的拓展性认识以及发展中国家反贫困实践与西方发达国家传统福利政策实践的经验教训，发展型社会政策超越了收入维持与福利服务供给为本的狭隘目标，扩展到"更加关注增强维持生计的能力"层面，把可持续生计作为反贫困福利政策的基本目标。[①]

第三，从干预重点上，发展型社会政策倡导以人为中心的社会投资，强调人力资本等基本生计资产建设。发展型社会政策"主张对于社会问题进行上游干预，强调采取事先预防的措施以降

---

① 安东尼·哈尔、詹姆斯·梅志里：《发展型社会政策》，罗敏译，社会科学文献出版社，2006，第9~11页。

低解决社会问题的成本。它投资于人力资本、社会资本，清除参与经济活动的制度障碍，建构支持体系以增进个人、家庭参与经济活动的能力等措施"①。如上所述，可持续生计框架遵循以人为中心的基本原则，采取优势视角，强调贫困者的多样性生计资本建设以及过程参与，充分体现了发展型社会政策的干预重点。

第四，从运行机制上，发展型社会政策倡导一种多元整合性社会政策机制。发展型社会政策对强调政府干预的国家主义思路、强调市场机制的企业化思路（个人主义）以及强调社区发展的平民主义（社群主义）思路三种典型政策范式进行批判性融合，倡导一种跨部门、多元整合性的社会政策机制，使社会政策成为一种多维性的概念，围绕着基本理念和目标，充分发挥政策组合性功能，有效应对多样性情境下的多样性需求。其政策主体是多样性的，包括国家、市场、非营利机构、社区以及更广泛的国际性组织。尽管发展型社会政策注重国家的社会投资功能，但其对多元主体具有极强的开放性和包容性，强调针对具体的情境条件与多元主体各自的比较优势或有效功能发挥边界，发挥跨部门的整体协同作用。正如上文所述，可持续生计框架遵循着同样的整体性原则。二者的统一性不仅仅体现在政策主体的多元整合上，还体现在政策分析的多维整合视角上，"与（发展型社会政策所具有的）广泛的社会政策定义一样，生计思路将经济、社会、环境以及其他可预见和不可预见的方式直接或间接影响人们福祉的维度，都纳入到发展项目的设计和实施中"②。总之，可持续生计框架具有的整体性、沟通微观－宏观视角以及动态过程性原则与发展型社会政策所倡导的运行机制特征不谋而合。

综上，无论是从发展理念、政策目标，还是从干预重心以及

① 张秀兰、徐月斌、詹姆斯·梅志里编《中国发展型社会政策论纲》，中国劳动社会保障出版社，2007，第10页。

② 安东尼·哈尔、詹姆斯·梅志里，《发展型社会政策》，罗敏译，社会科学文献出版社，2006，第150页。

运行机制上，可持续生计框架完全契合于发展型社会政策理念，后者为前者提供了充分的理论基础。发展型社会政策，作为一种影响广泛的、具有宏大抱负的社会政策范式，在具体针对反贫困领域时，也迫切需要一个能够充分体现自身理念的有效分析框架与政策实践工具，可持续生计框架应运而生。

三 可持续生计框架与中国城市贫困家庭

可持续生计框架自产生以来主要被应用于农村反贫困领域。然而，可持续生计框架及其原则具有普遍的适应性，可以作为中国城市贫困家庭可持续生计的分析工具以及政策实践工具。需要强调的是，直接照搬 DFID 模型肯定是不行的，必须结合中国城市贫困家庭所面临的制度、文化环境及其具体特征，发展出中国城市贫困家庭可持续生计框架，这是本研究的目标之一。毋庸置疑，中国城市贫困家庭可持续生计框架的建构，需要在实证研究中国城市贫困家庭生计系统现状与困境的基础上才具有可能性和现实性。下面简要探讨一下城市贫困家庭可持续生计框架相较于农村贫困家庭而言所具有的差异性。

DFID 可持续生计框架主要是在发展中国家农村反贫困实践基础上发展出来的，最初是为适应农户可持续生计分析而建构的，具有明显的适应农户生计发展的特征。比如，在脆弱性背景分析中，对季节性的强调；在生计成果中，其所列举的食物安全以及加强自然资源可持续利用等，也更契合于农户生计系统的分析。显然，"家庭生计有城乡之别"①。城市贫困家庭与农村贫困家庭在生计维持系统的目标追求以及生计策略选择上，通常存在着显著差异，这主要是由二者不同的生产和生活方式特征所决定的，也

---

① Gilman, J., "Sustainable Livelihoods," *Internationa Social Science Journal* 17 (4) (2000): 77-86.

与二者所面临的不同脆弱性背景、制度结构环境等有直接关系。
相比于农村贫困家庭的生产方式，城市贫困家庭与劳动力就业市
场存在着更为直接的关联，正如有研究者指出的那样，"城市劳动
力市场以及穷人在这些市场中的位置，是造成城市地区贫困的最
重要的决定性因素"①。"最贫困的城市居民往往是那些失业者以及
那些偶尔受雇的人，尤其是那些在非正式经济部门工作的人。"②同
时，在日常生活方面，城市贫困家庭生活不像农村贫困家庭那样
可以利用土地等自然资源实现一定程度的生活自足，而是生活在
一个几乎完全货币化的市场中，日常生活受到货币化收入变动以
及市场价格波动的直接冲击。③另外，城市贫困家庭往往生活在衰
败破旧、公共设施陈旧的社区环境中，生活、居住条件往往较差，
也缺乏乡村熟人社会中稳定的支持网络。由于生产与生活上更缺
乏自然资源等生计资本、完全暴露在变动不居的市场环境以及面
临更为复杂的脆弱性环境，城市贫困家庭的生计相比于农村贫困
家庭而言就显得更为复杂，要摆脱贫困只能采取高度多样化的生
计策略，除了个体或家庭成员的自立，其对来自政府、市场、非营
利机构以及社区组织等多维主体的支持更为迫切，恰如学者们指出
的那样，"当城市住户努力获取商品和服务时，不但家庭成员，而且
社区结构以及更广泛范围内的政治背景都涉入了生计策略"④。城乡
贫困家庭在生产生活方式、面临的环境以及生计策略上的不同，

---

① Amis, P. , " Making Sense of Urban Poverty ," *Environment and Urbanization* 7（1）
　（1995）: 145 – 58.

② Beall, J. , " Social Security and Social Network among the Urban Poor in Pakistan,"
　Habitat Internationa l 19（4）（1995）: 427 – 45.

③ 安东尼·哈尔、詹姆斯·梅志里:《发展型社会政策》，罗敏译，社会科学文献
　出版社，2006，第171页。

④ Beall, J. , " Living in the Present, Investing in the Future: Household Security among
　the Urban Poor," in C. Pakodi and T. Lloyd Jones, eds. , *Urban Livelihoods: A People-*
　Centred Approach to Reducing Poverty（London: Earthscan, 2002）, pp. 71 – 95. Rako-
　di, C. , "Introduction ," in C. Rakodi and T. Lloyd-Jones eds. , *Urban Livelihoods: A*
　Peoplee-Centred Approach to Reducing Poverty（London: Earthscan, 2002）, pp. 1 – 9.

不可避免地影响到二者在家庭生计目标或生计产出上存在一定的差异。就城市贫困家庭可持续生计框架中的生计成果而言，食物安全以及可持续自然资源利用的加强，尽管是一项不可忽视的内容，但相对来说，在生计产出中并不很重要。对于中国城市贫困家庭可持续生计框架的建构而言，更重要的生计产出包括如下内容：收入的增加；资产的增加；能力的提升（人力资本，包括生活态度或信心的提升）；福利的提高（包括幸福感的提升）；脆弱性的减少；社会资本的增加等。这些初步设想是否契合中国城市贫困家庭可持续生计系统，需要在实证研究以及政策分析的基础上进行衡量。另外，DFID 可持续生计框架也是在国外的反贫困经验基础上发展出来的，中国城市贫困家庭面临着许多中国特有的制度与文化环境，发展中国城市贫困家庭可持续生计框架时必须考虑到这一点。

综上，可持续生计框架及其理念可以拓展到不同的情境，可以作为城市反贫困的政策分析工具和实践工具。正如安东尼·哈尔与詹姆斯·梅志里所指出的那样："作为一种用于设计和实施更为合适的社会政策的分析工具和实践向导，这样一种框架在农村发展领域是必不可少的。发展组织在全球实施了很多有利于贫困人群的农村发展项目，在这些项目的议程中，可持续生计的思路已经逐渐主流化。这些观念对于城市背景下的发展也是相干的。"①

中国城市反贫困亟须注入新的理念和工具，寻求有效政策分析工具与实践工具，发展型社会政策理念下的可持续生计框架，经过必要的改造，可作为进一步提升或推动中国城市反贫困的有效分析工具与政策实践工具。当然，中国城市贫困家庭可持续生计框架的建构，需要在可持续生计框架的基本理念和整体架构的

① 安东尼·哈尔、詹姆斯·梅志里：《发展型社会政策》，罗敏译，社会科学文献出版社，2006，第 150 页。

基础上，根据中国城市贫困家庭所处的具体国情、城市贫困家庭生计资本现实状况及其可持续生计系统建构的关键环节来展开。这需要深入开展实证研究，系统把握当前中国城市贫困家庭生计维持系统的现状及突出问题，澄清制约中国城市贫困家庭可持续生计发展的关键要素，这是本研究接下来三章的主要内容。

第三章　城市贫困家庭生计资本指标
体系建构及测量

对城市贫困家庭生计资本的实证研究首先涉及较为复杂而系统的生计资本指标体系建构及其测量问题。本研究测量城市贫困家庭各项生计资本的一级指标包括五个维度：人力资本、住房资产、物质资本（非房）、金融资本以及社会资本，每一个一级指标被操作化为相应的二级或三级等可测量的指标。在相应指标的标准化处理上，本研究主要采取线性比例变换法，使正向与逆向变量值转化成统一的正向数值，完成无量纲化处理。经过线性比例变化后，各个指标的初始得分均在 0～1 分（两端包含），以便于较为综合的指标建构及其比较分析。线性比例变换方法如下：①对于正向指标，$Y_{ij} = X_{ij}/\text{Max}\ (X_{ij})$，其中 $\text{Max}\ (X_{ij}) \neq 0$；②对于负向指标，$Y_{ij} = \text{Min}\ (X_{ij})\ /X_{ij}$，其中 $\text{Min}\ (X_{ij}) \neq 0$。下面结合具体指标逐一介绍，并做初步的描述性分析。

一　人力资本指标及测量

人力资本是所有生计资本中最重要的资本类型，其他各类资本效能的发挥水平在很大程度上取决于人力资本状况，这也是 20 世纪 80 年代末以来发展型社会政策大力倡导投资于该领域的主要原因。个体的人力资本主要包括受教育水平、健康水平、劳动能力、职业技能以及其他各种个体能动性要素。家庭的人力资本测量是建立在对所有家庭成员个体的人力资本水平进行测量的基础上的。本研究主要采取如下几个关键指标测量城市贫困家庭人力资本水平。

1. 受教育水平

城市贫困家庭的受教育水平由家庭成年人口的受教育水平来确定，主要包括两个主要指标：①家庭成年人口的平均受教育年限；②家庭成年人口中最高受教育年限。平均受教育年限只是反映家庭成年人口的一般教育状况，家庭成年人口的平均受教育水平较高并不能完全解释家庭受教育水平的整体结构。因此，本研究用家庭成年人口中的最高受教育年限指标来弥补这一不足。在调查问卷中，我们询问了被调查家庭人口中每一位成员的受教育年限（国民教育系列）。据此计算出每一个家庭成年人口的平均受教育年限以及家庭成年人口的最高受教育年限。在 2467 户有效样本中，家庭成年人平均受教育年限的最小值为 0 年，最大值为 18 年，均值为 9.36 年，标准差为 2.95 年，而家庭成年人最高受教育年限中的最小值为 0 年，最大值为 25 年，均值为 11.17 年，标准差为 3.50 年（见表 3 - 1）。

表 3 - 1　家庭成年成员受教育年限调查情况一览

单位：户，年

	样本数	最小值	最大值	均值	标准差
第 1 名成员（被访者）	2467	0.00	23.00	8.7631	3.33873
第 2 名成员	2110	0.00	20.00	9.4384	3.36999
第 3 名成员	1077	0.00	25.00	11.5474	4.26499
第 4 名成员	211	0.00	19.00	8.8768	5.32237
第 5 名成员	28	0.00	16.00	6.6786	5.01888
第 6 名成员	2	0.00	4.00	2.0000	2.82843
V1 家庭成年人平均受教育年限	2461	0.00	18.00	9.3625	2.95408
V2 家庭成年人最高受教育年限	2467	0.00	25.00	11.1721	3.49830

注：被调查样本中家庭成员数量最大为 6 人；家庭成年成员指年龄 ≥18 岁的家庭成员，下同。

针对"V1 家庭成年人平均受教育年限"以及"V2 家庭成年人最高受教育年限",分别运用线性比例变换方法进行标准化处理(V1/18,V2/25),获得相应的标准分,该分值均为 0~1 分(包括上下限),我们把这两个子变量同权处理,进行算术平均计算,获得反映城市贫困家庭受教育状况的"MV1.1 家庭成年人受教育水平"得分,其公式为 MV1.1 = [(V1/18)+(V2/25)]/2,具体得分情况见表 3-2。[①]

表 3-2　家庭成年成员受教育水平标准分一览

单位:户,分

	样本数	最小值	最大值	均值	标准差
MV1 家庭成年人平均受教育水平 = V1/18	2487	0.00	1.00	0.5147	0.17162
MV2 家庭成年人受最高受教育水平 = V2/25	2487	0.00	1.00	0.4433	0.14497
MV1.1 受教育水平 = (MV1 + MV2)/2	2487	0.00	0.92	0.4790	0.15175

2. 健康水平

健康状况是家庭人力资本的重要内容,本研究通过如下四个具体指标测量城市贫困家庭健康水平:①家庭所有成员身体健康状况自评;②家庭所有成员患病状况;③家庭所有成员残障状况;④家庭成员自理困难情况。[②] 第一个指标是主观自评总体身体情况,后三个指标是客观测量家庭成员的当前身体健康状况。针对家庭成员身体健康状况自评指标,我们分别设置的答案选项是"1

---

① MV1.1 表示第一个指标的第一个子指标的标准分,MV1.2 表示第一个指标的第二个子指标的标准分,下文变量名的命名规则与此一致,不再具体说明。

② 健康水平还包括一个关键性指标,即心理健康状况。本次抽样调查同时使用抑郁量表和焦虑量表对济南、青岛与聊城的城市低保家庭的 1051 位被访者个体进行了心理状况测量。长期以来,城市贫困家庭成员的心理健康问题一直被实务界和学术界所忽视,本项目对此进行了专题探索性研究。由于本部分是测量城市贫困家庭的健康状况,而 1051 位被调查者仅仅是城市低保家庭的被访者本人,并不能完整反映家庭层级上的心理健康状况,因此,这部分内容不在此进行探讨。

很好，很少得病；2 好，偶尔得病；3 一般，经常得小病；4 不好，长期慢性病；5 很不好，患有严重疾病"。我们首先计算出全部家庭成员的主观自评得分的平均值作为反映家庭健康状况的主观自评得分。对于①与②两项指标，相应设置的答案选项为"1 是；2否"，询问家庭所有成员的患病与残障状况，分别求出家庭所有成员的患病与残障得分。由于答案设置的分值与陈述相逆，因此，分别采取线性比例变换的第二种形式进行标准化。对于家庭成员自理困难情况，所设置的答案选项是"1 无劳动能力，生活能自理；2 无劳动能力，生活半自理；3 无劳动能力，生活不能自理"，对家庭所有成员的该项应答进行加总平均，得出家庭成员生活自理能力初始得分（见表 3 - 3）。

表 3 - 3　家庭所有成员健康状况调查情况一览

单位：户，分

	样本数	最小值	最大值	均值	标准差
V3 健康状况自评平均得分（5分制，得分越高健康状况越差）	2477	1.00	5.00	2.1986	1.12291
V4 患病状况平均得分	2426	0.00	4.00	0.6426	0.86039
V5 残障状况平均得分	2442	0.00	3.00	0.2801	0.53028
V6 自理状况平均得分	2487	0.00	10.00	0.9457	1.30129

由于家庭不存在患病状况与家庭残障状况的得分为 0，因此，对家庭患病状况与家庭残障状况线性比例变换的最小取值为 1（家庭成员中分别存在 1 个患病或残障成员）。经过线性比例变换后的标准得分情况如表 3 - 4 所示。

表 3 - 4　家庭所有成员健康状况标准分一览

单位：户，分

	样本数	最小值	最大值	均值	标准差
MV3 健康状况自评标准分 = 1/V3	2487	0.00	1.00	0.5987	0.31055
MV4 患病情况标准分 = 1/V4	2487	0.00	1.00	0.3231	0.41988

续表

	样本数	最小值	最大值	均值	标准差
MV5 残障状况标准分 = 1/V5	2487	0.00	1.00	0.2209	0.40462
MV6 自理状况标准分 = V6/10	2487	0.00	1.00	0.0946	0.13013
MV1.2 健康水平标准分 = （MV3 + MV4 + MV5 + MV6）/4	2487	0.00	0.81	0.3093	0.14655

3. 劳动能力

家庭劳动能力是评价家庭人力资本水平的关键指标之一。本研究主要用家庭有劳动能力人口数量这一指标来测量家庭劳动能力水平。在调查问卷中，我们询问了家庭所有成员的劳动能力状况。经过数据整理分析，在有效样本中，共有 19.9% 的家庭完全没有劳动能力，有 2 个有劳动能力成员的家庭占比最高，达到 35.6%；有 1 个和 3 个有劳动能力成员的家庭，分别占到 22.0% 与 19.7%，有 4 个和 5 个有劳动能力成员的家庭所占调查样本的比例合计不足 5.0%。经过线性比例变换，即 MV7 = （V7）/5，得到每个家庭劳动能力标准得分（详见表 3 – 5）。

表 3 – 5　家庭有劳动能力成员调查情况与标准分一览

家庭有劳动能力成员人数	MV1.3 家庭劳动能力标准分 = （V7）/5（分）	频数（户）	百分比（%）	累计百分比（%）
0 人	0.00	494	19.9	19.9
1 人	0.20	548	22.0	41.9
2 人	0.40	885	35.6	77.5
3 人	0.60	490	19.7	97.2
4 人	0.80	65	2.6	99.8
5 人	1.00	5	0.2	100.0
合计		2487	100.0	

4. 职业技能

职业技能状况在一定程度上既能反映个体的劳动能力水平，

也在很大程度上反映出个体的知识结构以及继续学习能力等更为丰富的能动性要素。对职业技能的测量往往使用如下两个指标：是否参加过技能培训以及是否拥有专业技术证书。本研究对家庭职业技能状况的测量，也主要从这两个方面进行，我们询问了家庭所有成员关于职业技能培训以及获得专业技术证书的情况。据此，经过数据整理，获得了如下两个测量家庭职业技能水平的具体指标：①家庭拥有专业技术证书数量（V10）；②家庭成员技能培训人次（V11）。经过各自线性比例变换处理后，得到家庭拥有专业技术证书数量以及家庭成员技能培训人次相应的标准分，被调查样本实际分布以及标准分情况见表3-6。在此基础上，经过合并计算，即 MV1.4 =（MV10 + MV11）/2，分别得到每一家庭职业技能水平标准得分。经过统计，家庭职业技能水平标准分值为0.15分，最大值为0.9分，共有45.7%的家庭在职业技能指标上没有得分，得分的家庭中最小值为0.1分，占12.9%，有22.5%的家庭得分为0.27分，其他分值分散于0.1分至0.9分之间。

表3-6　家庭职业技能状况调查与标准分一览

		MV10 职业技术证数量 标准分 =（V10）/5（分）	频数 （户）	百分比 （%）	累计百分比 （%）
专业技术证书数量	0个	0.00	1136	45.7	45.7
	1个	0.20	913	36.7	82.4
	2个	0.40	375	15.1	97.5
	3个	0.60	58	2.3	99.8
	4个	0.80	4	0.2	100.0
	5个	1.00	1	0.0	100.0
合计			2487	100.0	
—		MV11 技能培训人次数量 标准分 =（V11）/3（分）	频数 （户）	百分比 （%）	累计百分比 （%）
技能培训人次	0人次	0	1466	58.9	58.9

—	MV11 技能培训人次数量 标准分 = （V11）/3（分）	频数 （户）	百分比 （％）	累计百分比 （％）
1 人次	0.33	901	36.2	95.1
2 人次	0.67	114	4.6	99.9
3 人次	1.00	6	0.2	100.0
合计		2487	100.0	

二 住房资产状况及测量

在城市家庭所有的物质资本类型中，房产常常是许多家庭所拥有的最重要的物质资本。更重要的是，房产具有双重性，不仅具有居住等消费功用，而且是现代金融制度下的基本抵押品和投资品，具有重要的保值增值功能，也具有显著的金融资产性质。因此，住房资产作为双重性质的重要生计资产，应单独列出，作为城市家庭生计资本测量中与人力资本、金融资本、社会资本以及其他物质资本同等重要的基本维度。调查问卷中专题设置了家庭居住状况调查，住房类型选项分别设置为商品房（包括自建房）、房改房、继承房产、市场租房、廉租房、公租房（包括单位宿舍）、拆迁安置回迁房以及其他（包括借住等）7 大类，并分别调查了相应的居住面积。针对商品房、房改房分别询问了最初购买价格与调查时点上的市场估价；针对拆迁安置房以及其他选项中的实际拥有房产情况也询问了相应的市场估值；针对市场租房、廉租房以及公租房分别询问了相应的租金。关于市场估价中被调查者不确定的部分，进一步询问其住房所在区域与小区所在地，根据事后查询相应小区同类房产的市场交易价格进行估定和必要的修正。经过数据整理，对于调查样本中城市贫困家庭房产状况，本研究设置了三个具体子指标进行测量：第一，有无房产；第二，房产市场估值；第三，居住面积。之所以把居住面积作为住房资产的一部分，主要考虑到房屋的居住属性以及居住条件与环境对个体与家庭所产生的长期重要影响。关于本次调查中城市贫困家庭住房类型分布概况详见表3-7。从表3-7可知，在有效样本2068户中，通过购买商品房（自建房）、房改房，继承房产以及拆迁安置等各种方式，城市贫困家庭的房产拥有率达到了67.4%。需要说明的是，本次调查有效样本中，城市贫困家庭只拥有一套房产，并没有出现两套及以上房产的情况，对于贫困家庭而言，拥有住房最主要的功能还是用于居住。另外，关于住房面积，在该项指标2330户有效样本中，最小值是3平方米（属于其他类的借住），最大值为300平方米（属于自建房），平均居住面积是66.32平方米，标准差是48.1036平方米；而在拥有房产的市场估值方面，有效样本为1277户，最小值为3万元，最大值为200万元，均值为37.62万元，标准差为19.3494万元。在对住房资本指标的标准化处理中，我们特别审视了房产价值的极端值，房产估值超过100万元的共有7户家庭（最大值为200万元），我们把家庭房产超过均值（37.62万元）2倍以上的7户家庭作为极端值处理，把线性比例变换的最大值确定为100万元，该7户房产估值指标标准化得分标注为1。分别对此三项指标进行线性比例变化，得出住房资产标准化得分（见表3-7）。

表3-7　家庭住房资产标准分一览

单位：户，分

住房资产标准化处理	样本数	最小值	最大值	均值	标准差
MV12 有无房产标准分 =（V17.1）/1	2068	0.00	1.00	0.6741	0.46883
MV13 住房面积标准分 =（V18）/300	2330	0.01	1.00	0.2211	0.16035
MV14 房产估值标准分 =（V19）/100	1277	0.03	1.00	0.3737	0.18092
MV1.5 住房资产标准分 =（MV12 + MV13 + MV14）/3	2487	0.00	0.86	0.3198	0.23787

三　物质资本（非房）指标及测量

本书在第二章关于可持续生计框架中生计资本的介绍时指出，物质资本是直接或间接用于生产性或投资性生计活动的物品、工具或其他有形财富，是家庭赖以生存与发展的基础性资产。城市家庭所拥有的典型物质资本主要包括不动产（主要是房产）、交通工具、生产工具、通信资产工具、贵金属等。鉴于房产的特殊性及其在城市家庭中的重要性，已在上文中对其单独测量，因此，本部分所指称的物质资本不再包括房产，而是指城市贫困家庭除房产之外的其他物质资本类型。上文也曾指出，家庭耐用消费品不仅是单纯的消费品，而且具有直接提高家务劳动效率的功能，具有长期的生产性效应。[①]因此，家庭耐用消费品也应被纳入城市家庭物质资本的考察中。虽然金银等贵金属是城市家庭通常所拥有的物质资本之一，但城市贫困家庭所拥有的数量常常微不足道，拥有的少量贵金属更多地属于心理消费性质而非用于投资性的保值增值，更重要的是，这方面的信息非常不容易有效采集。因此对城市贫困家庭物质资本的测量没有专门询问贵金属拥有量，事实上，在问卷所设置的其他类物质资本的询问中，所有样本户对此也均没有提及过。因此，对城市贫困家庭物质资本的考察，主要从如下两个维度展开：①交通、生产、通信资讯类工具；②家庭耐用品。针对交通工具，本研究主要询问的内容是家庭所拥有的汽车、摩托车、自行车（含电动）等各自的数量[②]；针对生产工具，本研究主要让被访者列出相应的内容与数量；针对通信资讯类工

---

① 迈克尔·谢若登：《资产与穷人——一项新的美国福利政策》，高鉴国译，商务印书馆，2005，第123页。

② 需要说明的是，个别城市贫困家庭所拥有的机动车辆不仅用于家庭交通，往往属于家庭的生产工具范畴。

具，本研究主要询问的内容包括家庭所实际拥有的固定电话、手机、台式电脑、笔记本电脑、平板电脑等各自相应的数量，另外，还根据家庭消费支出类别中的互联网络费用情况，整理出家庭是否开通了互联网。对于家庭耐用消费品情况，本研究逐一询问了电视、冰箱（冰柜）、空调、洗衣机、微波炉等常用家用电器的数量，还询问了家庭所实际拥有的各类大型家具的各自数量。被调查家庭所实际拥有的物质资本（非房）可详见第四章的相关论述（见表 4 - 4）。

城市贫困家庭的物质资本（非房）项目中拥有量最多的前三项是床、衣柜等大型家具，手机，彩色电视机，平均分别为 2.53件、1.67 部、0.97 台，这三类物品的均值超过 1 或接近于 1，表明几乎所有家庭都拥有这些基本物品。紧随其后的是煤气、液化气灶具，电冰箱、冰柜，洗衣机等耐用消费品，这些都是当代城市社会居民日常生活所必需的物品。即便如此，城市贫困家庭所拥有的大型家具、手机、耐用消费品等数量非常少，比如，电冰箱、冰柜，洗衣机等耐用品的平均拥有量没有超过 1 台，并非所有城市贫困家庭都拥有这些基本必需品。获取信息的资讯类工具平均拥有量更是少得可怜，台式电脑的平均拥有量只有 0.35 台，而笔记本、平板电脑的拥有量平均只有 0.11 台，家庭使用互联网的城市贫困家庭仅占 9.4%，90.6% 的城市贫困家庭没有安装使用互联网。至于汽车以及重要生产工具的平均拥有量几乎可以忽略不计。由此可见，城市贫困家庭的物质资本（非房）平均拥有水平较低，仅保有维持基本生存所必需的物质资本（非房）项目，诸如电脑、网络等发展性的物质资本（非房）更是极其匮乏，这严重限制了城市贫困家庭生计可持续发展。为便于进一步对城市贫困家庭物质资本及其相关内容进行深入分析，本研究对上述城市贫困家庭 21 项物质资本（非房）类别进行线性比例变换，具体结果如表 3 - 8 所示。

表 3 - 8　家庭物质资本（非房）标准化处理一览

单位：户，分

家庭物质资本（非房）调查项目及标准化处理	样本	最小值	最大值	均值	标准差
MV20.1 汽车数量 = V20.1 /2	2411	0.00	1.00	0.0268	0.11617
MV20.2 摩托车数量 = V20.2/2	2412	0.00	1.00	0.0842	0.19789
MV20.3 自行车数量 = V20.3/3	2414	0.00	1.00	0.1502	0.19044
MV20.4 重要生产工具数量 = V20.4/2	2385	0.00	1.00	0.0210	0.10731
MV21.1 固定电话数量 = V21.1/3	2447	0.00	1.00	0.1286	0.16888
MV21.2 手机数量 = V21.2/5	2467	0.00	1.00	0.3336	0.20690
MV21.3 台式电脑数量 = V21.3/2	2433	0.00	1.00	0.1743	0.24173
MV21.4 笔记本、平板电脑数量 = V21.4/2	2420	0.00	1.00	0.0527	0.15884
MV21.5 互联网 = 1/V21.5	1051	0.50	1.00	0.5471	0.14612
MV22.1 彩色电视机数量 = V22.1/3	2477	0.00	1.00	0.3230	0.10173
MV22.2 影碟机/DVD 数量 = V22.2/3	2450	0.00	1.00	0.1306	0.16715
MV22.3 照相机、摄像机数量 = V22.3/3	2425	0.00	1.00	0.0720	0.14311
MV22.4 电冰箱、冰柜数量 = V22.4/3	2463	0.00	1.00	0.2505	0.14930
MV22.5 洗衣机数量 = V22.5/2	2472	0.00	1.00	0.3564	0.22983
MV22.6 空调数量 = V22.6/3	2415	0.00	1.00	0.0955	0.15907
MV22.7 缝纫机数量 = V22.7/3	2413	0.00	1.00	0.0804	0.14583
MV22.8 煤气、液化气灶具数量 = V22.8/2	2476	0.00	1.00	0.4338	0.17190
MV22.9 抽油烟机数量 = V22.9/2	2473	0.00	1.00	0.3474	0.23250
MV22.10 微波炉数量 = V22.10/4	2454	0.00	1.00	0.0875	0.12713
MV22.11 床、衣柜等大型家具数量 = V22.11/13	2464	0.00	1.00	0.1950	0.13866
MV22.12 其他数量 = V22.12/4	2352	0.00	1.00	0.0040	0.03973
MV1.6 物质资本（非房）标准分	2487	0.00	0.46	0.1685	0.06435

四　金融资本指标及测量

金融资本是指用于积累性、生产性或投资性活动的货币流动量，而不是指明确用于当下消费与支出的现金流，收支结余、信贷、家庭储蓄、有价证券（股权、债券）、各类保险、住房公积金等都属于典型的金融资本范畴。有的学者把收入直接作为金融资本，这种理解是有一定偏误的。[①]

诚然，收入与金融资本之间存在着密切的关系，收入能被结余而积累为资产，常常作为家庭稳定性金融资本积累的一种来源。然而，也只有当收支相抵后的现金结余才有可能成为家庭金融资本。单从金融资本角度来看，收不抵支的家庭，无论其家庭月收入是多少，如果不考虑到家庭的相应支出，其收入都很难作为家庭金融资本的一部分。因此，从收入的角度来测量家庭金融资本能力，更准确的方式是通过扣除日常消费之后的现金结余水平来考察。家庭储蓄或存款是家庭金融资本的一项最常见项目。通过正式渠道或非正式渠道获得贷款（能力）在很大程度上反映出家庭金融资本水平，其中正式渠道主要包括银行信贷，非正式渠道主要是指通过亲朋好友等社会关系网络获得借贷。包括股权、国债、企业债等有价证券是典型的投资类金融资本形式，这部分内容在本研究调查城市贫困家庭金融资本时没有被发现，不再单独列出。各类保险也属于金融资本范畴，包括家庭成员拥有的商业保险与社会保险。本项调查中没有涉及商业保险。在社会保险中，最具有资本积累性质的是养老保险，本研究也调查了城市贫困家庭成员所拥有的医疗保险、失业保险、工伤保险与生育保险。本部分对保险类资产进行测量时主要考察养老保险与医疗保险这两

---

① 李小云、董强、饶小龙等：《农户脆弱性分析方法及其本土化应用》，《中国农村经济》2007 年第 4 期。

项重要的内容。住房公积金属于典型的资产积累项目，本研究也对其进行了测量。因此，对城市贫困家庭金融资本的测量指标主要包括：①月收支结余额，调查时上个月收支相抵后的现金结余额，需要说明的是，本研究花费了大量时间与精力对家庭收入与支出进行了详细测量；②家庭储蓄额，即截至调查时家庭所拥有的存款数量；③家庭信贷水平，即截至调查时家庭的贷款额；④家庭拥有的养老保险，即询问家庭所有成员实际的城镇职工或城镇居民养老保险的参与情况，测算出家庭拥有养老保险的人数；⑤家庭拥有的医疗保险，即询问家庭所有成员实际的城镇职工或城镇居民等医疗保险的参与情况，测算出家庭拥有医疗保险的人数；⑥家庭住房公积金，即询问家庭成员是否拥有住房公积金，据此测算出家庭拥有住房公积金的成员人数。下面逐一具体介绍。

考察城市贫困家庭日常收支平衡状况通常是比较困难的，其难度在很大程度上体现在采集城市贫困家庭收入与支出项目的复杂性与有效性上。为此，需要采取较为烦琐耗时的逐项询问法：列出家庭所有可能收入与消费的各种小项，然后进行处理，否则一般的粗略估计在信度和效度上常常不够理想。本研究主要询问了调查时点前一个月家庭的收入与消费项目，具体内容见表3-9。

表3-9　家庭收支调查项目一览

家庭（上个月）收入情况调查项目		家庭（上个月）支出情况调查项目	
G1.1 正式工作工资收入（指有正式劳动合同的工作）	G1.4 加班费	G2.1 米、面、杂粮（包括粮食制品和半成品）	G2.4 肉、禽类和水产品（包括熟食、制品和半成品）
G1.2 临时打工工资收入（没有正式劳动合同、雇主不固定）	G1.5 个体经营性收入	G2.2 蔬菜	G2.5 蛋
G1.3 奖金	G1.6 出租房屋	G2.3 水果	G2.6 奶、奶粉

续表

家庭（上个月）收入情况调查项目		家庭（上个月）支出情况调查项目	
G1.7 老人养老金	G1.18 成年子女、其他亲属和朋友等资助（包括赠予的现金和礼物）	G2.7 食用油、盐、调料	G2.18 儿童玩具、体育用品
G1.8 失业救济金	G1.19 向亲戚或朋友借款	G2.8 烟、酒、茶叶、饮料	G2.19 子女教育费用（包括学杂费、生活费、学习用具、家教、课外学习等）
G1.9 商业保险	G1.20 向银行借贷	G2.9 自己在外饮食	G2.20 成人教育、培训费用
G1.10 家庭低保金	G1.21 变卖资产收入	G2.10 在外请客	G2.21 孩子零用钱
G1.11 医疗救助（包括医院直接减免和看病后报销的数额）	G1.22 其他收入	G2.11 房租	G2.22 儿童医药费用（包括看医生和自购药品）
G1.12 医疗保险（包括医院直接减免和看病后报销的数额）	G1.22.1 请说明（其他收入）	G2.12 水、电、煤气	G2.23 成人医药费用（包括看医生和自购药品）
G1.13 教育救助（包括减免和现金资助的托幼、学杂费、教育培训等）	G1.23 房租减免（每月减免数额）	G2.13 洗澡、理发、护理、美容	G2.24 本市或外地旅游
G1.14 住房租赁补贴（或廉租房）	G1.24 水、电、煤气、卫生费用减免（每月减免数额）	G2.14 日常消耗品（包括洗涤用品、护理及化妆用品、卫生用品）	G2.25 交通费用
G1.15 临时救助	G1.25 其他减免	G2.15 家用电器、家具	G2.26 公园门票、电影票、剧院票
G1.16 社会捐助（包括政府、民间组织和社区等捐助的实物或现金）	G1.25.1 请说明（其他减免）	G2.16 儿童服装、鞋帽	G2.27 报纸、杂志、书籍
G1.17 其他社会救助（包括各种抚恤金、残疾人生活补助等）		G2.17 成人服装、鞋帽	G2.28 通信费用（座机、手机费）

家庭（上个月）收入情况调查项目	家庭（上个月）支出情况调查项目	
	G2.29 有线电视费用	G2.32 其他支出（1）
	G2.30 网络费用	G2.32.1 请说明（其他支出1）
	G2.31 住房、家用电器及交通工具等维修费用	G2.33 其他支出（2）

通过仔细询问上述项目，获得了相对较为准确的城市贫困家庭月收入与月消费情况的数据。如此耗时费力地逐项列出并耐心询问被调查者家庭的收入与消费项目，还有一个非常重要的目的，即通过项目的类型学探讨，考察城市贫困家庭收入结构与消费结构，以便于深入探讨城市贫困家庭的生计维持策略。针对城市贫困家庭的收入项目，本研究结合收入分类标准，把上述具体小项分别合并归类，划分成如下收入类别：①工资性收入（$M1.1 = G1.1 + G1.2 + G1.3 + G1.4$）；②经营性收入（$M1.2 = G1.5$）；③财产性收入（$M1.3 = G1.6 + G1.21$）；④救助性收入（$M1.4 = G1.10 + G1.11 + G1.13 + G1.14 + G1.15 + G1.16 + G1.17 + G1.18 + G1.23 + G1.24 + G1.25$），其中救助性收入又可以分成两个子类，即制度性救助收入（$M1.4.1 = G1.10 + G1.11 + G1.13 + G1.14 + G1.17 + G1.23 + G1.24 + G1.25$）和非制度性救助收入（$M1.4.2 = G1.15 + G1.16 + G1.18$）；⑤老人养老金，包括共同生活、家庭财务统一支配的家庭中老人的养老金、离退休金（$M1.5 = G1.7$）；⑥保险类收入（$M1.6 = G1.8 + G1.9 + G1.12$）；⑦其他类收入（$M1.7 = G1.22$）。家庭月总收入等于上述七类收入之和（$M1 = M1.1 + M1.2 + M1.3 + M1.4 + M1.5 + M1.6 + M1.7$）。

按照同样的思路，我们把上述33项城市贫困家庭的具体消费项目进行类型学研究，划分出相应的类别，以便于进一步统计分析，分类如下：①食品类支出（$N1 = G2.1 + G2.2 + G2.3 + G2.4 +$

G2. 5 + G2. 6 + G2. 7 + G2. 8 + G2. 9）；②居住类支出（N2 = G2. 11 +
G2. 15 + G2. 31）；③水电煤类支出（N3 = G2. 12）；④日用品类支出
（N4 = G2. 14）；⑤服装类支出（N5 = G2. 16 + G2. 17）；⑥洗理类支
出（N6 = G2. 13）；⑦医疗类支出（N7 = G2. 22 + G2. 23）；⑧成人
教育培训类支出（N8 = G2. 20）；⑨儿童教育成长类支出（N9 =
G2. 18 + G2. 19 + G2. 21）；⑩文体类支出（N10 = G2. 24 + G2. 26 +
G2. 27）；⑪交通类支出（N11 = G2. 25）；⑫资讯类支出（N12 =
G2. 28 + G2. 29 + G2. 30）；⑬社交类支出（N13 = G2. 10 + G2. 32）。
除此之外，家庭支出项目还包括个别家庭成员自己缴纳的养老保
险费、医疗保险费以及住房公积金等，这部分费用支出在问卷调
查的家庭社会保险（N14. 1）与住房公积金（N14. 2）部分进行了
逐一测量。最后一项是其他类支出（N15 = G2. 33）。对于上述城
市贫困家庭月支出类型，本研究根据消费支出类型的性质，结合
其对家庭生计维持与生计发展所具有的各自功能，又区分出维持
型消费支出与发展型消费支出两类，所谓维持型消费支出是指消
费支出项目直接用于满足当下基本生存需求，而发展型消费支出
则是指消费支出项目用于满足家庭未来长期的可持续发展目的或
具有直接促进家庭长远发展的消费支出。具体计算公式如下：维
持型消费支出 N17 = N1 食品类支出 + N2 居住类支出 + N3 水电煤
类支出 + N4 日用品类支出 + N5 服装类支出 + N6 洗理类支出 + N7
医疗类支出 + N11 交通类支出 + N15 其他支出；而发展型消费支出
N18 = N8 成人教育培训类支出 + N9 儿童教育成长类支出 + N10 文
体类支出 + N12 资讯类支出 + N13 社交类支出 + N14. 1 社保类缴
费 + N14. 2 公积金缴费。据此，计算出家庭月总支出（N16 = N1 +
N2 + N3 + N4 + N5 + N6 + N7 + N8 + N9 + N10 + N11 + N12 + N13 +
14. 1 + N14. 2 + N15 = N17 维持型消费支出 + N18 发展型消费支
出）。

　　测算出家庭月总收入与家庭月总支出之后，两项相减可得出
城市贫困家庭月收支平衡状况（L1 = M1 家庭月总收入 – N16 家庭

月总支出）。结合上述探讨的收入与支出分类及其计算公式，本研究对城市贫困家庭收支总体情况做出初步的描述性统计，具体结果见表 3 – 10。

表 3 – 10　家庭收支情况一览

单位：元，%

家庭月收入	均值	标准差	家庭月支出	均值	标准差
M1.1 工资性收入	1840.2843	2074.00088	N1 食品类支出	694.4308	507.28514
M1.2 经营性收入	71.1375	614.82608	N2 居住类支出	82.8357	221.75531
M1.3 财产性收入	31.4511	642.84922	N3 水电煤类支出	99.0179	85.73809
M1.4 救助性收入	464.6077	1091.56900	N4 日用品类支出	25.8627	35.25609
M1.4.1 制度性救助收入	374.0258	564.80167	N5 服装类支出	44.5111	157.28369
M1.4.2 非制度性救助收入	90.7876	891.36819	N6 洗理类支出	21.2045	34.77900
M1.5 老人养老金	243.1431	887.01480	N7 医疗类支出	218.7037	1287.57931
M1.6 保险类收入	60.2505	824.23170	N8 成人教育培训类支出	8.3760	71.75524
M1.7 其他类收入	28.6836	343.36565	N9 儿童教育成长类支出	260.9758	676.51358
M1 家庭月总收入	2737.4950	2484.54356	N10 文体类支出	18.5021	229.06059
工资性收入占比 = M1.1/M1	0.5640	0.41901	N11 交通类支出	38.1842	67.48228
经营性收入占比 = M1.2/M1	0.0164	0.09936	N12 资讯类支出	105.9973	146.70777
财产性收入占比 = M1.3/M1	0.0045	0.04610	N13 社交类支出	45.0616	354.20602
救助性收入占比 = M1.4/M1	0.3330	0.39007	N14.1 社保类缴费	186.0300	943.07105
制度性救助收入占比 = M1.4.1/M1	0.2977	0.36473	N14.2 公积金缴费	2.0788	40.61451
非制度性救助收入占比 = M1.4.2/M1	0.0353	0.12192	N15 其他类支出	0.0804	4.01044

续表

家庭月收入	均值	标准差	家庭月支出	均值	标准差
老人养老金占比 = M1.5/M1	0.0651	0.21066	N16 家庭月总支出	1851.8524	2005.01518
保险类收入占比 = M1.6/M1	0.0107	0.08103	N17 维持型消费支出	1224.8309	1452.60593
其他收入占比 = M1.7/M1	0.0061	0.04893	N18 发展型消费支出	627.0215	1261.60427
M2 劳务性收入占比 = (M1.1 + M1.2) /M1	0.5804	0.41549	平均家庭恩格尔系数 = N1 食品类支出/N16 家庭月总支出	0.4211	0.23090
L1 总收支相减 L1 = M1 - N16	885.1267	2750.84448	维持型消费占比	0.6934	0.24087
L2 总收支相减 = (M1 - M1.4.1 制度性救助收入) - N16	511.3797	2865.18736	发展型消费占比	0.3066	0.28656
L3 总收支相减 = (M1 - M1.5 老人养老金) - N16	641.6899	2728.37514	L4 总收支相减 = (M1 - M1.5 老人养老金 - M1.4.1 制度性救助收入) - N16	267.9429	2836.36559

在具体测算家庭收支平衡及其标准得分之前，需要对表 3 - 11 所反映的城市贫困家庭收入与消费数据进行必要的说明（但对表 3 - 11 的深入分析不在此展开，相关内容参见下文）。本次调查数据关于收支部分与国家统计局发布的 2012 年全国城镇居民收支状况的相应结果具有较高的吻合度。根据国家统计局发布的一项独立抽样调查统计数据（样本为 65981 户，城镇居民每户家庭平均人口数为 2.9 人，城镇居民家庭每户平均就业人口数为 1.5 人），2012 年中国城镇居民家庭人均总收入为 26959.0 元（人均可支配收入为 24564.7 元），其中城镇居民人均工资性收入为 17335.6 元，人均经营性净收入为 2548.3 元，人均财产性收入为 707.0 元，人

均转移性收入为 6368.1 元。相应的人均消费支出为 16674.3 元。①
由于国家统计局发布的同年数据是按照年度人均计算的，使用户
均人数以及月度折算之后，可以大体估计不同收入水平的城镇居
民相应的月度收入与消费水平。本研究抽样调查样本户均人数为
2.8 人，基本与国家统计局发布的户均人数一致。较低收入户以下
的 20% 通常被视为是城市相对贫困家庭，据此可以算出国家统计
局发布的 2012 年全国城镇贫困家庭月均收入数据：10% 的城镇居
民较低收入户与 10% 的城镇居民最低收入户家庭月均收入的均值
为（3316.80 + 2225.6）/2，即 2771.2 元，这与本研究所调查的
城市贫困家庭月总收入 2737.5 元，几乎完全一致。另外，关于国
家统计局公布的 2012 年城镇居民人均消费支出为 16674.3 元，而
10% 的城镇居民较低收入户与 10% 的城镇居民最低收入户家庭月
均消费支出的均值为（2322.51 + 1764.51）/2，即 2043.5 元。本
次抽样调查计算出来的城市贫困家庭月消费支出水平为 1851.9 元，
略低于国家统计局相应估值 191.6 元，反映出本此抽样调查的样本
户总体上比国家统计局所发布的全国抽样调查对象中的 20% 的低
收入者还要贫困一些。无论从收入数据，还是从消费支出数据来
看，利用国家统计局发布的 2012 年（与本次抽样调查同年）相关
数据进行相互印证，可以进一步评估出本次抽样调查数据的可靠
性，尤其是收入与消费数据采集的信度与效度。毕竟收入与消费
数据的采集是非常艰难的，没有上文所陈述的扎实细致的测量，
很难获得可靠有效的真实调查数据。

　　利用国家统计局公布的同年收入与消费数据及其结构进行比
对印证之后，我们接下来得出本次抽样调查中城市贫困家庭收支
相抵后的结余额。家庭收支平衡情况一览表（见表 3 - 11）显示，
城市贫困家庭月总收入减去月总支出的结余额均值为 885.6 元。如

---

① 国家统计局 2012 年数据，参见 http://data. stats. gov. cn/easyquery. htm？cn =
C01，最后访问日期：2018 年 7 月 17 日 。

果分别扣除掉所获得的制度性救助收入、家庭老人养老金收入以及后两项之和，则城市贫困家庭月总收入相减后的结余额均值分别为 511.6 元、641.7 元以及 267.9 元。根据国家统计局发布的 2012 年相关数据进行测算，城镇居民家庭月均现金结余为 2485.5 元，较低收入户（10%）家庭月均现金结余为 994.3 元，最低收入户（10%）家庭月均现金结余为 461.1 元，其中最低收入户（5%）家庭月均现金结余为 278.9 元。由此可见，总体上，城市贫困家庭通过自身的努力、国家现有救助制度的支持以及亲戚朋友的帮助，基本上实现了家庭财务动态平衡，并略有结余。但总体上的均值并不能反映城市贫困家庭之家庭收支平衡内部的结构状况，另外，收支相减后有正有负，线性比例变换无法适用，为便于接下来的比较分析，也需要保证标准化处理的一致性，我们把城市贫困家庭收支相减后的原始数据进行分类处理，分成如下五类"0 严重收不抵支（−1500 元以上）；1 轻度收不抵支（−1500 ～ −501 元）；2 收支平衡（−500 ~ 500 元）；3 略有结余（−501 ～ −1500 元）；4 显著结余（1500 元以上）"，具体统计结果如表 3 – 11 所示。

表 3 – 11　家庭收支平衡情况一览

单位：户，%

类别	家庭收支平衡		收支平衡（扣除制度性救助收入）		收支平衡（扣除老人养老金收入）		收支平衡（扣除制度性救助收入与老人养老金收入）	
	频数	百分比	频数	百分比	频数	百分比	频数	百分比
严重收不抵支	134	5.4	237	9.5	191	7.7	311	12.5
轻度收不抵支	282	11.4	511	20.6	328	13.2	547	22.0
收支平衡	746	30.0	661	26.6	775	31.2	683	27.5
略有结余	591	23.8	420	16.9	560	22.5	377	15.2
显著结余	731	29.4	655	26.4	630	25.4	566	22.8
合计	2484	100.0	2484	100.0	2484	100.0	2484	100.0

从表 3 – 11 可以看出，本次调查样本中城市贫困家庭月收支平

衡的占 30.0%，收支不平衡的家庭占 16.8%，收支有结余的家庭占 53.2%。如果扣除掉制度性救助收入，则城市贫困家庭中收支平衡户所占比例降至 26.6%，收支不平衡的家庭所占比例增至 30.1%，收支有结余的家庭占比降至 43.3%。如果同时扣除掉制度性救助收入与家庭老人养老金收入，则城市贫困家庭中收支平衡户占比为 27.5%，收支不平衡的家庭占 34.5%，收支有结余的家庭占比降至 38.0%。本研究对城市贫困家庭月收支平衡水平进行线性比例变换，得到城市贫困家庭收支平衡水平的标准分，以反映城市贫困家庭收支结余情况。经过线性比例变换后得到城市贫困家庭收支现金结余标准分（MV1.7.1），最小值为 0 分，最大值为 1 分，均值为 0.6513 分，标准差为 0.29356 分。

对最为困难的城市贫困家庭收支平衡情况进行测量以及标准化处理之后，接下来的相关金融资本指标的测量相对就较为容易了。我们对家庭储蓄额（截至调查时家庭所拥有的存款数量）、家庭信贷水平（截至调查时家庭从银行和亲朋好友处获得的贷款额）、家庭拥有养老保险人数、家庭拥有医疗保险人数以及家庭拥有住房公积金的人数分别做相应的线性比例变换，得到相应的标准分。需要说明的是，在本次调查中，家庭储蓄额超过 15 万元的 2 户，分别是 20 万元与 30 万元，取线性比例变换的最大值为 15 万元，超过的两户界定为极端值，标准分均界定为 1 分。家庭信贷总额超过 20 万元的共有 7 户，分别是 1 户 27 万元、3 户 30 万元、1 户 37.5 万元、1 户 40 万元以及 1 户 65 万元，取线性比例变换的最大值为 20 万元，超过的家庭界定为极端值，标准分均界定为 1 分。家庭拥有养老保险人数的最小值为 0 人，最大值为 5 人，均值为 0.9152 人，标准差为 0.9465 人。家庭拥有医疗保险人数的最小值为 0 人，最大值为 6 人，均值为 1.1730 人，标准差为 1.1678 人。而家庭拥有住房公积金人数的最小值为 0 人，最大值为 3 人，均值仅为 0.1854 人，标准差为 0.50482 人。据此对城市贫困家庭收支现金结余标准分（MV1.7.1）、家庭储蓄额标准分（MV1.7.2）、家庭信贷水平标准分（MV1.7.3）、家庭参与养老保险人数标准分（MV1.7.4）、家庭参与医疗保险人数标准分（MV1.7.5）以及家庭住房公积金人数标准分（MV1.7.6）进行同权计算，得到城市贫困家庭金融资本的标准分，计算公式为 MV1.7 =（MV1.7.1 + MV1.7.2 + MV1.7.3 + MV1.7.4 + MV1.7.5 + MV1.7.6）/6，具体情况详见表 3 – 12。

表 3 – 12　家庭金融资产类别及其标准分一览

单位：户，分

家庭金融资产类别及标准化处理	样本数	最小值	最大值	均值	标准差
L1.1 收支平衡五分类	2484	0.00	4.00	2.6051	1.1742
V23.3 储蓄额（万元）	2487	0.00	30.00	1384.6647	110.397
V23.5 信贷额（万元）	2487	0.00	65.00	4614.7242	260.510
V24.1 参与养老保险人数	2487	0.00	5.00	0.9152	0.9465
V24.2 参与医疗保险人数	2487	0.00	6.00	1.1730	1.1678
V29.1 拥有住房公积金人数	2487	0.00	3.00	0.1854	0.5048
MV1.7.1 收支平衡水平标准分 =（L1.1）/4	2484	0.00	1.00	0.6513	0.2936
MV1.7.2 储蓄额标准分 =（V23.3）/15	2487	0.00	1.00	0.0087	0.0625
MV1.7.3 信贷水平标准分 =（V23.5）/20	2487	0.00	1.00	0.0260	0.1130
MV1.7.4 家庭参与养老保险人数标准分 =（V24.1）/5	2487	0.00	1.00	0.1830	0.1893
MV1.7.5 家庭参与医疗保险人数标准分 =（V24.2）/6	2487	0.00	1.00	0.1955	0
MV1.7.6 家庭住房公积金人数标准分 =（V29.1）/3	2487	0.00	1.00	0.0618	0.1683
MV1.7 家庭金融资产标准分 =（MV1.7.1 + MV1.7.2 + MV1.7.3 + MV1.7.4 + MV1.7.5 + MV1.7.6）/6	2484	0.00	0.068	0.1877	0.09248

五 社会资本指标及测量

社会资本是嵌入关系网络中的社会资源,家庭社会资本是家庭生计维持系统中重要的资本类型。家庭社会资本可以划分为两种基本类型,一是家庭所获得的政府机构、社区组织、其他非营利性组织等较为正式的社会性支持网络;二是家庭所拥有的非正式社会关系网络。对于城市贫困家庭社会资本测量指标的选择,本研究主要从上述两个方面展开。针对正式社会支持网络情况,我们选择了一组陈述问题来间接测量,具体问题是"政府对我们家庭帮助很大"、"社区组织对我们家庭帮助很大"以及"政府和社区组织以外的组织(慈善组织/社工机构/商会行会以及各类其他非营利组织等)对家庭帮助很大",答案选项为李克特量表形式:"1 很同意;2 同意;3 不同意;4 很不同意"。针对家庭非正式社会支持网络的测量,本研究选择两个主要指标:"遇到急事(非资金)能找到人帮忙"的程度以及"遇到暂时经济困难能借到钱"的程度,答案选项的设置也采取了李克特量表形式:"1 总是;2 经常;3 很少;4 从未"(见表 3 - 13a、3 - 13b)。

表 3 - 13a　家庭社会支持调查情况一览

单位:户,%

类别	政府帮助很大		社区组织帮助很大		其他非营利组织帮助很大	
	频数	百分比	频数	百分比	频数	百分比
很同意	608	24.6	512	25.4	249	12.4
同意	1565	63.3	556	27.6	558	27.8
不同意	279	11.3	425	21.1	740	36.9
很不同意	20	0.8	521	25.9	461	23.0
合计	2472	100.0	2014	100.0	2008	100.0

表 3 – 13b　家庭社会支持调查情况一览

单位：户，%

类别	遇到急事（非资金）能找到人帮忙			遇到暂时经济困难能借到钱		
	频数	百分比	累计百分比	频数	百分比	累计百分比
总是	183	8.4	8.4	128	5.9	5.9
经常	620	28.3	36.7	598	27.4	33.3
很少	695	31.8	68.5	840	38.4	71.7
从未	690	31.5	100.0	619	28.3	100.0
合计	2188	100.0		2185	100.0	

　　我们对上述五项反映城市贫困家庭社会资本情况的变量进行标准化处理，需要说明的是，我们对此的标准化处理采取直接赋值的方式（实际上等效于线性比例变换），令"很同意"或"总是"取值为 1（3/3），令"同意"或"经常"取值为 0.67（2/3），令"不同意"或"很少"取值为 0.33（1/3），令"很不同意"或"从未"取值为 0（0/3）。从表 3 – 13a、3 – 13b 中可以看出，部分变量存在着一些缺省值，对于其中的缺省值我们采取均值插入法来处理。进行标准化处理以及合并计算之后，本次抽样调查中城市贫困家庭的社会资本标准分情况可见表 3 – 14。

表 3 – 14　家庭社会资本标准分一览

单位：户，分

社会资本标准化处理	样本数	最小值	最大值	均值	标准差
MV1.8.1 政府支持标准分	2487	0.00	1.00	0.7074	0.20452
MV1.8.2 社区组织支持标准分	2487	0.00	1.00	0.5088	0.33944
MV1.8.3 其他非营利组织支持标准分	2487	0.00	1.00	0.4318	0.28763
MV1.8.4 遇到急事（非资金）能找到人帮忙标准分	2487	0.00	1.00	0.3783	0.30008
MV1.8.5 遇到暂时经济困难能借到钱标准分	2487	0.00	1.00	0.3688	0.27697

续表

社会资本标准化处理	样本数	最小值	最大值	均值	标准差
MV1.8 社会资本标准分 = （MV1.8.1 + MV1.8.2 + MV1.8.3 + MV1.8.4 + MV1.8.5）/5	2487	0.13	1.00	0.4790	0.19823

　　综上，城市贫困家庭生计资本指标体系的建构与测量是一件非常复杂而系统的工作。本研究基于可持续生计框架，结合中国现实以及城市家庭生计系统的特点，建构了城市贫困家庭生计资本的五大维度：人力资本、住房资产、物质资本（非房）、金融资本以及社会资本，对每一项维度进行了系统的指标建构与测量，并做了初步的描述性分析。为便于比较分析，本研究主要通过线性比例变换方法对相应指标进行了标准化处理，获得了城市贫困家庭五大生计资本的标准得分。接下来本书将以此为基础，对中国城市贫困家庭生计资本现实状况做进一步实证分析。

第四章　城市贫困家庭生计资本现状分析

在上章对生计资本指标体系建构及其测量的基础上，本章将对中国城市贫困家庭生计资本现状进行实证分析。当前中国城市贫困家庭生计资本现状呈现如下突出特征：整体匮乏；结构失衡；维持型突出，发展型不足；脆弱性强，可持续性差。下面通过实证分析，逐一阐述。

一　整体匮乏

当前中国城市贫困家庭生计资本总体匮乏，突出表现在城市贫困家庭所实际拥有的各类生计资本水平较为低下。上章对城市贫困家庭人力资本、住房资产、物质资本（非房）、金融资本以及社会资本水平的测量结果显示，当前城市贫困家庭五大生计资本标准得分均没有超过0.5分，城市贫困家庭的人力资本水平标准得分为0.3169分，住房资产标准得分为0.3198分，物质资本（非房）标准得分为0.1685分，社会资本标准得分为0.4790分，而金融资本得分仅为0.1877分，分别占各自最高标准分的比例为48.75%、37.19%、36.63%、47.90%和27.60%（见表4-1）。

表4-1　城市贫困家庭生计资本标准分一览

单位：户，分

城市贫困家庭生计资本类型	样本数	最低分	最高分	均值	标准差
人力资本	2487	0.00	0.65	0.3169	0.09819

续表

城市贫困家庭生计资本类型	样本数	最低分	最高分	均值	标准差
家庭成年人受教育水平	2487	0.00	0.92	0.4790	0.15175
家庭健康水平	2487	0.00	0.81	0.3093	0.14655
家庭劳动能力	2487	0.00	1.00	0.3275	0.21943
家庭职业技能	2487	0.00	0.90	0.1516	0.16132
家庭拥有技术证书数量	2487	0.00	1.00	0.1494	0.16224
家庭成员技能培训人次	2487	0.00	1.00	0.1537	0.19855
住房资产	2487	0.00	0.86	0.3198	0.23787
物质资本（非房）	2487	0.00	0.46	0.1685	0.06435
金融资本	2484	0.00	0.68	0.1877	0.09248
收支平衡水平	2484	0.00	1.00	0.6513	0.2936
储蓄水平	2487	0.00	1.00	0.0087	0.0625
信贷水平	2487	0.00	1.00	0.0260	0.1130
参与养老保险	2487	0.00	1.00	0.1830	0.1893
参与医疗保险	2487	0.00	1.00	0.1955	0.1946
拥有住房公积金	2487	0.00	1.00	0.0618	0.1683
社会资本	2487	0.13	1.00	0.4790	0.19823

进一步描述性统计分析表明，在城市贫困家庭人力资本构成中，调查样本中城市贫困家庭成年人实际平均受教育年限仅为9.36年，总体相当于国民教育的初中水平，家庭成年人受教育水平标准得分为0.4790分。另一项反映城市贫困家庭人力资本的指标是城市贫困家庭健康水平，其标准得分为0.3093分。家庭健康水平指标是由家庭患病人数、残障人数以及自理困难（半自理或完全丧失自理能力）人数所构成。抽样调查结果显示，城市贫困家庭中患病人数、残障人数以及自理困难人数的均值分别为0.64人、0.28人以及0.26人（见表4-2）。城市贫困家庭不仅实际受教育水平低，而且整体健康状况堪忧。其他两项反映城市贫困家庭人力资本的指标是家庭劳动能力水平以及职业技能水平，相应的标准得分为0.3275分与0.1516分，总体得分也较低。抽样调查

中城市贫困家庭拥有劳动就业能力的平均人数为 1.02 人，仅占本次抽样调查户均人口数 2.78 人的 36.69%，城市贫困家庭有劳动能力的人口抚养及赡养负担非常沉重。在家庭实际拥有的各类专业技术证书数量方面，抽样调查中城市贫困家庭平均拥有 0.75 件，平均每个家庭不足 1 件。近年来，家庭成员技能培训数量平均仅为 0.46 人次，有效技能培训严重不足。

表 4 - 2　城市贫困家庭人力资本调查状况一览

城市贫困家庭人力资本类型	样本数	最小值	最大值	均值	标准差
V1 家庭成年人平均受教育年限（年）	2461	0.00	18.00	9.3625	2.95408
V2 家庭成年人最高受教育年限（年）	2467	0.00	25.00	11.1721	3.49830
V4 家庭患病人数（人）	2426	0.00	4.00	0.6426	0.86039
V5 家庭残障人数（人）	2442	0.00	3.00	0.2801	0.53028
V9 家庭自理困难人数（人）	2472	0.00	3.00	0.2617	0.48850
V10 家庭拥有专业技术证书数量（件）	2487	0.00	5.00	0.7471	0.81120
V11 家庭成员技能培训数量（人次）	2487	0.00	3.00	0.4612	0.59564
V12 家庭劳动就业人数（人）	2487	0.00	5.00	1.0193	1.07466
F9 家庭人口数（人）	2487	1.00	6.00	2.7793	0.90449

住房资产是城市贫困家庭所拥有的最主要的资产。城市贫困家庭通过先前的商品房（自建房）、房改房、继承房产以及拆迁安置房等各种形式积累了相应的住房资产。抽样调查显示，拥有房屋产权的城市贫困家庭占有效样本的 61.4%（见表 4 - 3）。这一比例看似较高，实际也远低于中国城镇家庭住房拥有率（87.0%）[①]，本次调查中城市贫困家庭最多拥有一套住房。住房对于城市贫困家庭而言，其投资性功能较弱，基本上属于自

---

① 西南财经大学中国家庭金融调查与研究中心发布的数据表明，截至 2013 年 8 月底，中国城镇家庭房产拥有率为 87.0%，其中 18.6% 的城镇家庭拥有两套及以上住房，参见 http://finance.sina.com.cn/china/20140617/153419438560.shtml，最后访问日期：2014 年 6 月 17 日。

住消费。事实上，城市贫困家庭所拥有的房产很多都是历史上形成的，比如自建房、房改房、继承房产以及拆迁安置房等，大多数房屋房龄较大、年久失修，大都处在较为衰败、整体环境较差的社区中，绝大多数没有相应的物业管理服务。值得注意的是，本次抽样调查中仍有高达近四成的城市贫困家庭没有任何房产。伴随着十多年来中国房地产业的飞速发展以及房价的爆炸性增长，新型城镇贫困家庭单靠自身的力量拥有属于自己房产的梦想越来越难以实现。

表4-3　家庭住房资产调查情况一览

单位：户，%

家庭住房类型	频数	百分比	有效百分比	累计百分比
商品房（自建房）	809	32.5	39.1	39.1
房改房	407	16.4	19.7	58.8
继承房产	52	2.1	2.5	61.3
拆迁安置房	126	5.1	6.1	67.4
市场租房	433	17.4	20.9	88.3
廉租房	80	3.2	3.9	92.2
公租房（宿舍）	99	4.0	4.8	97.0
其他（寄住等）	62	2.5	3.0	100.0
合计	2068	83.2	100.0	
缺省值	419	16.8		
合计	2487	100.0		

当前城市贫困家庭所实际拥有的物质资本（非房）水平较低，总体上只保有维持基本生存需求的物质资本类别。由表4-4可以看出，床、衣柜等大型家具，手机，彩色电视机是本次抽样调查城市贫困家庭所拥有的物质资本（非房）项目中拥有量最多的三项具体物质资本，平均拥有量为2.53件、1.67部、0.97台，都接近或超过1，可以说，这些均是城市贫困家庭基本生活所必不可少的物质资本项目。而同期国家统计局发布的全国城镇居民家庭平

均所拥有的手机数量（移动电话）与彩色电视价数量则为 2.21 部
和 1.36 台（见表 4-4）。

表 4-4　两项同年度抽样调查家庭物质资本（非房）调查情况一览

本项目抽样调查（2012）城市贫困家庭物质资本（非房）			2012 年全国城镇居民家庭物质资本（非房）拥有量	
项目类别	样本（户）	均值	项目类别	均值
汽车数量（交通或生产工具类）	2411	0.0535	家用汽车（辆）	0.215
摩托车数量（交通工具类）	2412	0.1683	摩托车（辆）	0.203
自行车数量（交通工具类）	2414	0.4511	—	—
重要生产工具数量（生产工具类）	2385	0.0449	—	—
固定电话数量（通信工具类）	2447	0.3858	固定电话（部）	0.684
手机数量（通信工具类）	2467	1.6680	移动电话（部）	2.213
台式电脑数量（资讯工具类）	2433	0.3485	计算机（台）	0.870
笔记本、平板电脑数量（资讯工具类）	2420	0.1054		
彩色电视机数量（耐用品类）	2477	0.9689	彩色电视机（台）	1.361
影碟机/DVD 数量（耐用品类）	2450	0.3918	摄像机（架）	0.10
照相机、摄像机数量（耐用品类）	2425	0.2161	照相机（台）	0.464
电冰箱、冰柜数量（耐用品类）	2463	0.7515	电冰箱（台）	0.985
洗衣机数量（耐用品类）	2472	0.7128	洗衣机（台）	0.980
空调数量（耐用品类）	2415	0.2865	空调（台）	1.268
缝纫机数量（耐用品类）	2413	0.2412	组合音响（套）	0.236
煤气、液化气灶具数量（耐用品类）	2476	0.8675	健身器材（套）	0.043
抽油烟机数量（耐用品类）	2473	0.6947	淋浴热水器（台）	0.910
微波炉数量（耐用品类）	2454	0.3500	微波炉（台）	0.062
床、衣柜等大型家具数量	2464	2.5349	—	—

本项目抽样调查（2012）城市贫困家庭 物质资本（非房）			2012 年全国城镇居民家庭 物质资本（非房）拥有量	
项目类别	样本（户）	均值	项目类别	均值
其他数量	2352	0.0162	—	—

有无互联网络（资讯工具类）：有效样本 1051 户，99 户"有"，占 9.4%；952 户"无"，占 90.6%。

注：包括表中国家统计局发布的 2012 年全国城镇居民家庭耐用品拥有量的原始数据的计量单位是全国每百户平均拥有量，为便于比较，我们把计量单位统一成全国城镇居民家庭平均拥有量。

资料来源：国家统计局 2012 年度数据，http://data.stats.gov.cn/easyquery.htm? cn = C01，最后访问日期：2018 年 7 月 17 日。

城市贫困家庭所最多拥有的物质资本（非房）项目相对于全国平均水平还有较大的差距。电冰箱、洗衣机等家庭耐用消费品的平均拥有量，贫困家庭也显著低于全国平均水平，空调平均拥有量仅为全国城镇居民家庭平均拥有量的 22.59%。获取信息的资讯类工具平均拥有量更是少得可怜，台式电脑的平均拥有量只有 0.35 台，而笔记本、平板电脑的拥有量平均只有 0.11 台，家庭使用互联网的城市贫困家庭仅占 9.4%，90.6% 的城市贫困家庭没有安装使用互联网。至于汽车以及重要生产工具的平均拥有量几乎可以忽略不计。

城市贫困家庭所拥有的社会资本水平中，制度性社会支持给予的帮助较大，同意政府对其家庭生计帮助很大的占调查样本总数的 87.9%，同意社区组织、其他非营利组织对其家庭生计帮助很大的比例则分别为 53.0% 和 40.2%。对于城市贫困家庭的非制度性社会资本而言，遇到急事（非资金）能找到人帮忙的家庭比例仅为 36.7%，遇到暂时经济困难能够借到钱的比例只有 33.2%（见表 3 - 13a、表 3 - 13b）。需要说明的是，正式制度性社会支持对于城镇贫困家庭而言是给予性的，常常是被动接受的，而非正式家庭社会资本更能反映城市贫困家庭社会资本的匮乏程度，当然，二者对于城市贫困家庭的社会资本水平而言是同等重要的。

城市贫困家庭所拥有的金融资本指标中，收支平衡水平标准分为 0.6513 分，这是在城市贫困家庭的自身努力、制度性救助、非制度性救助、家庭老人养老金补贴等多种生计策略的共同支持下才总体上达到家庭基本收支平衡状态的。家庭储蓄水平、信贷水平以及拥有住房公积金的标准得分极其低下，分别仅为 0.0087分、0.0260 分以及 0.0618 分，这充分反映出城市贫困家庭金融资本水平低的现状。而城镇贫困家庭成员参与养老保险与医疗保险的标准得分也较低，只有 0.1830 分和 0.1955 分。

综上，无论是从城市贫困家庭所拥有的人力资本、住房资产、物质资本（非房）、社会资本以及金融资本整体，还是从五大资本内部具体指标构成来看，当前城市贫困家庭的整体生计资本状况都显得极其匮乏。

二　结构失衡

城市贫困家庭生计资本不仅整体匮乏，就其五大生计资本系统的内部构成而言，整体上也呈现结构失衡的突出特点。城市贫困家庭生计资本结构失衡首先表现在物质资本与金融资本极其贫乏，其次表现在人力资本结构内部严重失衡，即家庭职业技能培训严重不足。

首先，城市贫困家庭生计资本系统整体结构失衡，金融资本极其贫乏。图 4-1 是根据本次抽样调查中城市贫困家庭生计资本标准得分所制定的城市贫困家庭生计资本五边形（其中物质资本是指非房物质资本）。由此可以看出，在本次抽样调查中，城市贫困家庭五大生计资本系统中：社会资本标准得分相对最高，为0.4790 分；人力资本与住房资产标准得分紧随其后，分别为0.3169 分与 0.3198 分；物质资本与金融资本则仅为 0.1685 分与0.1877 分，相对而言极其贫乏。在总体较为匮乏的城市贫困家庭生计资本系统中，城市贫困家庭的社会资本得分相对较高主要是因为制度性社会救助对于城市贫困家庭生计维持给予了重要支持，这一点在上文中已详细分析过。虽然城市贫困家庭的住房拥有率远不及当前中国城镇居民住房拥有率，但由于中国历史上形成的单位住房制度以及城市家庭的住房观念等，也使长期安家在城市里的许多贫困家庭拥有了自己的住房。然而，这种房产拥有的历史性机会对于21世纪以来新形成的城市贫困家庭而言一去不复返。城市贫困家庭人力资本相对较高一些，主要是因为城市贫困家庭成年人受教育水平平均达到初中程度，家庭有劳动能力的人数平均达到1.02人。除了这些相对较为稳定的家庭人口统计学变量数据较高之外，反映城市贫困家庭实际情况的财富水平则极低。物质资本与金融资本正是城市贫困家庭所拥有的通常意义上的财富项目，对于家庭生计的维持与发展提供了直接的物质基础。也正是在这两项财富类型上，城市贫困家庭的拥有量远远低于其他生计资本。需要强调的是，物质资本的匮乏实质上反映的是金融资本的匮乏，道理很显然，家庭所拥有的各种物质在现代市场经济中，大都需要用金钱来购买，家庭金融资本的匮乏直接制约着城市贫困家庭物质资本的实际拥有情况。从物质资本标准得分最低的事实中，也可以看出，城市贫困家庭在家庭消费开支中，被压缩的项目往往是各种物质资本。因此，从本次调查来看，城市贫困家庭生计资本系统结构整体失衡的主要表现是金融资本的拥有水平太低。迈克尔·谢若登在其名著《资产与穷人——一项新的美国福利政策》中充分揭示了穷人金融资产积累的重要性与必要性，其主张建立以促进穷人金融资产为本的福利政策，因为金融资产具有丰富多样的资产效应："改善（家庭）经济稳定性；将人们与可行有望的未来相联系；刺激人力或其他资本的发展；促使人们向专门化和专业化发展；提供承担风险的基础；产生个人、社会和政治奖赏；增强后代的福利；等等。"[①] 换言之，城市贫困

---

① 迈克尔·谢若登：《资产与穷人——一项新的美国福利政策》，高鉴国译，商务印书馆，2005，第180页。迈克尔·谢若登整整用了近一章的篇幅来揭示资产建设，主要是金融资产建设对于穷人生计改善的重要性。

家庭金融资产的匮乏不仅对家庭物质资本（非房）以及住房资产产生直接的约束，而且对城市贫困家庭的人力资本发展及其社会资本拓展都将产生深远的抑制作用。不仅如此，近年来哈佛大学塞德希尔·穆来纳森（Sendhil Mullainathan）教授在行为经济学领域中的最新研究成果表明，长期稀缺会俘获人们的头脑（Scarcity Captures the Minds），降低人们的思维带宽（Bandwidth）容量，产生一种稀缺心态（Scarcity Mindset），最终导致稀缺性思维模式，致使心智能力大幅下降，丧失判断力、洞察力与前瞻性，削弱行动执行能力。[①] 金融资产在城市贫困家庭生计资本系统中的重要性应引起我们的高度重视，进而在相关福利政策与税收制度上逐步形成支持城市贫困家庭金融资产发展的有效可行机制，这是未来中国城市反贫困的关键。本次抽样调查表明，城市贫困家庭金融资本水平低的事实，不仅反映出城市贫困家庭生计资本系统整体结构失衡，而且很可能是绝大多数城市贫困家庭长期陷入贫困泥潭而不能自拔的主要原因。

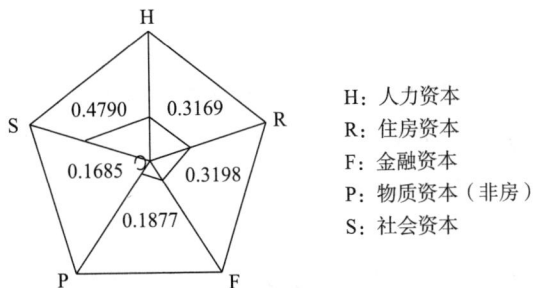

H：人力资本
R：住房资本
F：金融资本
P：物质资本（非房）
S：社会资本

图 4 - 1　城市贫困家庭生计资本五边形

其次，城市贫困家庭生计资本结构失衡还突出表现在人力资本结构内部职业技能培训严重不足。上文提及，尽管本次抽样调查中城市贫困家庭人力资本水平整体较低，但在城市贫困家庭五大生计资本系统中得分相对较高一些，标准得分达到了 0.3169 分。

---

① Sendhil Mullainathan & Eldar Shafir , *Scarcity：Why Having Too Little Means So Much*（English：Allen Lane，2013）.

城市贫困家庭人力资本通常所包括的四项子指标中，城市贫困家庭成年人受教育水平标准得分最高，为 0.4790 分，其次分别是家庭劳动能力水平与家庭健康水平，各自标准得分分别为 0.3275 分与 0.3093 分，而得分最低的项目则是家庭职业技能水平，仅为 0.1516 分。职业技能培训在城市反贫困中具有突出的地位，它可以直接促进城市贫困家庭成员的就业技能提升，直接促进城市贫困人口劳动力市场参与。相比之下，城市贫困家庭的受教育水平、健康水平以及劳动能力状况则是家庭的基本人口统计学变量，很难在一段时期内产生显著变化，它需要很长时间的干预才可能产生一些积极的变化，并且也很难确认政策干预的独立效果，毕竟影响因素太多，影响机制太复杂，城市贫困家庭可能也很难有如此不确定的长期耐心。因此，职业技能培训往往成为最具有可操作性的政策着力点，问题的关键在于要为城市贫困家庭成员提供有针对性的、切实可用的职业技能。从本次抽样调查来看，家庭职业技能水平包含有两个子指标：家庭拥有专业技术证书数量以及家庭成员获得的技能培训人次，其各自的标准得分仅为 0.1494 分与 0.1537 分。表 4-5 是本次抽样调查中城市贫困家庭实际拥有的专业技术证书数量与技能培训人次的具体分布情况。由此可以看出，45.7% 的被调查家庭没有任何专业技术证书，58.9% 的被调查家庭成员没有参加过专业技能培训，没有拥有或只拥有 1 个专业技术证书的城市贫困家庭占了被调查样本总数的 82.4%，而没有经历过职业技能培训与只经历过 1 人次的城市贫困家庭则高达95.1%。这充分说明，当前城市贫困家庭极其缺乏职业技能培训，严重限制了城市贫困家庭成员劳动力市场参与的能力与机会。

表 4-5　家庭技术证书数量与技能培训人次一览

单位：户，%

	频数	百分比	累计百分比
专业技术证书数量　0 个	1136	45.7	45.7

续表

		频数	百分比	累计百分比
	1 个	913	36.7	82.4
	2 个	375	15.1	97.5
	3 个	58	2.3	99.8
	4 个	4	0.2	99.9
	5 个	1	0.0	100.0
	合计	2487	100.0	—
技能培训人次	0 人次	1466	58.9	58.9
	1 人次	901	36.2	95.1
	2 人次	114	4.6	99.7
	3 人次	6	0.2	100.0
	合计	2487	100.0	—

综上，城市贫困家庭生计资本不仅整体匮乏，而且内部结构严重失衡，主要是金融资本拥有水平与人力资本系统中的职业技能培训水平极其低下。比较严重的是，被长期忽视的城市贫困家庭金融资本以及有助于直接促进城市贫困家庭劳动力市场参与的职业技能培训，正是直接导致城市贫困家庭长期陷入贫困的关键原因。

三　维持型突出，发展型不足

当前城市贫困家庭生计资本维持型特征突出，发展型特征不明显，主要表现在如下两个方面：城市贫困家庭收支结构总体上维持基本平衡状态，略有结余；城市贫困家庭消费结构基本属于维持型消费，发展型消费支出偏低。

首先，从收支结构看，城市贫困家庭收支结构大体维持基本平衡，略有结余。上章在测量城市贫困家庭收支结余时，本研究对城市贫困家庭的收支调查结果进行了详细的统计，所获得的城市贫困家庭收支结构如表 4 - 6 所示。从表 3 - 10 可以看出，本次抽样调查的城市贫困家庭平均月总收入为 2737.5 元，相应的月总支出为 1851.9 元，收支相减后的结余额平均为 885.6 元。每月不到 1000 元的结余额对于一个家庭而言并不算多，只能够积累一点家庭日常生活应急性资金储备。值得强调的是，本次调查中家庭月总收入包含了城市贫困家庭所有可能获得的收入来源，既包括工资性收入、经营性收入、财产性收入、制度性救助收入，也包括了老人养老金（包括家庭财务统一，生活在一起）收入、各种临时性的救助性收入等。如果扣除掉制度性救助收入，那么城市贫困家庭月收支结余降至 511.6 元，如果同时扣除制度性救助收入以及家庭老人养老金收入，则城市贫困家庭月收支结余仅为 267.9 元，基本上处在收支动态平衡的现实状态中。上一章曾援引国家统计局发布的 2012 年城镇居民家庭分类收支状况。国家统计局发布的 2012 年城镇居民收支分类数据表明，城镇居民家庭月均现金结余为 2485.5 元，10% 的较低收入家庭月均现金结余为 994.3 元，10% 的最低收入家庭月均现金结余为 461.1 元，其中处在最后 5% 的最低收入家庭月均现金结余为 278.9 元。国家统计局发布的该项数据与本次抽样调查的城市贫困家庭收支平衡水平基本一致。结合这两项同年度抽样调查分析结果，我们得出如下基本结论：城市贫困家庭通过自身的努力、国家现有救助制度的支持以及亲戚朋友的帮助，大体实现了家庭财务动态平衡，并略有结余。换言之，当前城市贫困家庭的收支状况仅处在维持基本生活需求满足的现实状态中。

表 4 - 6　2012 年全国城镇居民收支状况一览

单位：元

城镇居民分组	人均总收入	家庭月均收入	人均可支配收入	家庭月均可支配收入	人均消费支出	家庭月均消费支出
城镇居民	26959.0	6515.09	24564.7	5936.47	16674.3	4029.62

城镇居民分组	人均总收入	家庭月均收入	人均可支配收入	家庭月均可支配收入	人均消费支出	家庭月均消费支出
最低收入户（10%）	9209.5	2225.63	8215.1	1985.32	7301.4	1764.51
困难户（5%）	7520.9	1817.55	6520.0	1575.67	6366.8	1538.64
较低收入户（10%）	13724.7	3316.80	12488.6	3018.08	9610.4	2322.51
中等偏下户（20%）	18374.8	4440.58	16761.4	4050.67	12280.8	2967.86
中等收入户（20%）	24531.4	5928.42	22419.1	5417.95	15719.9	3798.98
中等偏上户（20%）	32758.8	7916.71	29813.7	7204.98	19830.2	4792.30
较高收入户（10%）	43471.0	10505.49	39605.2	9571.26	25796.9	6234.25
最高收入户（10%）	69877.3	16887.01	63824.2	15424.18	37661.7	9101.58

注：家庭月均收入、家庭月均可支配收入以及家庭月均现金消费支出分别根据国家统计局相应数据折算而来，国家统计局发布的该年度数据是根据一项独立抽样调查统计出来的，该抽样调查全国样本为 65981 户，调查样本平均每户家庭人口数为 2.9 人。折算公式以家庭月均收入为例，家庭月均收入 =（人均总收入×2.9 人）/12。

资料来源：国家统计局 2012 年数据，http://data.stats.gov.cn/easyquery.htm？cn=C01，最后访问日期：2018 年 7 月 17 日。本表根据国家统计局公布的相关数据整理而得。

其次，从消费支出结构来看，城市贫困家庭消费主要是维持型消费，发展型消费支出偏低。所谓维持型消费支出是指消费支出项目直接用于满足当下基本生存需求，而发展型消费支出则是指消费支出项目用于满足家庭未来长期的可持续发展目的或具有直接促进家庭长远发展的消费支出。根据上章的操作定义，前者主要包括用于满足日常基本生活需求的食品类、居住类、水电煤气、日用品、服装、洗理、医疗支出以及交通支出等，后者主要包括成人教育培训、儿童教育成长、文体娱乐、资讯、社会交往、保险缴费以及公积金缴费等。从家庭月消费结构的统计分析结果来看，本次抽样调查中城市贫困家庭月总支出为 1851.9 元，其中维持型消费支出为 1224.8 元，占六成多，而发展型消费占比约为三成。从本次抽样调查所计算出来的城市贫困家庭恩格尔系数（0.42）来看，达到了小康阶段，然而，进一步的消费结构分析显示出城市贫困家庭消费结构整体上还属于基本生存维持型，发展型消费支出水平还很低。

四　脆弱性较强，可持续性差

城市贫困家庭生计资本脆弱性强、可持续性差：一方面体现在上文已阐述的城市贫困家庭生计资本整体匮乏、结构失衡，维持型特征突出、发展型不足上，另一方面体现在城市贫困家庭收入来源结构单一、稳定性差上。

第一，工资性收入是城市贫困家庭收入的最重要来源，其相对比例并不比城市非贫困家庭工资性收入比例低，然而缺乏稳定性的非正规就业（灵活就业）收入占比较大。在本次抽样调查中，城市贫困家庭月总收入均值为2737.5元，其中工资性月收入为1840.3元，占月总收入的67.23%。国家统计局所发布的城镇居民2012年度人均可支配收入为24564.7元（人均总收入为26959.0元），其中城镇居民人均工资性收入为17335.6元，占可支配总收入的70.57%（占人均总收入的64.3%）。从本次调查来看，城市贫困家庭收入结构中工资性收入占比略低于全国城镇居民收入结构中的工资性收入占比，其中不到3个百分点的差距并不足以反映二者存在着显著性差距。换言之，根据本次调查结果与国家统计局发布的相关数据，城镇居民工资性收入在可支配收入中的重要性，相比于城市贫困家庭而言，并不比人们通常所误以为的那样大。工资性收入对于贫困家庭而言至关重要，贫困家庭并非不努力工作，只是从事了收入较低的工作而已。因此，促进城市贫困家庭成员的就业能力与就业层次提升成为城市反贫困的关键。

尽管工资性收入对于城市贫困家庭生计资本维持至关重要，然而，进一步分析工资性收入的构成，我们可发现，城市贫困家庭正式工作（指有正式劳动合同的工作或正规就业）工资收入平均为686.4元，只占工资性收入总数的37.3%，而非正规就业

（没有正式劳动合同、雇主不固定的临时打工收入）工资平均为
1153.9元，占工资性收入总数的62.7%。在本次抽样调查中，城
市贫困家庭成员从事服务性工作以及小商贩等工作的达到56.4%，
其中服务性工作类型主要是家政工，清洁、勤杂、环卫工，维修
工，看守、看门等护工，季节性的锅炉工，酒店餐馆服务员，占
了从事服务性工作人数的84.3%（多重响应分析，响应个案数为
1849人）。显然，城市贫困家庭成员的主要从业类型大多属于非正
规就业，不仅工资较低、福利待遇低，而且流动性强、稳定性差，
容易受到周期性、季节性就业市场的影响。

　　第二，制度性救助转支收入是城市贫困家庭的第二大收入来
源，其相对比例并不比城市非贫困家庭享有的转移性收入比例高。
本次调查中城市贫困家庭所获得的救助性收入为464.6元，占月总
收入的17.0%，其中制度性救助收入为374.0元，占救助性收入
的八成以上，占月总收入的13.7%。救助性收入属于典型的转移
性收入，而转移性收入不仅包括救助性收入，还包括通过税收优
惠减免机制实现的收入转移支付。而城市贫困家庭所能享受到的
转移性支付主要是救助性转支，而非后者。因为税收转移支付往
往与正规工作收入以及（尤其是金融）资产积累相关。通过税收
优惠减免机制所实现的收入转移支付，主要由中产阶层以及富裕
阶层所享受。根据国家统计局所公布的相关数据，2012年城镇居
民人均转移性收入为6368.1元，占可支配收入24564.7元的
25.92%，显著超过本次调查中城市贫困家庭所享有的转移性支付
比例，是城市贫困家庭所享受的制度性救助收入占比（13.7%）
的近两倍。这种现象在西方发达国家同样如此，很多学者的研究
都揭示了这一点，正如迈克尔·谢若登所揭示的，"穷人福利国家
（国家对穷人的福利转支）仅占个人全部福利开支的16%，而非穷
人福利国家占84%，就支出类别来看，大福利国家的75%为直接
支付形式，25%为税收支出形式。几乎所有的税收支出用于非穷
人福利国家，其中很大一部分以资产为基础，用以促进个人金融

资产和不动产的积累"①。中产与富裕阶层所享有的转移性收入远远大于穷人所享有的救助性转移支付,这是造成穷人难以摆脱相对贫困的隐秘机制。即便是把老人养老金也算作城市贫困家庭所享有的转移性收入范畴,救助性收入(464.8元)与老人养老金收入(243.1元)共计707.7元,占家庭月总收入的25.83%,也刚好接近于2012年全国城镇居民所享有的转移性支出的平均水平(25.92%)。不仅如此,享受到制度救助的城市贫困家庭要接受频繁的经济状况审查,典型的是城市低保制度,严格而频繁的经济状况审查在很大程度上抑制了城市低保家庭成员劳动力市场参与以及家庭财产性收入的拓展。

第三,家庭老人养老金成为部分城市贫困家庭可支配收入的重要补充。需要强调的是,家庭老人养老金本应是退休老人独立所拥有的可支配收入,然而,在中国家庭文化背景下,尤其是联合家庭中的老人养老金往往成为城市贫困家庭的重要收入来源。事实上,在调查过程中,我们发现,有父母退休的城市低保家庭往往把老人养老金作为自身家庭生计的重要组成部分。本次调查中,老人退休金平均为243.1元,占家庭月均总收入的8.88%。联合家庭中老人养老金的支持为部分城市贫困家庭的生计提供了重要补充。

第四,城市贫困家庭收入结构中经营性收入与财产性收入极其匮乏。在本次调查的城市贫困家庭收入结构中,经营性收入与财产性收入非常低,分别为71.1元和31.5元,占月总收入的2.6%和1.2%,几乎可以忽略不计。经营性收入低,实际上在很大程度上反映出城市贫困家庭生计资本及其生计策略的贫乏现状。根据本次调查,财产性收入对于城市贫困家庭而言,匮乏到极点,事实上,只有极少数城市贫困家庭通过房屋租赁等方式获取一些

---

① 迈克尔·谢若登:《资产与穷人——一项新的美国福利政策》,高鉴国译,商务印书馆,2005,第82页。

财产性收入。在我们所做的低保家庭访谈中，有个别低保家庭偷偷把自己处在靠近繁荣地段的房子出租出去，而在偏远地段以较为便宜的价格重新租赁房屋居住，通过这种"租赁置换"的方式获取级差房租收益。之所以偷偷地进行，是因为现行的城市低保政策并不鼓励这种行为，低保户并不想通过如此辛苦地折腾而被发现收入增加了，进而丧失掉低保资格。

　　总之，城市贫困家庭的收入结构中，工资性收入、制度性救助收入是城市贫困家庭最主要的两项收入来源，家庭老人养老金是重要补充，其他经营性收入与财产性收入几近于无。城市贫困家庭收入结构较为单一、稳定性较差，并时刻面临周期性市场风险的冲击。再加上整体生计资本匮乏、结构失衡、金融资本以及职业技能水平极低，城市贫困家庭赖以抵御市场风险以及生命历程中重大事件冲击的可行选择十分有限。城市贫困家庭生计资本维持系统表现出较强的脆弱性，可持续生计能力的提升需要强有力的外部干预。

第五章　城市贫困家庭生计资本与生计策略

本章主要内容是在上文指标测量以及描述性统计分析的基础上，通过建构多元回归（OLS）模型，探讨城市贫困家庭各种生计资本类型对其生计策略的影响。具体而言，本章逐一研究了城市贫困家庭主要生计策略——劳动力市场参与、就业方式、社会救助支持以及消费支出取向——的相关影响因素，重点剖析了五大生计资本的相关效应。

一　模型设定

根据研究目的，本部分所选择的自变量主要包括城市贫困家庭类型的人口统计学变量、上文建构的城市贫困家庭五大生计资本（标准分）以及家庭夫妻关系与生活信心变量。具体情况简要介绍如下。其一，家庭类型的人口统计学变量。作为控制变量，其主要包括如下几个方面。①家庭人口数，根据上章描述性统计分析结果，本次抽样调查的城市贫困家庭平均人口为2.8人。②未成年子女家庭，这是一个二分变量，有未成年子女的家庭变量值设置为1，没有未成年子女的家庭作为对照组，变量值设置为0。③在校大学生子女家庭，有在校大学生子女的家庭变量值为1，没有的作为对照组，变量值为0。④家庭有离退休老人，有离退休老人的家庭变量值设置为1，没有的作为对照组，变量值为0。⑤在婚状态家庭，当前存在婚姻状态的家庭变量值为1，没有的为0。

⑥单亲家庭，处在单亲状态的家庭变量值为1，不是单亲家庭的变量值设置为0。⑦城市低保家庭，目前享受城市低保的家庭变量值为1，没有享受城市低保的贫困家庭变量值为0。从这些家庭类型变量设置来看，大多属于二分变量，除了作为控制变量外，我们希望了解未成年子女家庭、单亲家庭以及城市低保家庭相对于非成年子女家庭、非单亲家庭以及非低保家庭而言，在不同的生计策略取向上是否存在显著性差异以及如果存在，存在哪些显著性差异。其二，城市贫困家庭五大生计资本变量。本研究的第三章对城市贫困家庭的生计资本进行了建构、测量与标准化处理，相应地获得了城市贫困家庭的人力资本水平、住房资产水平、金融资本水平、物质资本（非房）水平以及社会资本水平五大生计资本变量（详见第三章相关测量内容）。本研究重点考察城市贫困家庭五大生计资本对于不同生计策略的影响。需要说明的是，本研究需要详细考察人力资本构成子变量的具体效应，因此，人力资本变量被其所构成的实际调查的子变量所取代，分别为：家庭成年人平均受教育水平、家庭健康自评（取值为逆序，即得分越高，健康越差）、家庭患病人数、家庭残障人数、家庭自理困难人数、家庭拥有专业技术证书数量、家庭成员近年来技能培训人次以及家庭劳动就业人数。通过对OLS模型适用条件要求的逐一审查发现，对人力资本的拆分考察在技术上也避免了生计资本之间存在着的共线性问题。其三，家庭夫妻关系变量与生活信心变量。选择这两个变量进入OLS模型，主要是考察一下家庭夫妻关系以及生活信心对于城市贫困家庭不同的生计策略取向是否存在显著性影响以及如果存在，存在哪些显著性影响。家庭夫妻关系变量与生活信心变量的取值被转换为二分变量：好=1，不好=0。

　　本研究所选定的因变量有以下几个。①实际反映城市贫困家庭劳动力市场参与水平的家庭工资性收入、家庭工资性收入占总收入的比例以及家庭劳务性收入、家庭劳务性收入占总收入的比例；②反映城市贫困家庭劳动力市场参与方式的正规就业收入与非正规就业收入，所谓正规就业是指正式签订了劳动合同的就业，而非正规就业是指没有正式签订劳动合同的就业。③救助性收入以及制度性救助收入。④维持型消费支出与发展型消费支出（以上各个因变量的统计性描述具体参见第三章相关内容，此处不赘述）。根据第四章的分析，上述四类因变量基本上反映了当前城市贫困家庭的基本生计策略取向。据此，本研究分别构建了相应的OLS模型，经逐一检验，相应模型拟合度较好，模型设定完全符合OLS模型的前提要求（相关指标见下文）。基于此，本研究重点分析了城市贫困家庭生计资本对不同生计策略的具体影响。

基于上述自变量与因变量设定以及实际研究需要，本研究分别建构了城市贫困家庭工资性收入及其占比影响因素OLS模型（见表5-1）和城市贫困家庭劳务性收入及其占比影响因素OLS模型（见表5-2），以此来考察生计资本对城市贫困家庭劳动力市场参与水平的影响；通过建构城市贫困家庭正规就业收入与非正规就业收入OLS模型（见表5-3）来考察生计资本对城市贫困家庭就业方式的影响；通过建构城市贫困家庭救助性收入及其占比影响因素OLS模型（见表5-4）和城市贫困家庭制度性救助收入及其占比影响因素OLS模型（见表5-5）来审视生计资本对城市贫困家庭社会救助支持的效应；通过建构城市贫困家庭维持型消费与发展型消费影响因素OLS模型（见表5-6）具体分析影响城市贫困家庭消费支出取向的主要因素。

二　生计资本与劳动力市场参与

上章对城市贫困家庭生计维持系统现状的描述性统计分析表明，通过劳动力市场参与获取收入依然是城市贫困家庭最重要的生计策略。工资性收入与包括经营性收入在内的劳务性收入水平反映了城市贫困家庭劳动力市场参与程度。本部分主要通过建构城市贫困家庭工资性收入及其占比以及劳务性收入及其占比OLS

模型来详细考察影响城市贫困家庭劳动力市场参与的主要因素，重点分析五大生计资本的具体效应。

城市贫困家庭工资性收入及其占比在 OLS 模型的解释力分别达到了 59.4%、66.9%，且均通过了假设检验，具有较高的解释力（见表 5-1）。方差膨胀因子（VIF）均低于 3，大多数处在 1~2，显示该模型自变量之间只存在着轻微的共线性问题，不影响模型解释的稳健性。上述两个模型的残差呈现正态性，通过散点图以及其他指标检验，五大生计资本（标准分）以及其他家庭类型统计学变量分别与因变量之间存在着显著的线性关系，不存在明显的异方差现象。通过 OLS 模型设定条件的技术分析表明，上述模型设定不仅具有较强的解释力，而且具有较强的稳健性。[①]

城市贫困家庭工资性收入及其占比 OLS 模型表明，在影响城市贫困家庭工资性收入水平的自变量中，家庭人口数量、单亲家庭、低保家庭、人力资本中的成年人平均受教育水平、家庭健康自评、家庭患病人数、家庭拥有专业技术证书数量、家庭成员技能培训人次、家庭劳动就业人数、家庭金融资产以及家庭生活信心这几项因素具有显著的统计学意义。而在城市贫困家庭工资性收入及其占比 OLS 模型中，低保家庭、家庭健康自评、家庭残障人数、家庭自理困难人数、家庭成员技能培训人次、家庭金融资产、社会资本、家庭夫妻关系、家庭生活信心这几项自变量通过了假设检验，具有显著的统计学意义。

具体而言，保持城市贫困家庭类型统计学变量不变，模型 1.1 显示，城市贫困家庭五大资本中只有金融资本（标准分）以及人力资本中的成年人平均受教育水平、家庭健康自评、家庭患病人数、家庭拥有专业技术证书数量、家庭成员技能培训人次、家庭劳动就业人数变量对家庭工资性收入产生了显著性影响。金融资本

---

① 需要说明的是，以下各个 OLS 模型在适用的前提条件上均分别做了相应的上述检验，均符合最小二乘法的多元线性回归模型的设定条件，接下来各个 OLS 模型设定条件的技术分析，除了报告关键检验指标，不再单独详细描述。

表5-1 城市贫困家庭工资性收入及其占比影响因素 OLS 模型

变量	模型 1.1：工资性收入（元）			模型 1.2：工资性收入占比（%）		
	B	β	VIF	B	β	VIF
常量	1961.687***			0.807***		
家庭人口数	-264.428	-0.112***	2.606	-0.007	-0.016	2.680
未成年子女家庭（有 = 1）	19.319	0.004	1.725	0.000	0.000	1.732
在校大学生子女家庭（有 = 1）	-127.721	-0.025	1.525	-0.012	-0.012	1.521
家庭有离退休老人（有 = 1）	-85.198	-0.012	1.109	7.125E - 5	0.000	1.109
在婚状态家庭（在婚 = 1）	87.863	0.018	2.369	0.020	0.021	2.392
单亲家庭（单亲 = 1）	328.822	0.042*	1.755	0.014	0.009	1.750
低保家庭（是 = 1）	-697.648	-0.167***	2.980	-0.229	-0.275***	2.048
人力资本						
成年人平均受教育水平	28.516	0.039**	1.185	0.000	0.002	1.184
家庭健康自评（逆序）	-149.336	-0.080***	2.122	-0.061	-0.167***	2.137
家庭患病人数	-102.570	-0.043*	1.931	-0.015	-0.031	1.939
家庭残障人数	-64.188	-0.016	1.345	-0.051	-0.066***	1.354
家庭自理困难人数	-14.249	-0.003	1.420	-0.065	-0.077***	1.425
家庭拥有专业技术证书数量	141.952	0.055***	1.820	-0.012	-0.022	1.817
家庭成员技能培训人次	305.332	0.088***	2.350	0.074	0.108***	2.358

续表

变量	模型 1.1：工资性收入（元）			模型 1.2：工资性收入占比（%）		
	B	β	VIF	B	β	VIF
家庭劳动就业人数	659.776	0.345***	2.068	0.086	0.228***	2.101
住房资产（标准分）	147.314	0.017	1.101	0.022	0.012	1.101
物质资本（非房）（标准分）	640.017	0.020	1.241	-0.048	-0.007	1.243
金融资本（标准分）	577.432	0.026*	2.197	0.166	0.038*	2.208
社会资本（标准分）	178.876	0.017	2.533	0.192	0.094***	2.541
家庭夫妻关系（和睦=1）	14.514	0.005	1.079	0.027	0.044***	1.078
生活信心（有=1）	111.562	0.033*	1.062	0.017	0.025*	1.064
N	2107			2096		
F	147.820			202.654		
调整后 R^2	0.594***			0.669***		

*、**、*** 分别表示 $p < 0.05$、$p < 0.01$、$p < 0.001$。

每提高一个单位，相应的家庭工资性收入增加 577.4 元，由此可见，金融资本对于家庭工资性收入具有重要的影响。在人力资本中，家庭成年人平均受教育水平每提高 1 年、家庭拥有专业技术证书数量每增加 1 个、家庭成员技能培训人次每增加 1 人次、家庭劳动就业人数每增加 1 人，相应的家庭工资性收入将会增加 28.5 元、142.0 元、305.3 元和 659.8 元。另外，家庭健康自评得分由于是逆序，所以家庭健康自评得分每提高 1 个单位，相应的家庭工资性收入将会增加 149.3 元。在人力资本构成的各自变量中，对家庭工资性收入具有显著性影响的最大因素是家庭劳动就业人数（标准化回归系数为 0.345），而家庭成员培训人次、家庭拥有专业技术证书数量的影响也很显著，标准化回归系数分别为 0.088 与 0.055。在影响城市贫困家庭工资性收入的家庭类型的控制变量中，家庭人口数量越多，工资性收入越低，控制其他因素不变，城市贫困家庭人口数量每增加 1 人，该家庭的工资性收入均值相应地减少 264.4 元。这表明人口较多的城市贫困家庭成员能够有效参与劳动力市场的人数并不比其他类型的家庭多，而且人口较多的城市贫困家庭往往有未成年子女抚养以及老人赡养，其人口抚养比与赡养比通常高于其他类型家庭，这在很大程度上制约了人口较多的城市贫困家庭有劳动能力成员劳动力市场的参与程度。城市低保家庭相对于非低保家庭而言，其获得的工资性收入平均减少 697.6 元，表明城市低保家庭的工资性收入显著低于非城市低保贫困家庭。这在很大程度上可以反映出现有的城市低保制度严重抑制了城市低保家庭的劳动力市场参与，现有的城市低保政策基本上属于生计维持型，而非发展型的。单亲家庭相对于非单亲家庭而言，工资性收入平均增加了 328.8 元，反映出单亲家庭的劳动力市场参与程度显著高于非单亲家庭，这可能是由于单亲家庭面临着极大的生活压力而必须投入劳动力市场的现实窘况。另外，对于未来生活更具有信心的城市贫困家庭，其工资性收入相对于对未来生活信心不足的家庭而言，平均增加了 111.6 元，生活信心对于城市贫困家庭劳动力市场参与具有显著的积极影响。

　　模型 1.1 探讨的是城市贫困家庭工资性收入的相关影响因素及其程度，这反映的只是城市贫困家庭绝对工资性收入的影响因素状况，并不能解释工资性收入占比（工资性收入占总收入的比例）的相应情况，而工资性收入占比影响因素的分析在很大程度上更能够反映出工资性收入水平的影响因素。可以说，工资性收入占比的影响因素分析是对模型 1.1 的重要补充。模型 1.2 表明，在城市贫困家庭的五大生计资本中，金融资本水平依然是一个重要的显著性影响因素，城市贫困家庭金融资本水平每提升 1 个单位，相应的工资性收入占比将提高 16.6 个百分点。在模型 1.2 中，社会资本则成为一个显著的影响因素，社会资本（标准分）每提升 1 个单位，城市贫困家庭的工资性收入占比相应地提高 19.2 个百分点。在人力资本构成的自变量中，成年人平均受教育水平、家庭拥有专业技术证书数量以及家庭患病人数对工资性收入占比不再具有显著影响，而家庭健康自评水平、家庭残障人数、家庭自理困难人数以及家庭成员技能培训人次对城市贫困家庭工资性收入占比具有统计学意义。成年人平均受教育水平以及家庭拥有专业技术证书数量对城市贫困家庭工资性收入占比不具有统计学意义的现实，很可能反映出当前城市贫困家庭以前所接受的教育以及先前所拥有的专业技术培训已经不再适应当前劳动力市场需求，需要接受进一步的知识更新以及针对现实劳动力市场需求开展有针对性的专业技能培训。这一点从城市贫困家庭成员技能培训人次这一变量的效应中也能够得到进一步的支持。家庭成员技能培训人次变量无论是在模型 1.1 中还是在模型 1.2 中都具有显著性意义，说明城市贫困家庭成员所接受的近期技能培训对于城市贫困家庭知识技能更新的重要性。换言之，相对于城市贫困家庭成员以前接受的教育以及所拥有的专业技术证而言，近年来所接受的职业技能培训更能够促进城市贫困家庭成员的劳动力市场参与水平，对其工资性收入所占比例具有更积极的意义。另外，在模型

1.2 中，城市低保家庭相对于城市非低保家庭而言，其工资性收入占比平均下降了 22.9 个百分点，这与模型 1.1 中反映出来的实际含义基本一致。家庭夫妻关系以及家庭生活信心对于城市贫困家庭的工资性收入占比也具有统计学意义，家庭夫妻关系和睦的家庭相对于不和睦的家庭而言，工资性收入占比增加了 2.7 个百分点，而对未来生活有信心的家庭相对于信心不足的家庭而言，工资性收入占比则相应增加了 1.7 个百分点。

由于工资性收入及其占比反映的只是城市贫困家庭劳动力市场参与状况中的被雇佣内容，没有包括城市贫困家庭中自雇等经营性收入，并不能完整地反映城市贫困家庭劳动力市场参与状况。根据前面相关章节对城市贫困家庭收入结构的描述性分析可知，城市贫困家庭收入结构中主要是工资性收入，而经营性收入相对较低。因此，综合考量，本研究建构了城市贫困家庭劳务性收入及其占比的影响因素 OLS 模型，其中城市贫困家庭的劳务性收入是其工资性收入与经营性收入之和（见表 5-2）。

从城市贫困家庭劳务性收入及其占比影响因素两个 OLS 模型中可以看出，城市贫困家庭的金融资本依然具有显著性，金融资本每提升 1 个单位，城市贫困家庭的劳务性收入相应地提高 641.5 元，而劳务性收入占比则相应地增加 19.2 个百分点。这说明金融资本无论对于工资性收入及其占比，还是包括经营性收入在内的劳务性收入及其占比都具有重要的显著性影响。在城市贫困家庭的人力资本中，家庭健康自评、家庭成员技能培训人次以及家庭劳动就业人数对城市贫困家庭劳务性收入及其占比也都具有统计学意义。其中家庭健康自评（逆序）每增加 1 个单位、家庭人员技能培训人次每增加 1 人次、家庭劳动就业人数每增加 1 人，城市贫困家庭劳务性收入分别提高 122.6 元、286.5 元和 583.3 元，而其劳务性收入占比则相应地分别提升 6.1 个百分点、6.1 个百分点和 7.8 个百分点。在城市贫困家庭人力资本中，成年人平均受教育水平、家庭患病人数、家庭拥有专业技术证书数量在模型 2.1 中显著，而在模型2.2中不显著，家庭残障人数以及家庭自理困难人数在模型2.1中不显著，而在模型2.2中显著。这充分说明，在城市贫困家庭人力资本对其劳务性收入及其占比的影响中，技能培训要素依然是一个显著性因素，城市贫困家庭成员的知识更新以及及时有效的技能培训对于其劳动力市场参与及其收入提升具有十分重要的影响。城市贫困家庭的社会资本水平在模型2.1中不显著，在模型2.2中显著，其社会资本每提升1个单位，劳务性收入占比相应地提高17.3个百分点。家庭夫妻关系的好坏对于城市贫困家庭的劳务性收入占比的提升也具有显著性影响。另外，对未来的生活信心状况无论是对于家庭劳务性收入还是对于劳务性收入占比来说，都具有显著的影响，对未来生活拥有信心的城市贫困家庭，相对于对未来生活缺乏信心的城市贫困家庭，其平均劳务性收入相应地增加106.1元，其劳务性收入占比则会提升2.1个百分点。积极的心理或希望对于城市贫困家庭的劳动力市场参与的影响不容忽视，而帮助城市贫困家庭对未来生活充满信心、怀有希望，需要从政策或制度上给予其生计系统以有力支持，让其能够现实地生发出对未来生活的信心、看到希望。在家庭类型的人口统计学变量中，单亲家庭在模型2.1中具有显著性意义，单亲家庭相对于非单亲家庭，其劳务性收入平均增加了298.1元，其基本含义与上文工资性收入模型中的含义一致，在生活压力下，单亲家庭的可行选择相对较少，不得不参加劳动力市场来获取相应的劳务性收入以维持生计。城市低保家庭相对于非低保家庭而言，其平均劳务性收入减少了1035.1元，平均劳务性收入占比下降了26.8个百分点。这充分说明，当前的城市低保政策对低保家庭的劳动力市场参与具有严重的抑制作用，其严苛的收入与财产审查规定使城市低保家庭成员不愿意也没必要进行积极的劳动力市场参与。

　　通过模型1.1、模型1.2以及模型2.1、模型2.2的具体分析，我们可以看出，城市贫困家庭五大生计资本中，金融资本与人力资本对于城市贫困家庭工资性收入及其占比、劳务性收入及其占比

表 5 - 2　城市贫困家庭劳务性收入及其占比影响因素 OLS 模型

变量	模型 2.1：劳务性收入（元）			模型 2.2：劳务性收入占比（%）		
	B	β	VIF	B	β	VIF
常量	2338.590***			0.872***		
家庭人口数	-314.553	-0.129***	2.606	-0.014	-0.030	2.680
未成年子女家庭（有＝1）	18.653	0.004	1.725	9.910E-5	0.000	1.732
在校大学生子女家庭（有＝1）	-140.268	-0.027	1.525	-0.005	-0.005	1.521
家庭有离退休老人（有＝1）	-36.503	-0.005	1.109	0.010	0.007	1.109
在婚状态家庭（在婚＝1）	29.569	0.006	2.369	0.015	0.016	2.392
单亲家庭（单亲＝1）	298.125	0.037*	1.755	0.003	0.002	1.750
低保家庭（是＝1）	-1035.088	-0.238***	2.870	-0.268	-0.325***	2.683
人力资本						
成年人平均受教育水平	37.177	0.049***	1.185	0.001	0.009	1.184
家庭健康自评（逆序）	-122.569	-0.064*	3.122	-0.061	-0.166***	3.137
家庭患病人数	-102.391	-0.041*	1.931	-0.012	-0.025	1.939
家庭残障人数	-80.564	-0.020	1.345	-0.050	-0.065***	1.354
家庭自理困难人数	30.924	0.007	1.420	-0.072	-0.086***	1.425
家庭拥有专业技术证书数量	105.287	0.039*	1.820	0.015	0.029	1.817
家庭成员技能培训人次	286.458	0.080***	2.350	0.061	0.089***	2.358

续表

变量	模型 2.1：劳务性收入（元）			模型 2.2：劳务性收入占比（%）		
	B	β	VIF	B	β	VIF
家庭劳动就业人数	583.333	0.294***	3.068	0.078	0.209***	3.101
住房资产（标准分）	221.763	0.024	1.101	0.029	0.017*	1.101
物质资本（非房）（标准分）	345.455	0.010	1.241	-0.086	-0.013	1.243
金融资本（标准分）	641.548	0.028**	2.197	0.192	0.035**	2.208
社会资本（标准分）	11.331	0.001	2.533	0.173	0.085***	2.541
家庭夫妻关系（和睦=1）	11.935	0.004	1.079	0.029	0.048***	1.078
生活信心（有=1）	106.142	0.030*	1.062	0.021	0.031*	1.064
N	2107			2096		
F	137.931			223.962		
调整后 R^2	0.577***			0.691***		

*、**、***分别表示 $p < 0.05$、$p < 0.01$、$p < 0.001$。

都具有显著性影响。这充分说明，金融资本与人力资本对于城市贫困家庭的劳动力市场参与而言至关重要。在人力资本中，除了家庭劳动就业人数（难以改变的客观因素），影响最大的能动性因素是反映近期城市贫困家庭职业技能水平的家庭成员技能培训人次这一变量。城市贫困家庭受教育水平以及家庭成员拥有的专业技术证书数量在模型 1.1、模型 2.1 中显著，而在模型 1.2、模型 2.2 中不显著，反映了在工资性收入占比、劳务性收入占比中，城市贫困家庭先前所拥有的知识技能已经较为陈旧，远不能适应当今飞速变化的劳动力市场对基本知识与具体技能的最新需求。在具有能动性或可干预因素中，生活信心也是反映家庭劳动力市场参与水平的家庭工资性收入及其占比的一个重要影响因素。因此，城市贫困家庭可持续生计系统的建构，从劳动力市场参与角度，需要在制度上促进城市贫困家庭金融资产的积累，加大城市贫困家庭成员的职业技能培训力度，推动城市贫困家庭成员的知识技能更新步伐，推动城市低保制度由单纯的生计维持型向发展型转变，通过整合各种有效政策措施提升城市贫困家庭成员对未来生活的信心，使其对可持续生计怀有现实的希望。

三　生计资本与就业方式

本研究在调查城市贫困家庭收入时区分了正规就业（正式工作）工资收入与非正规就业（临时打工）工资收入，前者是指有正式书面劳动合同的工作收入，而后者则是指没有正式书面劳动合同的工作收入。据此，建构了关于城市贫困家庭正规就业收入与非正规就业收入的 OLS 模型，探讨影响城市贫困家庭就业方式的主要因素（见表 5 - 3）。在城市贫困家庭正规就业收入的 OLS 模型中，五大资本类型中金融资本、社会资本与人力资本对城市贫困家庭正规就业收入具有显著性影响。城市贫困家庭金融资本每增加 1 个单位，其正规就业收入平均增加 591.5 元；社会资本每增加 1 个单位，其正规收入平均提高 637.8 元。在人力资本构成中，成年人平均受教育水平、家庭拥有专业技术证书数量以及家庭劳动就业人数对城市贫困家庭正规就业收入具有显著性意义，成年人平均受教育水平每增加 1 年、家庭拥有专业技术证书数量每增加 1 个以及家庭劳动就业人数每增加 1 人，则其正规就业收入则分别相应地增加 37.1 元、360.2 元和 495.5 元。城市低保家庭相对于非低保家庭而言，正规就业收入平均下降了 476.0 元，而对未来生活充满信心的家庭相对于信心缺乏的家庭，正规就业收入将会提高 206.3 元。在城市贫困家庭非正规就业收入的 OLS 模型中，五大生计资本中只有社会资本与人力资本中的部分变量具有统计学意义。社会资本每增加 1 个单位，非正规就业的收入平均相应地提高 388.7 元。社会资本对于城市贫困家庭从事正规就业或非正规就业都产生了积极的显著影响。在人力资本构成中，家庭健康自评（逆序）、家庭自理困难人数、家庭拥有专业技术证书数量、家庭成员技能培训人次以及家庭劳动就业人数，对于城市贫困家庭的非正规就业产生了显著性影响。其中家庭健康自评（逆序）每提高 1 个单位、家庭拥有专业技术证书每增加 1 个、家庭成员技能培训人次每增加 1 人次以及家庭劳动就业人数每增加 1 人，非正规就业收入平均分别提高 82.8 元、219.5 元、312.7 元以及 162.5元。而家庭自理困难人数每增加 1 人，城市贫困家庭非正规就业收入则下降 140.0 元。由此可见，家庭成员所拥有的专业技术证书数量对于城市贫困家庭正规就业与非正规就业收入都产生了显著的积极作用，但其对正规就业收入的影响显然比非正规就业收入的影响大。家庭成员所接受的技能培训人次对正规就业没有产生显著性影响，但对城市贫困家庭的非正规就业收入影响显著。由于城市贫困家庭成员所从事的职业大多属于非正规就业，对其进行有效及时的职业技能培训非常有利于提高其非正规就业市场的参与程度。但要促进城市贫困家庭正规就业市场的劳动力参与，不仅要加大职业技能培训的力度，而且要持续性地对其进行培训以

表 5-3 城市贫困家庭正规就业收入与非正规就业收入影响因素 OLS 模型

变量	模型 3.1：正规就业收入（元）			模型 3.2：非正规就业收入（元）		
	B	β	VIF	B	β	VIF
常量	691.295*			1240.634***		
家庭人口数	-108.432	-0.052*	2.606	-145.129	-0.106***	2.426
未成年子女家庭（有=1）	-41.360	-0.011	1.725	62.812	0.025	1.355
在校大学生子女家庭（有=1）	-15.844	-0.004	1.525	-122.093	-0.042*	1.425
家庭有离退休老人（有=1）	68.978	0.011	1.109	-166.515	-0.039	1.115
在婚状态家庭（在婚=1）	-146.524	-0.034	2.369	259.013	0.091***	2.486
单亲家庭（单亲=1）	167.511	0.024	1.755	193.472	0.042	1.658
低保家庭（是=1）	-476.028	-0.127***	2.980	-177.830	-0.073	2.896
人力资本						
成年人平均受教育水平	37.122	0.057***	1.185	-12.613	-0.030	1.253
家庭健康自评（逆序）	-64.445	-0.039	3.122	-82.843	-0.077*	3.225
家庭患病人数	-43.186	-0.020	1.931	-58.060	-0.042	1.987
家庭残障人数	-36.923	-0.011	1.345	-46.775	-0.021	1.542
家庭自理困难人数	134.598	0.035	1.420	-140.010	-0.057*	1.327
家庭拥有专业技术证书数量	360.229	0.156***	1.820	219.509	0.147***	1.785
家庭成员技能培训人次	11.689	0.004	2.350	312.718	0.156***	2.298

续表

变量	模型3.1：正规就业收入（元）			模型3.2：非正规就业收入（元）		
	B	β	VIF	B	β	VIF
家庭劳动就业人数（标准分）	495.474	0.290***	3.068	162.488	0.147***	3.124
住房资产（标准分）	44.072	0.006	1.101	143.277	0.028	1.231
物质资本（非房）（标准分）	810.273	0.028	1.241	-205.512	-0.011	1.301
金融资本（标准分）	591.472	0.030*	2.197	20.832	0.002	2.264
社会资本（标准分）	637.774	0.069***	2.533	388.740	0.065*	2.356
家庭夫妻关系（和睦=1）	9.247	0.003	1.079	3.627	0.002	1.121
生活信心（有=1）	206.339	0.069***	1.062	98.404	0.050*	1.105
N	2107			2107		
F	74.545			17.44		
调整后 R^2	0.423***			0.141***		

*、**、*** 分别表示 $p < 0.05$、$p < 0.01$，$p < 0.001$。

使其获得相应的专业技术资格。在家庭类型等控制变量中，在校大学生子女家庭相对于非在校大学生子女家庭，非正规就业收入下降了122.1元，也就是说，城市贫困家庭的子女在考上大学之后，参与非正规就业市场的积极性显著下降。在婚状态家庭相对于非在婚状态家庭而言，非正规就业收入相应地增加259.0元。对未来生活怀有信心的家庭，不仅比生活信心缺乏的家庭的正规就业收入（均值）高，而且其非正规就业收入（均值）也显著较高，差距为98.4元。

四　生计资本与社会救助

从上章对城市贫困家庭收入结构的描述性统计分析中可知，社会救助性收入是城市贫困家庭第二大收入来源，寻求社会救助支持是其重要的生计策略。为考察生计资本与社会救助之间的关系，本研究建构了城市贫困家庭救助性收入及其占比的影响因素OLS模型（见表5-4）。在城市贫困家庭救助性收入影响因素OLS模型中，城市贫困家庭的五大生计资本中，除了人力资本构成中家庭残障人数这一因素外，其他影响因素也对城市贫困家庭救助性收入无显著性影响。家庭残障人数是影响城市贫困家庭救助性收入的显著性因素。城市低保家庭相对于非低保家庭，其所获得的社会救助性收入平均高出559.8元。这些充分说明社会救助主要针对的是城市家庭中最贫困的群体。在城市贫困家庭的救助性收入占比影响因素模型中，五大生计资本中，社会资本与人力资本因素具有显著的统计学意义，社会资本每增加1个单位，城市贫困家庭的救助性收入占比相应地提升9.1个百分点，这在一定程度上表明社会资本对于城市贫困家庭获取较多社会救助性收入的重要性。在人力资本构成中，家庭健康自评（逆序）、家庭患病人数以及家庭劳动就业人数对城市贫困家庭社会救助性收入占比具有显著性影响：家庭患病人数每增加1人，则其社会救助性收入占比平

表 5－4 城市贫困家庭救助性收入及其占比影响因素 OLS 模型

变量	模型 4.1：救助性收入（元）			模型 4.2：救助性收入占比（%）		
	B	β	VIF	B	β	VIF
常量	-128.362			0.000		
家庭人口数	-31.452	-0.024	2.606	0.030	0.069***	2.680
未成年子女家庭（有＝1）	45.608	0.019	1.724	0.037	0.045***	1.732
在校大学生子女家庭（有＝1）	61.074	0.022	1.523	0.001	0.001	1.521
家庭有离退休老人（有＝1）	-39.128	-0.010	1.109	-0.026	-0.019	1.109
在婚状态家庭（在婚＝1）	58.175	0.022	2.368	-0.006	-0.007	2.392
单亲家庭（单亲＝1）	23.644	0.005	1.755	0.002	0.002	1.750
低保家庭（是＝1）	559.810	0.242***	2.980	0.414	0.533***	3.048
人力资本						
成年人平均受教育水平	14.170	0.035	1.185	-0.003	-0.020	1.184
家庭健康自评（逆序）	7.135	0.007	3.127	0.041	0.121***	3.137
家庭患病人数	22.500	0.017	1.931	0.026	0.059***	1.939
家庭残障人数	250.958	0.117***	1.344	0.017	0.023	1.354
家庭自理困难人数	4.918	0.002	1.420	0.009	0.011	1.425
家庭拥有专业技术证书数量	-68.933	-0.048	1.823	-0.005	-0.010	1.817
家庭成员技能培训人次	67.701	0.036	2.359	-0.010	-0.015	2.358

续表

变量	模型 4.1：救助性收入（元）			模型 4.2：救助性收入占比（%）		
	B	β	VIF	B	β	VIF
家庭劳动就业人数	-33.017	-0.031	3.070	-0.052	-0.148***	3.101
住房资产（标准分）	-23.554	-0.005	1.100	-0.020	-0.013	1.101
物质资本（非房）（标准分）	12.907	0.001	1.241	0.088	0.015	1.243
金融资本（标准分）	372.141	0.030	2.196	-0.052	-0.013	2.208
社会资本（标准分）	304.383	0.053	2.533	0.091	0.047*	2.541
家庭夫妻关系（和睦=1）	4.271	0.003	1.079	-0.009	-0.016	1.078
生活信心（有=1）	-18.659	-0.010	1.062	-0.016	-0.025*	1.064
N	2084			2096		
F	17.940			186.585		
调整后 R^2	0.145***			0.650***		

*、**、***分别表示 $p < 0.05$、$p < 0.01$、$p < 0.001$。

均相应地提升 2.6 个百分点；而家庭健康自评（逆序）每增加 1
个单位，家庭劳动就业人数每增加 1 人，则其社会救助性收入占比
平均相应地减少 4.1 个百分点和 5.2 个百分点。城市低保家庭相对
于非低保家庭而言，其生计策略更多地依赖社会救助收入，其社
会救助收入占比比非低保家庭平均增加了 41.4 个百分点。城市贫
困家庭人口数每增加 1 人，相应地接受社会救助的收入平均增加
3.0 个百分点。值得注意的是，有未成年子女的家庭相对于没有未
成年子女的家庭，其接受社会救助性收入占比平均增加了 3.7 个百
分点，未成年子女家庭的生计维持负担相对较重，需要更多的社
会救助支持。有无生活信心也对社会救助性收入占比产生了显著
性作用，有生活信心的城市贫困家庭相对于没有生活信心的城市
贫困家庭而言，其接受社会救助性收入占总收入的比例将会有 1.6
个百分点的降幅。

城市贫困家庭所获得的社会救助性收入可分为制度性救助收
入以及非制度性救助收入，前者来源于政府所提供的正式救助，
而后者来源于社会性力量所提供的临时性救助。从上章对城市贫
困家庭社会救助性收入结构的描述性分析可知，制度性救助收入
占据了救助性收入的绝大部分，因此，接下来我们再考察一下生
计资本对制度性救助收入的影响状况。在制度性救助收入影响因
素 OLS 模型（见表 5－5）中，五大资本中只有人力资本因素具有
显著性影响，其中家庭残障人数以及家庭自理困难人数两个因素
对制度性救助收入具有显著的正影响。这不难理解，制度性救助
收入尤其针对那些残障家庭以及自理困难家庭。成年人平均受教
育水平以及家庭拥有专业技术证书数量两个因素对城市贫困家庭
救助性收入具有显著的负效用。换言之，平均受教育水平与专业
技术水平越高的家庭，其相应的制度性救助收入越少。城市低保
家庭相对于非低保家庭而言，其获得的制度性救助收入多出了
641.5 元，很显然，这其中主要是城市低保金的贡献。在城市贫困
家庭制度性救助收入占比的影响因素 OLS 模型中，五大生计资本

表 5 - 5　城市贫困家庭制度性救助收入及其占比影响因素 OLS 模型

变量	模型 5.1: 制度性救助收入（元）			模型 5.2: 制度性救助收入占比（%）		
	B	β	VIF	B	β	VIF
常量	-22.193			0.000		
家庭人口数	-17.583	-0.027	2.606	0.000	0.063***	2.680
未成年子女家庭（有=1）	59.262	0.050*	1.724	0.026	-0.031*	1.732
在校大学生子女家庭（有=1）	-22.330	-0.016	1.523	-0.023	0.019	1.521
家庭有离退休老人（有=1）	.336	0.000	1.109	0.017	-0.014	1.109
在婚状态家庭（在婚=1）	21.045	0.016	2.368	-0.018	-0.009	2.392
单亲家庭（单亲=1）	9.463	0.004	1.755	-0.008	0.006	1.750
低保家庭（是=1）	641.458	0.560***	2.982	0.409	0.566***	2.048
人力资本						
成年人平均受教育水平	-11.578	-0.058***	1.185	-0.002	-0.017	1.184
家庭健康自评（逆序）	11.745	0.023	3.125	0.027	0.084***	3.137
家庭患病人数	5.339	0.008	1.931	0.021	0.050***	1.939
家庭残障人数	135.053	0.127***	1.345	0.018	0.027	1.354
家庭自理困难人数	79.289	0.068***	1.420	0.000	0.000	1.425
家庭拥有专业技术证书数量	-40.629	-0.057**	1.821	0.000	0.000	1.817
家庭成员技能培训人次	-24.010	-0.025	2.355	-0.014	-0.023	2.358

续表

变量	模型 5.1：制度性救助收入（元）			模型 5.2：制度性救助收入占比（%）		
	B	β	VIF	B	β	VIF
家庭劳动就业人数	-18.290	-0.035	3.069	-0.043	-0.129***	3.101
住房资产（标准分）	-59.647	-0.025	1.101	-0.028	-0.019	1.101
物质资本（非房）（标准分）	-135.749	-0.015	1.242	0.070	0.012	1.243
金融资本（标准分）	191.501	0.031	2.197	-0.092	-0.024	2.208
社会资本（标准分）	2.649	0.001	2.533	0.089	0.050*	2.541
家庭夫妻关系（和睦 = 1）	1.233	0.001	1.079	-0.008	-0.015	1.078
生活信心（有 = 1）	-10.981	-0.012	1.062	-0.015	-0.026*	1.064
N	2106			2096		
F	73.251			166.196		
调整后 R^2	0.419***			0.623***		

*、**、*** 分别表示 $p < 0.05$、$p < 0.01$、$p < 0.001$。

中，社会资本与人力资本中的部分变量成为显著影响因素。社会资本每增加 1 个单位，城市贫困家庭的制度性救助收入占比将会提升 8.9 个百分点。在人力资本构成中，家庭健康自评（逆序）每增加 1 个单位、家庭劳动就业人数每增加 1 人，其制度性救助收入占比分别平均下降 2.7 个百分点与 4.3 个百分点，而家庭患病人数每增加 1 人，其制度性救助收入占比平均将上升 2.1 个百分点。另外，在家庭类型的控制变量中，家庭人口数每增加 1 人，城市贫困家庭的制度性救助收入占比平均上升 2.6 个百分点，而城市低保家庭相对于非低保家庭，其依赖制度性救助收入的程度显著增加 40.9 个百分点。最后，生活信心变量也是影响城市贫困家庭制度性救助收入占比的显著因素，对生活有信心的家庭相对于信心缺乏的家庭，其依赖制度性救助收入的占比将下降 1.5 个百分点。

五 生计资本与消费方式

城市贫困家庭的消费方式（结构）在很大程度上反映了其运用家庭可支配收入所实施的生计活动，体现了城市贫困家庭通常采取的生计策略取向。本部分重点考察城市贫困家庭生计资本对于不同取向的消费方式的影响。根据上章对城市贫困家庭消费结构的分类，我们把城市贫困家庭的消费内容根据消费支出的不同取向分成维持型消费与发展型消费。据此建构出城市贫困家庭维持型消费与发展型消费影响因素 OLS 模型（见表 5 - 6）。表 5 - 6 显示，在对城市贫困家庭维持型消费支出与发展型消费支出都具有显著性影响的因素有如下几方面：家庭人口数、未成年子女家庭、低保家庭、人力资本中的成年人平均受教育水平与家庭患病人数以及金融资本。城市贫困家庭人口数每增加 1 人，维持型消费平均增加 208.8 元，发展型消费相应地增加 201.6 元。未成年子女家庭相对于没有未成年子女的家庭而言，其维持型消费支出与发展型消费支出平均增加了 174.4 元与 109.2 元。城市低保家庭相对

表5-6　城市贫困家庭维持型消费与发展型消费影响因素OLS模型

变量	模型6.1：维持型消费（元）			模型6.2：发展型消费（元）		
	B	β	VIF	B	β	VIF
常量	1002.454***			1482.731***		
家庭人口数	208.797	0.121***	2.606	201.558	0.136***	2.563
未成年子女家庭（有=1）	174.372	0.055*	1.725	109.168	0.040*	1.723
在校大学生子女家庭（有=1）	-209.033	-0.057*	1.525	-3.619	-0.001	1.527
家庭有离退休老人（有=1）	-130.060	-0.024	1.109	-31.948	-0.007	1.104
在婚状态家庭（在婚=1）	169.189	0.047	2.369	-186.360	-0.061	2.362
单亲家庭（单亲=1）	256.479	0.045	1.755	62.669	0.013	1.752
低保家庭（是=1）	-531.546	-0.174***	3.980	-561.471	-0.214***	3.451
人力资本						
成年人平均受教育水平	24.038	0.045*	1.185	33.360	0.073***	1.166
家庭健康自评（逆序）	98.111	0.072*	3.122	-11.028	-0.009	3.171
家庭患病人数	162.842	0.094***	1.931	108.176	0.072**	2.055
家庭残障人数	-65.246	-0.023	1.345	171.084	0.070***	1.360
家庭自理困难人数	-79.475	-0.025	1.420	-97.321	-0.036	1.417
家庭拥有专业技术证书数量	109.780	0.058*	1.820	-35.745	-0.022	1.805
家庭成员技能培训人次	-17.668	-0.007	2.350	92.130	0.043	2.294

续表

变量	模型 6.1: 维持型消费 (元)			模型 6.2: 发展型消费 (元)		
	B	β	VIF	B	β	VIF
家庭劳动就业人数	-2.376	-0.002	3.068	-185.485	-0.154***	3.056
住房资产 (标准分)	79.095	0.012	1.101	51.536	0.009	1.109
物质资本 (非房) (标准分)	-768.581	-0.032	1.241	-234.248	-0.011	1.222
金融资本 (标准分)	1349.925	0.083***	2.197	531.918	0.038**	2.190
社会资本 (标准分)	205.256	0.027	2.533	272.297	0.042	2.656
家庭夫妻关系 (和睦=1)	27.775	0.013	1.079	-1.117	0.000	1.074
生活信心 (有=1)	42.257	0.017	1.062	48.925	0.023	1.063
N	2107			2107		
F	5.597			6.426		
调整后 R^2	0.044***			0.051***		

*、**、*** 分别表示 $p < 0.05$、$p < 0.01$、$p < 0.001$。

于非低保家庭而言，其维持型消费支出与发展型消费支出则平均下降 531.5 元与 561.5 元。在校大学生子女家庭在维持型消费支出模型中具有显著性意义，相对于非在校大学生子女家庭而言，其维持型消费支出显著下降了 209.0 元。在人力资本构成变量中，成年人平均受教育水平每增加 1 年，相应的维持型消费平均增加 24.0 元，发展型消费平均增加 33.4 元。家庭患病人数每增加 1 人，维持型消费平均增加 162.8 元，而发展型消费平均也增加 108.2 元。家庭残障人数成为发展型消费支出的显著性影响因素，残障人数每增加 1 人，发展型消费支出相应地增加 171.1 元。显然，人力资本构成变量中家庭残障人数与患病人数对于发展型消费支出的影响主要是由于医疗保健费用支出被计算在了发展型消费范畴。家庭劳动就业人数对发展型消费支出具有显著的负效应，每增加 1 人，发展型消费平均减少 185.5 元。最后，城市贫困家庭金融资本对于维持型消费与发展型消费均具有显著的正效应，城市贫困家庭金融资本每增加 1 个单位，相应的维持型消费支出与发展型消费支出平均显著增加 1349.9 元与 531.9 元。由此可见，除了作为控制变量的家庭类型因素，五大生计资本中，只有金融资本变量以及部分人力资本子变量对于城市贫困家庭的不同的消费取向均产生了显著性影响。促进城市贫困家庭的可持续生计，需要在消费结构中提升发展型消费支出的比重。从城市贫困家庭五大生计资本对其消费方式的影响角度来看，提升城市贫困家庭的金融资本水平以及人力资本水平成为相关政策的主要着力点。

六　小结

通过对城市贫困家庭生计策略取向影响因素的实证分析，我们可以得出如下基本结论。

（1）金融资本对城市贫困家庭可持续生计具有重要的显著性影响，政府应重视采取各种制度化方式促进城市贫困家庭金融资本积累。上述实证分析充分表明，金融资本因素对于中国城市贫困家庭的劳动力市场参与水平、就业方式以及发展型消费支出等重要生计策略取向均具有显著性影响。长期以来，由于认识水平或各种偏见的局限，对于金融资本在城市贫困家庭生计维持系统以及可持续生计发展上的重要性被有意或无意地严重忽视了。包括储蓄、信贷、保险、住房公积金以及投资等在内的金融资本的制度性积累，对于城市贫困家庭可持续生计至关重要。迈克尔·谢若登所大力倡导的资产建设福利理论主要强调的就是，通过制度化方式促进穷人金融资本的积累，并充分发挥金融资本在积累过程中对于穷人各种生计资本与生计策略的积极效应。通过制度化方式促进金融资本积累不能仅仅局限于中产及以上阶层，而应基于发展型社会政策理念，拓展其包容性，使穷人能够切实有效可及低利率信贷支持、税收减免与转移支付以及住房公积金等各种制度化金融资本积累渠道。这将成为未来中国城市反贫困政策的发展趋向。

（2）加强知识更新与职业技能培训是建构城市贫困家庭可持续生计系统的必由之路。实证研究表明，在城市贫困家庭人力资本对劳务性收入及其占比的影响中，技能培训是一个非常重要的显著性因素。当前城市贫困家庭先前所拥有的知识技能已经较为陈旧，远不能适应当今飞速变化的劳动力市场对相关知识与具体技能的最新需求。城市贫困家庭成员的知识更新和及时有效地参加技能培训对于其劳动力市场参与及收入提升具有十分重要的影响。

（3）促进社会救助制度理念与机制由生计维持型向发展型转变。当前中国社会救助理念与机制总体上呈现生计维持型特征，发展型特征不明显。上述实证研究表明，城市低保政策虽然在一定程度上对于城市低保户生计维持发挥了关键性作用，但其严苛而过于频繁的经济与财产审查机制，严重抑制了城市低保家庭成员劳动力市场参与的积极性。城市低保政策只是城市贫困家庭救助体系中的一项主要内容，其他社会救助政策的理念与机制基本上也是生计维持型的，且缺乏整合性。因此，促进制度性救助理念与机制由生计维持型向发展型转变是建构城市贫困家庭可持续生计系统的关键一环。

（4）未成年子女贫困家庭应成为城市贫困家庭政策支持的重点对象。社会化理论及其相关研究充分表明，家庭环境对于儿童的健康成长极其关键。城市贫困家庭的儿童成长和教育不仅是家庭的根本利益所在和基本人权要求，也是民族振兴与国家可持续发展的基本条件。实证研究表明，未成年子女贫困家庭相对于非未成年子女贫困家庭，其生计维持负担相对较重，其维持型消费支出与发展型消费支出都显著高于没有未成年子女的贫困家庭，其需要更多的、更有针对性的社会救助支持。

（5）对生活是否拥有信心是影响城市贫困可持续生计建构的重要变量。实证研究表明，对未来生活有信心的城市贫困家庭相对于信心不足的家庭，其劳动力市场参与水平显著较高，对于社会救助的依赖明显减少。不仅如此，对未来生活充满信心也是城市贫困家庭生活质量的基本内容之一。当然，对于城市贫困家庭而言，对未来生活充满信心不是建立在空中楼阁之上，除了家庭成员的共同努力，更需要从政策制度上赋予其生活信心生发的土壤。这就需要从制度上促进城市贫困家庭金融资本的积累，加大城市贫困家庭成员的职业技能培训力度，促进城市贫困家庭成员的知识技能更新步伐，推动社会救助制度由单纯的生计维持型向发展型转变，通过整合各种有效政策措施提振城市贫困家庭成员对未来生活的信心，使其对可持续生计怀有现实的期许，看到经过自身不断努力可以改变的希望。

第六章 城市贫困家庭可持续生计政策路径

本书通过实证研究发现，当前中国城市贫困家庭生计资本呈现如下总体特征：整体匮乏；结构失衡；维持型突出，发展型不足；脆弱性强，可持续性差。进一步的研究表明，通过制度化方式促进城市贫困家庭的人力资本水平与金融资本水平的提升，对于城市贫困家庭可持续生计系统的建构至关重要。在城市反贫困进程中，未成年子女贫困家庭应成为政策支持的重点对象。基于上述研究发现，为构建中国城市贫困家庭可持续生计系统，本书提出如下相应政策建议。

一 构建发展型社会救助政策

20 世纪 90 年代以来，中国救助制度快速发展，形成了包括最低生活保障、特困人员供养、受灾人员救助、医疗救助、教育救助、住房救助、就业救助以及临时性救助在内的多样化救助政策，为中国城市贫困家庭生计维持发挥了关键作用。本项目对城市贫困家庭生计维持系统的实证研究表明，制度性救助收入是当前城市贫困家庭生计维持的重要来源。然而，长期以来，中国城市社会救助政策总体上属于"救急难"的生计维持型救助，主要聚焦于城市贫困个体或家庭基本生存需求满足，缺乏发展型理念。伴随着中国经济社会的快速发展以及人们日益增多的发展型需求，中国城市社会救助政策从基本理念到政策设计都需要逐步从"温饱"目标向"全面小康"目标迈进，从生计维持型向发展型转变。构建发展型社会救助政策是中国经济社会发展的内在要求，也是十八届三中全会以来党和国家倡导的"包容性发展"以及"共享"理念的基本要求。2014年，在社会各界的长期努力下，《社会救助暂行办法》（中华人民共和国国务院令第649号）出台，标志着中国社会救助政策开始迈出从生计维持型救助政策向发展型救助政策转变的第一步。

一项社会政策能够被称为发展型，一般需要具备如下基本特征。①政策的基本目标直接聚焦于基本需求之上的能力发展，即不仅仅局限于当下的维持型生计，更要着眼于长期的可持续生计。②政策本身具有整合性与协调性，即政策本身不是凌乱的、条块分割的，而是相互促进、跨部门协调的。③政策具有较强的包容性与能促性，即政策一方面具有较强的开放性、适应性，另一方面能够显著促进个体或家庭生计能力的提升，而且政策本身也具有随着经济社会发展条件的改善而不断提升完善的能力。④融合经济发展与社会政策目标于一体，即要充分认识到被救助的贫困群体不是社会负担，而是宝贵的人力资源。聚焦于使穷人的发展型需求得到满足，不仅是共享发展理念的体现，而且是经济发展的基本要素（详见第二章关于发展型社会政策与可持续生计相关内容）。相比之下，中国社会救助政策发展型特征还不明显，主要是生计维持型的。其一，救助政策的基本目标长期被定位在"托底线、救急难"范畴。虽然2014年5月1日起开始实施的《社会救助暂行办法》加入了"可持续"原则——这是一大进步，然而，满足基本生活需求之上的能力促进理念还未得到足够的重视。其二，中国救助政策条块分割色彩浓厚，整合性与协调性能力不足。中国社会救助政策总体上缺乏与其他社会保障制度的衔接，并涉及民政、教育、卫生健康、住房和城乡建设、人力资源和社会保障等多个部门，每个部门各分管一块，自成系统，导致社会救助的整体效能相对较低，难以发挥综合协调功能。虽然《社会救助暂行办法》的出台明确了社会救助要与其他社会保障制度相衔接，确定了民政部门统筹全国社会救助体系建设，民政、教育、卫生健康、住房和城乡建设、人力资源和社会保障等部门要按照各自职责负责相应的社会救助管理工作，但依然没能从实质上改变社会救助的碎片化状态。其三，长期以来的社会救助政策包容性与能促性较差，在有效促进贫困个体或家庭生计能力提升上较为欠缺。新出台的《社会救助暂行办法》在促进城市最低生活保障家庭中有劳动能力的失业成员劳动力市场参与上有所着力，强调"通过贷款贴息、社会保险补贴、岗位补贴、培训补贴、费用减免、公益性岗位安置等办法，给予就业救助……要求县级以上人民政府采取有针对性的措施，确保低保家庭中有劳动能力且均处在失业状态中的成员至少有一人实现就业"[①]，并对最低生活保障家庭中有劳动能力却一直没能就业的成员实施相应的约束："无正当理由，连续3次拒绝接受人力资源与社会保障等有关部门介绍的与其健康状况、劳动能力等相适应的工作的，县级人民政府民政部门应当决定减发或者停发其本人的最低生活保障金。"[②]然而，这种连续"3次拒绝"介绍工作进行惩罚的规定，显然不仅没有充分考虑到千差万别的家庭情况，而且在实际操作中也易流于形式，从而增加制度运行的行政成本。更重要的是缺乏包容性，3次拒绝介绍的工作而被取消救助待遇，历时可长可短，"一刀切"容易忽视千差万别的家庭情况，在实践上容易使个别低保家庭成员通过频繁换工作等方式而规避掉不符合贫困个体自身诉求的政策约束，造成多重空耗。综上，长期以来，中国社会救助政策一直属于生计维持型救助政策，尽管伴随着《社会救助暂行办法》的出台，注入了一些发展型色彩，但总体上还不明显。不过，从维持型救

---

① 《社会救助暂行办法》（中华人民共和国国务院令第 649 号），http://www.gov.cn/flfg/2014－02/27/content_2624221.htm，最后访问日期：2018 年 7 月 17 日。

② 《社会救助暂行办法》（中华人民共和国国务院令第 649 号），http://www.gov.cn/flfg/2014－02/27/content_2624221.htm，最后访问日期：2018 年 7 月 17 日。

助政策向发展型救助政策转变是我国经济与社会发展的必然要求。从城市贫困家庭可持续生计角度来看，构建我国发展型社会救助政策，未来需要从以下几个方面着手。

（1）继续推动"社会救助法"立法进程，早日促使"社会救助法"出台。发展型社会救助政策需要顶层设计，要求通过立法的形式提升其法律位阶，以便为整合碎片化的救助项目提供强有力的法律基础。《社会救助暂行办法》的出台虽然在一定程度上提升了救助的法规地位，但在整合协调的法律约束上仍然不足。呼吁出台"社会救助法"一直是社会各界长期以来的愿望，但随着《社会救助暂行办法》的颁布，"社会救助法"立法进程陷入停滞状态。① 尽管暂时难以协调各部门不同诉求以及立法理念、对象与内容上的分歧，但"社会救助法"立法进程不能陷入长期的停滞状态，时间拖得越长，可能越不利于中国社会救助制度的协调健康发展。因此，继续启动并加快立法进程是非常必要的。

（2）社会救助理念要突出强调贫困家庭的可持续生计，而不能主要局限于"托底线、救急难"的理念。当前各项社会救助的针对目标实际上是社会上最困难的家庭，救助水平属于基本生存满足状态。在这种理念指导下，收入与财产审查过于频繁而严格，虽然能够排除掉少数浑水摸鱼者，但总体上挫伤了大多数贫困家庭劳动力市场参与的积极性，对其资产积累具有显著的抑制效应，且行政运行成本过高。如果把社会救助的目标定位成贫困家庭的可持续生计，而非仅着眼于短期的生存需求救助，就可以考虑在

---

① 早在 1993 年八届全国人大常委会就将"社会救济法"纳入五年立法规划，2005 年更名为《社会救助法》并开始起草，2013 年《社会救助暂行办法（草案）》向社会公开征求意见，但在各部门不同诉求难以协调以及各方意见难以统一等现实情况下，立法进程陷入停顿，随即 2014 年出台了《社会救助暂行办法》（参见侯雪竹《社会救助法搁置　降格为暂行办法》，《京华时报》2014年 1 月 27 日）。

收入与财产审查周期上不要过于频繁，为贫困家庭生计发展的可行选择留出一段足够的巩固时间。

（3）增强救助对象的包容性。现行的社会救助对象范围较为狭窄，包容性不足。应进一步拓展社会救助对象，把那些明显的低收入家庭纳入救助范围。事实上，城市低保户与城市低保边缘户生计差异并不大，享受到城市低保的贫困家庭由于有了低保资格进而比较便利地享受到其他各种救助，在一定程度上显著超过了城市低保边缘户的生计水平。① 这实际上反映出中国城市最低生活保障制度不仅保障水平较低，而且与保障水平相联系的覆盖范围也太狭窄。增强救助对象的包容性，还体现在对于救助对象要拓宽救助政策的缓冲期，在一段显著的时间内"脱贫不脱政策"，增强城市贫困家庭可持续生计的自主选择空间，巩固脱贫成果。随着城市贫困家庭逐渐走上可持续生计道路，所享有的救助边际效应逐渐递减，到一定程度时，救助边际效应变得微不足道，此时自主退出或要求退出救助水到渠成。当然，这需要社会救助理念的转变以及救助政策机制的转换。

总之，建构发展型社会救助政策是中国经济社会发展的内在要求，是党和国家所倡导的共享发展理念的基本要求，也是社会救助政策发展的基本趋势。建构中国发展型社会政策需要大力推动《社会救助法》早日出台，以使各项救助实现整体协调功能；需要把目标水平拓展到基本生存需求之上的可持续生计；增强现行社会救助政策的包容性与能促性，扩大覆盖面，增加缓冲期，一段时间内"脱贫不脱帽"，拓展自主选择空间，巩固脱贫成果，

---

① 在我们的调查中就发现这样的情况，有不少城市低保家庭特别担心丧失掉低保资格，有的甚至说宁愿不要低保金，只要保留低保资格就行。其并不担心丧失低保金，而是担心丧失附加在低保资格之上的其他重要的救助项目，比如因拥有低保资格而比较容易获得教育救助、医疗救助、住房救助等。由于中国社会救助政策的条块分割，其他主管救助的部门在识别救助对象上存在困难，识别救助对象的行政成本很高，因而低保资格成为筛选救助对象的标准之一，从而拥有低保资格者可以很便利地获得相应救助。

最终走上可持续生计发展道路。

二　创新职业技能培训机制

实证研究表明，工资性收入是城市贫困家庭生计维持系统的最主要来源，提高城市贫困家庭有劳动能力成员的劳动市场参与率与参与层次是建构可持续生计系统的关键。当前中国城市贫困家庭有劳动能力成员职业技能水平总体较低，严重制约了劳动力市场参与。长期以来，国家职业技能培训体系主要侧重于进城务工人员方面，客观上忽视了城市贫困家庭成员日益增长的职业技能培训需求。现有的职业技能培训机制瞄准率与匹配率不高，针对性不强，职业技能培训存在着周期短、层次低、缺乏连续性等问题，导致其有效性与可持续性较差。增强城市贫困家庭可持续生计能力内在要求创新职业技能培训机制。针对城市贫困家庭成员职业技能培训的需求特点以及现有职业技能培训机制的弊端，本研究提出建立"多元一体"精准化职业技能培训机制。

（1）建立政府托底的多元化筹资机制。由于职业技能培训的公共品属性，政府需要加大职业技能培训资金的投入，确保基本培训资金需求，同时，利用税收机制积极引导社会性力量的资源投入，构建培训资金的多元投入机制。

（2）建立多元主体共同参与运作的协同机制。城市贫困家庭在职业技能方面的需求显著不同于进城务工人员，后者的需求相对而言同质性较强一些，由于规模大、类型化突出，可以采取集中式、订单式职业技能培训机制；前者的需求更多地具有多样化、个性化特征，政府主导的规模性、集中式职业技能培训模式很难适应其需要。城市贫困家庭成员职业技能培训需要更多的主体参与。政府、职业院校、企业、市场培训机构、行业协会、专业化社会组织等多元主体共同参与，基于各自比较优势，充分发挥整合协调效应。

（3）高度重视引入专业化社会组织参与培训。城市贫困群体职业技能培训的有效提供需要大力发挥专业化社会组织的功能。政府针对成规模的同质性需求可以采取政府主导、职业院校以及商业化培训机构提供统一培训服务的方式。然而，城市贫困家庭成员的职业技能培训需求往往是多元化、个性化的，这就需要大力发挥专业化社会组织的独特作用。专业化社会组织在培训需求识别以及提供个性化培训服务方面具有先天的比较优势。当前中国各类专业化社会组织正在涌现，比如专业性社会工作服务机构或培训机构已渐成规模，发展迅速，其在贫困家庭培训需求评估、有针对性地链接培训资源、组织专业性培训等方面已成为不可忽视的专业性力量。包括社工服务机构、行业协会在内的各类专业性社会组织以及各类商业性培训机构的有效参与，是满足城市贫困家庭日益增长的多元化职业培训需求的必然选择。

（4）积极引入市场竞争机制，大力发展政府购买培训服务市场。在城市贫困人员职业技能培训上，政府要"胸怀公共利益、利用市场动力"①，通过向有资格提供服务的企事业单位、专业性社会服务机构以及商业性培训机构等各类社会性力量实施竞争性招标、竞争性磋商等市场化运作方式购买职业技能培训服务。在此过程中，通过多方资源投入以及市场机制的优胜劣汰，逐步培育和繁荣职业技能培训市场。

---

① 这是安东尼·吉登斯所倡导的社会投资型国家在福利传递机制上的基本理念。社会投资型国家强调投资于人力资本建设，核心是强调教育与培训的投入，致力于终身学习（教育）的理念，主张（优先）利用市场配置资源的力量，并强调国家、社会组织的积极参与，构建一种平等的合作伙伴关系。其在国家福利资源传递机制上的口号是"胸怀公共利益、利用市场动力"（Utilizing the dynamics of markets with the public interest in mind）（参见安东尼·吉登斯《第三条道路：社会民主主义的复兴》，郑戈译，北京大学出版社，2000，第104页）。

三　建立城市贫困家庭儿童教育发展账户

　　建立城市贫困家庭儿童教育发展账户是发展型社会政策理念在贫困家庭领域中的重要体现①，也是建构城市贫困家庭可持续生计的主要内容之一。儿童的教育发展不仅是所有未成年子女家庭的根本利益所在，也是民族振兴与国家长期可持续发展的内在要求。西方发达国家高度重视未成年子女家庭的福利政策支持，通过立法保障有儿童的家庭在收入安全、教育发展、福利服务方面的有效供给，促进本国儿童健康成长与接受良好教育。② 20 世纪 90 年代以来，诸多发达国家和地区逐步建立了以家庭为基础的儿童发展账户。美国于 1998 年克林顿政府时期在迈克尔·谢若登资产建设理论与个人发展账户方案的基础上，在多个州建立了"美国梦"儿童发展账户示范工程，之后通过联邦立法在全国推广。③英国在 2005 年布莱尔政府时期建立了面向全国家庭的儿童信托基金，为英国出生的新生儿建立一个个人存款账户，并给予低收入家庭更多的账户补贴，"英国儿童信托基金是全球第一个全民性的（所有儿童）、进步性的（穷人得到更多的补助）、以资产为基础的

---

① 也有学者倡导要建立中国发展型家庭政策，"建构发展型家庭政策的关键，是在全社会形成一个支持家庭、投资儿童的社会环境和制度体系，形成一个政府、市场组织、社区及社会组织等都有责任、动机和行动来支持家庭、帮助家庭更好地行使其责任的制度框架"（参见张秀兰、徐月宾《建构中国的发展型家庭政策》，《中国社会科学》2003 年第 6 期，第 95 页）。事实上，发展型家庭政策的核心内容之一是对贫困家庭未成年子女的教育进行投资。

② Smith, T., *Family Centres and Bringing Up Young Children*（London：HMSO，1996）. Shirley, L., Zimmerman, *Family Policies and Family Well-being*：*The Role of Political Culture*（Thousand Oaks：Sage, 1992）. Shirley, L., Zimmerman, *Understanding Family Policy*：*Theories and Applications*（Thousand Oaks：Sage, 1995）.

③ 迈克尔·谢若登：《资产与穷人——一项新的美国福利政策》，高鉴国译，商务印书馆，2005，第 2 页。

社会政策"①。随后，新加坡、韩国以及我国香港和台湾地区等也分别建立了针对儿童教育发展的类似个人储蓄账户。② 建立儿童教育发展账户，不仅可以为儿童未来的教育发展提供稳定的资金支持，更重要的是可以充分发挥资产积累的各种效应，尤其是增强贫困家庭面向未来的信心，并使家庭成年人以及儿童在资产积累的过程中获得相应的金融资本与财务管理上的知识与技能。将来如果能推动中国儿童教育发展账户政策立法，最终成为一项正式的发展型家庭政策，不仅对我国儿童健康成长与教育发展具有不可估量的长远价值，而且对于调节日益突出的代与代之间两极分化、打破阶层固化具有基础性功效。

本研究在迈克尔·谢若登资产建设理论以及个人发展账户方案的基础上，根据中国现实情况，提出针对中国城市贫困家庭儿童教育发展账户的基本运作模式（见表6-1）。

表6-1 "共筑中国梦"：城市贫困家庭儿童教育发展账户运作机制

- 名称："共筑中国梦"：贫困家庭儿童教育发展账户
- 对象：未成年子女城市贫困家庭
- 基本目标：
  （1）激励贫困家庭重视子女高等教育，为贫困家庭儿童注入大学梦；
  （2）支付未来大学费用开支；
  （3）激励贫困家庭成员学习运用基本财务管理、储蓄投资等基本知识，改变"经济文盲"状况；
  （4）促进未成年子女贫困家庭面向未来，增强信心

---

① 迈克尔·谢若登：《资产与穷人——一项新的美国福利政策》，高鉴国译，商务印书馆，2005，第2页。

② Loke, V. & Sherraden, M., "Building Assets From Birth: A Global Comparison of Child Development Account Policies," *International Journal of Social Welfare* 18 (11) (2009): 119-129. Kim, Y. et al., "Asset-Based Policy in South Korea," *CSD Policy Brief* (11-22) (2011), http://csd.wustl.edu/Publications/Documents/PB11-22.pdf. 香港劳工及福利局：《儿童发展基金简介》，http://www.cdf.gov.hk/textonly/sc_chi/introcdf/introcdf.html。

- 基本原则：
  - （1）多元筹资方式；
  - （2）自愿参与原则；
  - （3）配额储蓄原则；
  - （4）教育用途限定原则；
  - （5）长期投资积累原则

- 配额基金来源：政府财政；来自企业、非营利组织等的社会基金；社会募捐；等等。建立一个共同基金配款账号，该配款基金账号成为一个简便易行、公开透明的政府、企业、非营利组织、个体捐款等共同参与的统一账号平台

- 家庭储蓄来源：劳务性收入；其他救助性收入；等等

- 家庭自愿参与：
  非强制性，家庭自愿参与，知情同意后，签订协议。为吸引贫困家庭积极参与，配额激励要有足够的吸引力，具有显著的激励效应

- 配额激励机制：
  根据贫困家庭收入情况动态平衡调整；基础性配额要有足够的激励效果；配额激励调节机制；限定最高配额；税收减免

- 教育用途限定：教育发展账户资金限定于未来大学费用支出

- 长期投资积累：
  （1）配额基金账户剩余额由专业性投资机构运行，限定购买保值增值型长期国债、企业债等稳健性投资产品；
  （2）家庭儿童储蓄账户由家庭成员来选择投资，账户额中不低于70%的资金应限定在购买长期国债、企业债、货币型基金等稳健性投资产品，不高于20%的资金允许家庭成员投资于风险较大的股市等。账户控制与监管可借鉴现有证券市场中配资控制与监管机制，也可专门开发相关软件系统实现账户监管目的

- 中途退出机制：
  中途退出的家庭只能取出个人缴纳部分及其投资收益，配额资金及其投资收益转移至儿童教育发展基金

- 整合协调机制：
  （1）与其他贫困救助政策相协调，比如国家助学贷款以及其他教育救助；
  （2）可顺畅地扩展为全国性儿童教育发展账户，将来所有儿童家庭均可参与，只需要根据家庭经济状况进行适度调节配额比例即可，对于非贫困家庭儿童教育发展账户，可以不给予配额激励；对于贫困家庭，根据其贫困程度以及经济状况改善程度，建立滑动标尺式动态配款激励比例

下面我们通过构造一个示例来阐明上述城市贫困家庭儿童教育发展账户运作机制，模拟一下具体运作效果。我们以 2013 年考

入某省一所省属普通高校的大学生四年基本花费情况为基准，测算一下满足该大学生四年基本花费的账户建构与运行情况（见表6-2）。

表6-2　某省普通二本院校文科大学生四年花费情况一览

- 案例人物：小王，女，21岁，1995年1月出生于某城市，家境贫困，现就读某省一普通高校某一文科专业，2013年入学，2016年为大四

- 大学基本花费明细：
  （1）该专业学费3400元/年（该专业自2014级始学费涨至4500元/年）；
  （2）普通8人间住宿费800元/年；
  （3）书籍、讲义费一次性缴纳1500元；
  （4）入学一次性缴纳的其他费用共1000元（其中包括卧具费、学生健康状况医疗检测费、学生城镇居民医疗保险费、学生防疫费以及军训服装费等）；
  （5）每月基本伙食费最低600元，最高不超过1000元，平均每月800元（通常早饭5元，午饭10元，晚饭10元，偶尔水果）

- 四年基本花费合计：
  3400元/年 * 4年 + 800元/年 * 4年 + 1500元 + 1000元 + 800元/月 * 10个月 * 4年 = 51300元。

注：根据相关政策，2014级及以后的本科生学费涨至4500元/年。但小王作为2013级学生，四年的学费不变，均为3400元/年。

上述案例人物小王2013～2016年的基本花费总额约为5万元，基本反映了当前该省普通二本高校普通专业大学生四年期间的大学学费以及生活费开销水平。假设小王在1995年出生时其具有了一个城市贫困家庭儿童教育发展账户，该账户的初始启动资金为2000元，小王家庭缴纳1000元，配额基金为1000元，此后每年1月小王家庭向该账户存入500元，根据小王家庭的贫困状况，配额比例设定为1:2，即配额基金每年配款1000元。在该账户存续期间，通过购买长期国债进行稳健投资，根据该期间国家10年期长期国债利率大约为5%进行复利投资，其间年通货膨胀率约为3%。按照上述基本设定，小王的教育发展账户的基本运行状况见表6-3。

表 6 - 3　小王教育发展账户（1:2 比例配款）运作情况一览（示例 1）

单位：元

年份	年龄	生命事件	家庭储蓄	社会配款	投资收益	账户总额	扣除通胀账户总额
1995	0 岁	出生	1000	1000	0.0	2000.0	2000.0
1996	1 岁	—	500	1000	100.0	3600.0	3540.0
1997	2 岁	—	500	1000	180.0	5280.0	5172.0
1998	3 岁	幼一	500	1000	264.0	7044.0	6885.6
1999	4 岁	幼二	500	1000	352.2	8896.2	8684.9
2000	5 岁	幼三	500	1000	444.8	10841.0	10574.1
2001	6 岁	小一	500	1000	542.1	12883.1	12557.8
2002	7 岁	小二	500	1000	644.2	15027.2	14640.7
2003	8 岁	小三	500	1000	751.4	17278.6	16827.8
2004	9 岁	小四	500	1000	863.9	19642.5	19124.1
2005	10 岁	小五	500	1000	982.1	22124.6	21535.4
2006	11 岁	小六	500	1000	1106.2	24730.9	24067.1
2007	12 岁	初一	500	1000	1236.5	27467.4	26725.5
2008	13 岁	初二	500	1000	1373.4	30340.8	29516.8
2009	14 岁	初三	500	1000	1517.0	33357.8	32447.6
2010	15 岁	高一	500	1000	1667.9	36525.7	35525.0
2011	16 岁	高二	500	1000	1826.3	39852.0	38756.2
2012	17 岁	高三	500	1000	1992.6	43344.6	42149.0
合计（高中毕业）			9500 (21.92%)	18000 (41.53%)	15844.6 (36.55%)	43344.6 (100%)	—
2013	18 岁	大一	500	1000	2167.2	47011.8	45711.5
2014	19 岁	大二	500	1000	2350.6	50862.4	49452.1
2015	20 岁	大三	500	1000	2543.1	54905.5	53379.7
2016	21 岁	大四	500	1000	2745.3	59150.8	57503.6
合计（包括大学四年）			11500 (19.44%)	22000 (37.19%)	25650.8 (43.37%)	59150.8 (100%)	—
2013	18 岁	大一	—	—	2167.2	45511.8	44211.5
2014	19 岁	大二	—	—	2275.6	47787.4	46422.1

年份	年龄	生命事件	家庭储蓄	社会配款	投资收益	账户总额	扣除通胀账户总额
2015	20 岁	大三	—	—	2389.4	50176.8	48743.2
2016	21 岁	大四	—	—	2508.8	52685.6	51180.3
大学四年投资收益					9341.0	—	—
总计（高中毕业配款 + 大学期间投资收益）			9500 (18.03%)	18000 (34.16%)	25185.6 (47.80%)	52685.6 (100%)	51180.3

注：（1）初始启动 1000 + 1000 = 2000 元；（2）年度配款比例：1:2；（3）家庭激励配款最高额度每年 500 元，即最高配款额度每年 1000 元；（4）存续期间 5% 年复合年投资回报率（参照 10 年期国债利率）；（5）3% 的年平均通货膨胀率。

根据表 6-3，如果小王账户从出生开始参与至 2012 年（高中毕业），则账户共积累 43344.6 元，其中小王家庭共向账户中注入 9500 元，社会配款基金共注入 18000 元，投资性收益共 15844.6 元，分别占账户积累资金的 21.92%、41.53% 和 36.55%。如果账户积累额加上国家贫困大学生助学贷款①，基本上可以支撑小王大学四年基本花费，帮助其无经济压力地完成四年大学学业。如果小王账户参与至 2016 年大学毕业时，则账户共积累 59150.8 元，小王家庭共向账户中注入 11500 元，社会配款基金共注入 22000元，投资性收益共 25650.8 元，分别占账户积累资金的 19.44%、37.19% 和 43.37%，可用个人教育发展账户资金绰绰有余地支付大学四年花费。当然，如果小王只参与至 2011 年（高中毕业），那么，要获得能够充分满足大学四年花费的资金，可以增加每年的储蓄额度或提高相应的配款比例。如果依然保持每年 500 元的家庭储蓄额，家庭储蓄初始额依然为 1000 元，社会配款基金初始额为 2000 元，相应的配款额度从 1:2 提高至 1:3，其他条件保持不变，即便小王家庭只参与至 2012 年（小王高中毕业进入大学），

---

① 当前国家为贫困家庭大学生助学贷款实行一次申请、一次授信以及分期发放的政策，最高额度为 8000 元。国家助学贷款政策规定，学生在读期间利息全部由财政补贴。

开始进入账户资金支取时，小王个人教育发展账户的积累额共为58556.8元，能够绰绰有余地支付其大学四年花费（见表 6 - 4）。当然，对于小王而言，最有利的方式还是先利用国家助学贷款政策以及获得的奖学金等资金支付当下大学相关花费，毕竟国家助学贷款是无息贷款，可充分利用这项优惠政策，另外，由于越到后期账户余额越大，投资性收益越多，可以最大化享有投资收益。正如表 6 - 3 所示，即便是小王大学四年不再注入新增资金，其所获得的无风险收益总额也能达到9341.0元（见表 6 - 3），这笔无风险收益正好可以在小王毕业时归还国家助学贷款。在小王完成大学学业开始进入职业生涯初期时，个人教育发展账户的部分余额也可以为其提供部分经济支持。更重要的是，在小王成长过程中，个人教育发展账户从小就为其注入了大学梦，不断提醒并激励其为将来的大学梦而奋斗，这种长期暗示或能促作用是无形而有力的。从幼年时代开始，通过借助个人教育发展账户的能促作用，给孩子一个未来可期的大学梦预言，最终往往会达成"自我预言实现"（Self-Fulfilling Prophecy）。[①] 另外，通过个人教育发展账户以及在账户存续期间进行的财务投资培训，家庭成员会获得基本的金融财务知识以及实践经验，从而可以改变贫困家庭的金融知识与财务技能普遍缺乏的状况，并在此过程中促使贫困家庭着眼于长远，增强未来的希望与信心。换言之，儿童教育发

---

① 在个人成长过程中，自我预言或不断地心理暗示的显著功效早已被心理学实验所证实。自我预言实现在西方心理学界已经历近 40 年的发展，大量的实验表明其作用是极其显著的。关于该理论较早的一项实验是由美国著名心理学家罗森塔尔（Rosenthal）和雅各布森（Jacobson）所做的。他们给某中学的学生进行了智商（IQ）测试，然后告知一部分学生是高智商，事实上，这些学生是被随机抽取的，智商并无差别。但随后的实验结果是极其惊人的，那些被误以为智商较高的学生在未来的学习成绩上的确突飞猛进，远高于其他学生。后来许多研究者从不同的领域对该理论预言进行实验检验，结果同样是显著的。最初的自我期许以及发展过程中长期的自我暗示对于个体的影响是难以估量的。

展账户机制，不仅为城市贫困家庭儿童积累了一笔用于未来接受高等教育的资金储备，而且能够发挥迈克尔·谢若登所阐明的金融资产积累的多重效应。

表6-4 小王教育发展账户（1:3比例配款）运作情况一览（示例2）

单位：元

年份	年龄（岁）	生命事件	家庭储蓄（元）	社会配款（元）	投资收益（元）	账户总额（元）	扣除通胀账户总额（元）
1995	0岁	出生	1000	2000	0.0	3000.0	3000.0
1996	1岁	—	500	1500	150.0	5150.0	5060.0
1997	2岁	—	500	1500	257.5	7407.5	7253.0
1998	3岁	幼一	500	1500	370.4	9777.9	9555.7
1999	4岁	幼二	500	1500	488.9	12266.8	11973.4
2000	5岁	幼三	500	1500	613.3	14880.1	14512.1
2001	6岁	小一	500	1500	744.0	17624.1	17177.7
2002	7岁	小二	500	1500	881.2	20505.3	19976.6
2003	8岁	小三	500	1500	1025.3	23530.6	22915.4
2004	9岁	小四	500	1500	1176.5	26707.1	26001.2
2005	10岁	小五	500	1500	1335.4	30042.5	29241.3
2006	11岁	小六	500	1500	1502.1	33544.6	32643.3
2007	12岁	初一	500	1500	1677.2	37221.8	36215.5
2008	13岁	初二	500	1500	1861.1	41082.9	39966.3
2009	14岁	初三	500	1500	2054.1	45137.1	43904.6
2010	15岁	高一	500	1500	2256.9	49393.9	48039.8
2011	16岁	高二	500	1500	2469.7	53863.6	52381.8
2012	17岁	高三	500	1500	2693.2	58556.8	56940.9
合计（高中毕业）			9500（16.22%）	27000（46.96%）	21556.8（36.81%）	58556.8（100%）	—

注：（1）初始启动1000+2000=3000元；（2）年度配款比例：1:3；（3）家庭激励配款最高额度每年500元，即最高配款额度每年1000元；（4）存续期间5%年复合年投资回报率（参照10年期国债利率）；（5）3%的年平均通货膨胀率。

四 促进住房公积金制度全覆盖

住房公积金制度在保障绝大多数城市家庭住房资产积累上发挥了重要的基础性作用。然而，这一运作较为成功的资产建设福利政策自实施以来长期被参加正规就业的职工所享有，原因在于享有该福利政策的前提条件是工作单位必须为员工缴纳住房公积金。而绝大多数城市贫困家庭成员所从事的工作属于非正规就业领域，单位一般都不给或无力给他们缴纳住房公积金，这就把绝大多数城市贫困家庭排除在该项福利政策之外了。事实上，住房公积金最重要的福利部分不在于单位缴纳的基金配比，而是这项政策能够给购买住房的家庭提供一大笔长期低利率的资金信贷，这笔信贷资金常常是普通家庭成员在其漫长的一生中所能够享有的为数不多的大笔低利率信贷机会。

当代社会贫富分化现象不仅没有减少，相反越来越大。其中非常重要的贫富分化机制就是利率的长期效应。新制度主义经济学奠基人之一张五常教授在解释贫富分化的内在机理时，辨识出四种主要因素，其中两项与利率效应相关。其一，利率差距的效果。由于交易费用的存在，富人借贷的利息率通常低于穷人借贷的利息率，相差几个百分点是常态，假以时日，借贷的利率差距导致的贫富分化显著。"穷人难借钱，是因为讯息与监管还钱的费用存在……富人借钱远比老百姓借钱的利率为低，增加了贫富分化的机会。"[1]富人不仅借贷多，而且多通过借贷进行资产投资，在经济繁荣时，富人的财富增值的百分数比不富有的高，且平均获取的资本性收益更是远远大于劳动力的收

---

[1] 张五常：《经济解释》（卷四之制度的选择），中信出版社，2014，第322～323页。

益。① 其二，通货膨胀的效应。通货膨胀对富人损害较少，通胀推升资产的币值价格而对工资性收入的购买力是巨大伤害。尽管通缩的效应相反，然而，纵观人类历史，通胀的机会远大于通缩。② 从新制度经济学角度来看，除了贪污腐败这个原因，在没有其他有效手段干预下，市场机制通过利率机制、通胀效应以及教育不平等机制将不断生产出新的贫富分化，不断扩大不平等程度，形成恶性循环。而通胀效应在一定程度上也是利率效应的一种表现。因此，通过制度化方式帮助穷人能够可及低利率信贷的机会，并进行资产积累是有效抑制贫富分化趋势以及使穷人摆脱贫困陷阱的必由之路。本项研究也表明，住房资产以及金融资本水平对城市贫困家庭的其他生计资本以及生计策略都有着显著的影响。而现有的住房公积金制度经过变革，拓展覆盖面，恰好能够为城市贫困家庭提供一条住房资产积累的可行选择，也为城市贫困家庭提供一个共享低利率信贷政策的良机。鉴于住房公积金制度在住房资产积累以及金融资本建设上的双重地位，早日实现住房公积金制度全覆盖，将其拓展至所有城市（贫困）家庭，其重要意义不仅限于为城市贫困家庭可持续生计系统的构建注入了强有力的金融政策支持，而且对于长期抑制我国日益扩大的贫富差距，优化阶层结构，实现共享、可持续发展必将

---

① 有学者研究，西方社会近三百年收入与财富分配的数据表明，资本的收益率一直远高于劳动的收益率。法国著名经济学家托马斯·皮凯蒂经过严格的循证研究表明，300年来资本的投资回报率平均为4%～5%，而GDP平均年增长率仅为1%～2%，资本的回报率远远高于劳动收入的增长率这个经验性结论支持了贫富分化越来越大的结论（参见托马斯·皮凯蒂《21世纪资本论》，巴曙松等译，中信出版社，2014）。

② 张五常：《经济解释》（卷四之制度的选择），中信出版社，2014，第324页。张五常总结的贫富分化持续扩大的其他两个原因分别为：贪污腐败加大贫富分化；子女接收良好教育的机会差距大。尽管许多国家普及了基础教育，但穷人的孩子进入著名高校的机会显然远低于富人。值得一提的是，这一点也从经济学角度支持了迈克尔·谢若登所倡导的资产建设理论的重要性（参见迈克尔·谢若登《资产与穷人——一项新的美国福利政策》，高鉴国译，商务印书馆，2005）。

具有深远的积极影响。

可喜的是，当前中国住房公积金制度进行了重大改革。《住房公积金管理条例》做出了新的修订，将缴存对象扩大到无雇工的个体工商户、非全日制从业人员以及其他灵活就业人员，并规定"无雇工的个体工商户、非全日制从业人员以及其他灵活就业人员，可以由个人缴存住房公积金，并享有提取、贷款等权益"[1]。该项制度变革具有重要的意义，拓展了覆盖范围，使许多低收入家庭以及部分贫困家庭增加了一条低利率金融信贷以及住房资产积累的可行选择。需要强调的一点是，该修订实际上并没有实现城市贫困家庭全覆盖，对于不具有劳动能力的家庭而言依然可能被排除在外。另外，对于极其贫困的家庭，个人缴存住房公积金的能力有限，在事实上可能被排除在外。关于这一点，本研究建议今后可以探索通过财政补贴或社会基金补贴机制，逐步建立城市贫困家庭住房公积金补贴配款制度来实现，这种机制类似于上文所建构的城市贫困家庭儿童教育发展账户，此处不再赘述。

---

[1] 《国务院法制办就〈住房公积金管理条例（修订送审稿）〉公开征求意见》，http://www.gov.cn/xinwen/2015-11/21/content_2969568.htm，最后访问日期：2018年7月17日。

第七章　结论与讨论

本研究的基本任务是在实证分析的基础上系统剖析当前中国城市贫困家庭生计系统的现实状况及存在的突出问题，并基于发展型社会政策理念，提出中国城市贫困家庭可持续生计系统建构的现实政策路径，以期为推动中国城市反贫困政策理念转变与机制优化提供一定的借鉴。为完成上述目标，本研究查阅了国内外大量的相关文献，厘清了发展型社会政策理念与可持续生计框架之间的关系，确定了研究的基本框架；对城市贫困家庭的生计系统进行了严谨系统的测量，建构了适用于中国城市贫困家庭生计资本特征的测量指标体系；基于此，本研究团队首次对中国城市贫困家庭生计资本状况实施了大规模抽样调查，完成了 2487 份调查问卷；在对数据进行统计分析的基础上，系统剖析了当前中国城市贫困家庭生计系统的现实状况及其突出困境；通过进一步的实证分析，本研究基于发展型社会政策理念和现实国情，明确了建构中国城市贫困家庭可持续生计系统的关键要素，有针对性地提出了制度化方式支持城市贫困家庭可持续生计的四条政策建议。下面简要概述一下本研究所获得的基本结论，并对该课题需要进一步深入研究的方向进行反思与探讨，以保持学术自觉。

一　研究发现

首先，本研究在国内外相关研究的基础上，建构了中国城市贫困家庭生计资本测量的指标体系。对城市贫困家庭生计资本状况的实证研究首先涉及的就是较为复杂而系统的生计资本指标体系建构及其测量问题。本研究测量城市贫困家庭各项生计资本的一级指标包括五项基本维度：人力资本、住房资产、金融资本、物质资本（非房）以及社会资本，每一个一级指标被分解成相应的二级或三级等可测量的具体指标，形成了适用于测量中国城市贫困家庭生计资本状况的指标体系（详见第三章内容）。通过文献梳理可知，可持续生计相关研究主要集中在对农户生计资本状况的实证研究上，对于城市贫困家庭生计资本状况的系统测量极其匮乏，仅有的几篇相关文献要么直接参照农户生计资本测量指标，要么流于空泛探讨，指标设置过于随意，缺乏可操作性。本研究所系统建构的中国城市贫困家庭生计资本现状测量的指标体系，可为学界开展进一步的实证研究提供相应借鉴。

其次，基于本研究所系统建构的中国城市贫困家庭生计资本测量指标体系，本项目对中国城市贫困家庭生计资本现状进行了大规模的抽样调查研究，对当前中国城市贫困家庭生计资本现状及其困境进行了系统分析。研究有如下几点发现。①当前中国城市贫困家庭生计资本总体匮乏，突出表现在城市贫困家庭所实际拥有的各类生计资本水平较为低下。在城市贫困家庭人力资本构成中，调查样本中城市贫困家庭成年人实际平均受教育年限仅为9.36年，总体相当于国民教育的初中水平。城市贫困家庭不仅受教育水平低，而且健康状况总体堪忧，城市贫困家庭中患病人数、残障人数以及自理困难人数的均值分别为0.64人、0.28人以及0.26人。抽样调查中城市贫困家庭拥有劳动就业能力的平均人数为1.02人，仅占本次抽样调查户均人口数2.78人的36.69%，城市贫困家庭有劳动能力的人口抚养及赡养负担非常沉重。在家庭实际拥有的各类专业技术证书数量方面，抽样调查中城市贫困家庭平均拥有0.75件，平均每位家庭不足1件。近年来，家庭成员技能培训人次平均仅为0.46人次，有效技能培训严重不足。住房资产是城市贫困家庭所拥有的最主要的资产。城市贫困家庭通过先前的房产购买、房改房、继承房产以及拆迁安置房等各种形式积累了相应的住房资产。抽样调查显示，拥有房屋产权的城市贫困家庭占有效样本的 61.3%，这一比例看似较高，实际也远低于中国城镇家庭住房拥有率（87.0%）。本次调查中城市贫困家庭最多拥有一套住房，住房对于城市贫困家庭而言，其投资性功能较弱，基本上属于自住消费。当前城市贫困家庭所实际拥有的物质资本（非房）水平较低，总体上只保有维持基本生存需求的物质资本类别。其社会资本水平不高，个人社会支持网络同质性较强。城市贫困家庭所拥有的金融资本水平非常低，其标准分（0~1分）平均仅为 0.188 分，家庭储蓄水平、信贷水平以及拥有住房公积金等相关水平极低。②城市贫困家庭生计资本不仅整体匮乏，而且内部结构严重失衡，主要是金融资本与人力资本系统中的职业技能培训水平极低。比较严重的是，被长期忽视的城市贫困家庭金融资本以及有助于直接促进城市贫困家庭劳动力市场参与的职业技能培训不足，正是导致城市贫困家庭长期陷入贫困的关键原因。③当前城市贫困家庭生计资本维持型特征突出，发展型特征较弱。这主要表现在如下两个方面：城市贫困家庭收支结构总体上维持基本平衡状态，略有结余；城市贫困家庭消费结构基本属于维持型消费，发展型消费支出偏低。本研究对此进行了深入的系统分析。④城市贫困家庭生计资本脆弱性强、可持续性差。这一方面体现在上文已阐述的城市贫困家庭生计资本整体匮乏、结构失衡、维持型特征突出、发展型不足上，另一方面还体现在城市贫困家庭收入来源结构单一、稳定性差上。工资性收入是城市贫困家庭收入的最重要来源，其相对比例并不比城市非贫困家庭工资性收入比例低，然而非正规就业（灵活就业）收入占比较高，稳定性较差。制度性救助收入是城市贫困家庭的第二大收入来源，其相对比例并不比城市非贫困家庭享有的转移性收入比例高。换言之，中产与富裕阶层所享有的转移性收入远远大于穷人所享有的救助性转移支付，这是造成穷人难以摆脱相对贫困的隐秘机制。不仅如此，享受到制度救助的城市贫困家庭要接受严苛而频繁的经济状况审查，典型的是城市低保制度，严格而频繁的收入与财产审查在很大程度上抑制了城市低保家庭成员劳动力市场参与以及家庭财产性收入的拓展。家庭老人养老金成为部分城市贫困家庭可支配收入的重要补充，然而这部分收入并不普遍，也不持久。经营性收入与财产性收入极其匮乏，几近于无。城市贫困家庭收入结构较为单一、稳定性较差，并时刻面临周期性市场风险的冲击。再加上整体生计资本匮乏、结构失衡、金融资本以及职业技能水平极低，城市贫困家庭赖以抵御市场风险以及生命历程中重大事件冲击的可行选择十分有限。城市贫困家庭生计资本维持系统表现出较强的脆弱性，可持续生计系统的建构需要有效的政策支持。

再次，本研究在指标测量以及描述性统计分析基础上，通过建构多元线性回归（OLS）模型，深入探讨了城市贫困家庭各种生计资本类型对其生计策略的相关效应，进一步明确了建构中国城市贫困家庭可持续生计系统的关键要素。本研究通过建构一系列的多元线性回归（OLS）模型，逐一研究了城市贫困家庭主要生计策略——劳动力市场参与、就业方式、社会救助支持——以及消费支出取向的相关影响因素，重点剖析了五大生计资本的相关影响。研究有如下几点发现。①金融资产对城市贫困家庭主要生计策略具有显著性影响，政府应高度重视采取各种制度化方式促进城市贫困家庭金融资产积累的必要性。实证分析表明，金融资产对于中国城市贫困家庭的劳动力市场参与水平、就业方式以及发展型支出等重要生计策略取向均具有显著性影响。长期以来，由于认识水平或各种偏见的局限，对于金融资产在城市贫困家庭生计维持系统以及可持续生计发展上的重要性被有意或无意地忽视了。包括储蓄、信贷、保险、住房公积金以及投资等在内的金融资产的制度性积累，对于城市贫困家庭可持续生计至关重要。通过制度化方式促进金融资产积累不能仅仅局限于中产及以上阶层，而应基于发展型社会政策理念，拓展其包容性，使穷人能够切实有效可及低利率信贷支持、税收减免与转移支付以及住房公积金等各种制度化金融资产积累渠道。这将成为未来中国城市反贫困政策的发展取向。②加强知识更新与职业技能培训是建构城市贫困家庭可持续生计系统的必由之路。实证研究表明，在城市贫困家庭人力资本对劳务性收入及其占比的影响中，技能培训要素是一个非常重要的显著性因素。当前城市贫困家庭先前所拥有的知识技能已经较为陈旧，远不能适应当今飞速变化的劳动力市场对相关知识与具体技能的最新需求。城市贫困家庭成员的知识更新以及及时有效的技能培训对其劳动力市场参与及其收入提升具有十分重要的影响。③促进制度性救助理念与机制由生计维持型向发展型转变是建构城市贫困家庭可持续生计系统的关键一环。当前中国社会救助理念与机制总体上呈生计维持型特征，发展型特征不明显。实证研究表明，城市低保政策虽然在一定程度上对于城市低保户生计维持发挥了关键性作用，但其由于严苛而过于频繁的经济与财产审查机制，严重抑制了城市低保家庭成员劳动力市场参与的积极性。城市低保政策只是城市贫困家庭救助体系中的一项主要内容，其他社会救助政策的理念与机制基本上也是生计维持型的，且缺乏整合性。建构发展型社会救助政策是促进城市贫困家庭可持续生计的关键内容。④在城市反贫困进程中，未成年子女贫困家庭应成为政策支持的重点对象。实证研究表明，未成年子女贫困家庭相对于没有未成年子女的贫困家庭，其生计维持负担相对较重，其维持型消费支出与发展型消费支出都显著高于没有未成年子女的贫困家庭，需要更有针对性的发展型社会救助支持。

最后，基于对城市贫困家庭生计资本现状及其可持续生计系统建构的关键要素分析，本研究提出了四项具体政策建议，并据此建构了中国城市贫困家庭可持续生计框架。①构建发展型社会救助政策，促进社会救助制度理念与机制由生计维持型向发展型转变。②创新职业技能培训机制，加大对城市贫困家庭有劳动能力成员的职业技能培训力度，加快城市贫困家庭成员的知识技能更新步伐。③建立中国贫困家庭儿童教育发展账户，提升贫困家庭金融知识与财务管理技能水平，消除经济文盲，并在此过程中促使贫困家庭着眼于长远。④实施住房公积金制度全覆盖，促进贫困家庭住房资产积累，增加城市贫困家庭有效可及低利率信贷的可行选择。在发展型社会政策理念下，通过变革与整合各种有效政策措施，提振城市贫困家庭成员对未来生活的信心，使其对可持续生计怀有现实的期许，并能够切实看到在有效政策支持下经过自身不断努力可以改变的希望。据此，本研究勾勒出了中国城市贫困家庭可持续生计框架（见图 7-1）。如图 7-1 所示，中

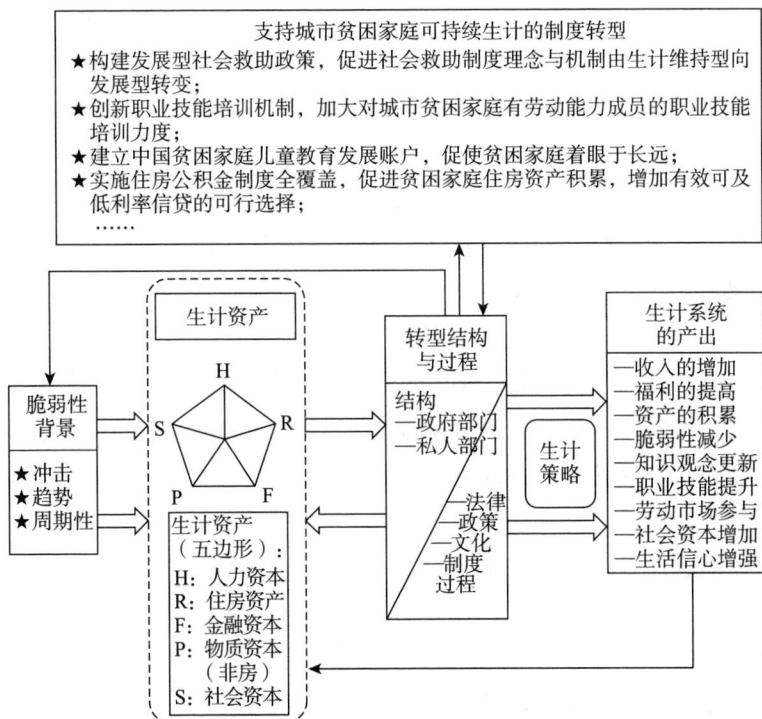

图7-1　中国城市贫困家庭可持续生计框架（SLF）示意

国城市贫困家庭可持续生计框架显然不同于 DFID（农户）可持续生计框架（参见第二章）。在脆弱性背景上，中国城市贫困家庭可持续生计框架充分考虑到城市贫困家庭所面临的趋势性以及周期性市场剧烈波动的风险，尤其是劳动力市场趋势性、周期性变化的影响。在生计资产（五边形）上，住房资产取代了农户可持续生计框架中的自然资源。在支持城市贫困家庭可持续生计的转型结构上，本研究基于实证分析，阐明了四个具体的关键制度要素。在生计系统产出维度上，由于城市贫困家庭可持续生计系统需要卷入更为广阔的部门与更为复杂的内容，其产出维度相比于 DFID（农户）可持续生计框架必然更为丰富。基于实证研究所勾勒的中国城市贫困家庭可持续生计框架典型地体现了发展型社会政策理念。

二 相关讨论

诚如上文所述，本研究系统建构了适用于中国城市贫困家庭生计资本现状测量的指标体系。该指标体系的建构是一项十分复杂而系统的工程，在每一项具体指标的选择上以及相关指标选项的优化上都需要逐一进行科学合理的循证操作。然而，社会科学研究毕竟不像自然科学研究那样客观，尤其是在涉及较为抽象的、主观性较强的指标选择时，更是难以杜绝主观选择性色彩，比如社会资本的测量就是如此。社会资本研究在社会学研究领域经历的时间相当长了，然而不同研究者对其进行测量时所选择的具体指标依然普遍存在着显著差异。可以说，这种状况在社会科学研究领域中是经常遇到的，也是难以避免的。因此，除了尽量本着科学严谨的态度进行仔细测量，并没有更好的办法来彻底消除指标选择的主观性质疑。可行的方法是全面彻底的公开测量过程与结果，以祈求更多的研究者投入到这项研究中，开展交流与讨论。

另外，本研究在开展大规模问卷调查的同时，也选了 30 户城市贫困家庭进行长期跟踪研究，每年定期跟踪收集一手访谈资料。由于该跟踪研究还在进行之中，所收集到的丰富质性资料还没有展开深入分析，相关成果也没有充分体现出来。在今后的研究中，需要整合量化研究与质性研究，采取混合研究方法（Mixed Methods）对城市贫困家庭可持续生计进行进一步探讨。

专题研究　城市低保家庭资产
与健康状况

　　由于城市低保家庭是城市贫困家庭中较为典型的类型，在中国城市贫困家庭中具有独特的地位。本专题主要基于调查数据库中城市低保家庭子样本的实证分析，重点探讨城市低保家庭的资产状况与健康状况。①

一　城市低保家庭资产状况：
基于一项比较研究

　　近十年来，伴随着中国经济社会的快速发展，城市低保家庭资产状况发生了重要变化。实证分析表明，当前城市低保家庭资产分化急剧扩大，房产成为低保家庭资产分化的根本性因素。尽管低保及其相关的救助政策为低保家庭提供了重要的转支性收入，但低保家庭消费需求日趋多元化，尤其是发展型消费支出不断释放，低保家庭总体上收不抵支，收支平衡结构难以维持。城市低保家庭现金资产大幅度减少，总体上处于负债状态；家庭耐用品总量不足，物质资产微乎其微。政府出台的低保审核审批办法（试行）对财产性审查做出了明确的规定，本研究认为，财产性审查的根本目的是排除"显著性超标"行为，但这不应成为城市贫

---

　　① 本专题包括三部分，第一部分撰写者为高功敬，第二部分撰写者为陈岱云、高功敬、崔恒展、张银；第三部分撰写者为薛立勇，三部分都是基于本研究抽样调查数据库中的城市低保家庭子样本展开的。

困家庭财产性积累的抑制性因素。这需要在排除"显著性超标"行为与兼容穷人资产积累这两项目标之间达到一种适切的平衡；低保收入与财产性审查周期可以适当放宽，设置一个有利于资产积累的相对宽松的自主空间。

（一）背景与问题

当前政府部门和学界对城市贫困家庭资产的关注点主要集中在资产的标准审核功能，即资产在界定救助对象或排除不合格救助对象上发挥的功效。这种对待资产的社会救助理念依然是一种传统的收入维持性理念，忽视了资产在反贫困政策中的重要价值，与发展型社会政策理念有所抵牾。迈克尔·谢若登在其专著《资产与穷人———一项新的美国福利政策》中深刻地揭示了资产积累对于穷人的积极效应，并设计、实践了资产建设的个人发展账户模式，表明家计审查式的社会福利并不必然排斥资产的社会福利政策价值，关键在于福利理念的转变，在于体认到资产在反贫困中的重要价值与独特功效。改革开放以来，中国家庭普遍开始了创造财富和积累资产的过程，尤其是20世纪90年代以来，财富创造和资产积累伴随着土地制度、住房政策、资本市场以及金融税收制度等关键领域的改革，进入了快车道。最近十年，中国人的资产积累进入了快速增长阶段。在这种宏观背景下，作为城市贫困的典型群体，城市低保家庭资产状况是否也发生了变化？当前城市低保家庭的资产状况的特征有哪些？资产对于城市低保家庭的可持续生计的重要性程度如何？城市低保家庭的资产积累对于城市低保救助制度的理念、目标和机制产生哪些重要挑战，换言之，传统的城市低保救助制度如何因应日益不可回避的城市低保家庭的资产现实，如果二者不是必然冲突的话？当然，这些问题涉及诸多方面，本书不可能全部予以回答。本书的主要研究问题是，在实证调查的基础上，对当前城市低保家庭的主要资产状况进行描述性分析，并与2005年的一项旨在调查城市低保家庭资产状况的实证研究相比较，首先概述当前城市低保家庭的资产特征。然后，分析资产在城市低保家庭可持续生计中的重要性以及对于传统城市低保制度理念、目标的现实或潜在挑战。最后，在上述基础上，探讨一下使城市低保救助制度与低保户资产积累相兼容或融合的可能性。

（二）研究方法与研究设计

本部分所采取的研究方法主要是抽样调查法，并涉及与 2005 年在济南市开展的一项低保户经济状况调查所进行的纵向比较性分析。数据来源于"发展型社会政策理念下城市贫困家庭可持续生计研究"项目课题组于 2012 年 7～9 月在山东地区所实施的"城市贫困家庭生活状况调查"中的城市低保家庭子样本数据库（具体情况参见第一章介绍）。本研究所使用的城市低保家庭有效样本为 1051 户。需要说明的是，该项研究是课题组持续进行的城市贫困家庭生活状况综合调查中的一部分。2005 年，笔者曾参与另一项主要在济南进行的城市低保生活状况调查。该项调查的抽样方案是，"从济南市 52 个街道办事处中根据每个街道办事处享受低保的家庭数，按比例抽样的方式抽出 16 个街道办事处，然后在每个街道办事处按同样的方式抽取 5 个居委会，最后在每个居委会按照等距抽样的方式抽取 10 户低保家庭并在每个家庭按 Kish 选择法抽取一名 18 岁以上的家庭成员作为被访者进行调查。最后共调查低保家庭 804 户，得到有效问卷 803 份"[①]。由于两项研究涉及的相关内容、对象、地点以及研究方法具有较强的可比性，因此，在涉及低保家庭的资产状况时，本书进行了相关的比较研究。

之所以采取这种比较性研究，除了研究目的以及内容具有可

---

① 程胜利：《中国城市低保家庭的资产状况及其社会政策意涵》，《山东大学学报》2005 年第 1 期，第 38 页。

比性之外，还有纯粹方法论上的理由。众所周知，人们的资金状况是非常隐秘的，尤其是低保家庭更是对此非常敏感，通过调查的方式往往被认为很难获得较为准确的数据。通常在谈到存款或者非流动资金时，低保户大多是故意缩小或隐瞒家庭的存款数额，而当问到贷款时，大概率是故意夸大家庭的负债数量。在一定程度上有效消除这种故意隐瞒、夸大或缩小实际情况的方法，至少有三种：第一种是进行事后矫正，即在一定理论指导下，根据稳定的历史数据结论进行矫正，这有赖于有效的理论和经验性模型；第二种是利用严格的再测抽样数据进行评估，估算出偏误程度，据此进行矫正；第三种是利用实验法的思想，客观上消除掉同样结构的偏差，比如，在前后两次随机抽样调查中，用同样的结构性问题和提问方式，去问被调查对象的家庭收入、存款、借贷时，假设每一次抽样调查中，都存在同等程度的结构性偏误，那么，前后同质的结构性偏误相互抵消，差额或者变化趋势就成为较为客观的估计。本研究所调查的低保家庭收入、存款和贷款状况，肯定存在着主观性偏误，如果不存在严重的偏误，就不正常了。但通过前后的比较，可以在很大程度上消除掉这种结构性偏误。更重要的是，对我们的研究目的而言，只要知道相对的结构性分布状况或发生变化的显著性趋势，就足够了。当然，这一判断严重依赖于这一假设：大样本中，低保家庭总体上隐瞒、扩大或缩小经济状况的倾向与程度是一样的，不依赖于时间、空间的变化而整体上发生实质性变化。也就是说，结构性偏误的同质性只依赖于人性与低保理念、机制的稳定性。事实上，我们不能否认7年前的低保家庭与今天的低保家庭在回答抽样调查时具有显著性的改变，比如绝大多数人突然变得都能够诚恳地回答，或者更加严重地缩小或夸大实际的经济状况。毕竟，低保制度的资格审查尽管有一些变化，但没有发生实质性的改变。至少在我们所调查的范围内，并没有显著性变化。但这一状况，即将在全国发生显著性变化，2012年9月1日，《国务院关于进一步加强和改进最低生活保障工作的意见》（国发〔2012〕45号）正式规定将财产审查作为严格审核低保资格的基本条件之一。同年12月12日，民政部在《民政部关于印发〈最低生活保障审核审批办法（试行）〉的通知》（民发〔2012〕220号）中，对共同生活的家庭成员、经济状况审查提出进一步的要求，要求各地方政府结合实际制定相应的政策。但这些具有实质性影响的制度变化是后来的事情了。

本书的主要分析概念是城市低保家庭的资产。广义的资产包括有形资产和无形资产，本书主要是指有形资产。有形资产通常包括如下八种情况：①货币储蓄；②股票、债券和其他金融证券；③不动产，主要指房地产；④不动产以外的其他"硬资产"，如贵金属等；⑤机器、设备等；⑥家庭耐用品，有以家务劳动效率提高为形式的收益；⑦自然资源；⑧版权和专利。① 本书涉及的低保家庭可能拥有的有形资产主要是货币储蓄（现金资产）、房产以及耐用品，而没有发现股票、债券等其他形式的资产。

另外，本书还重点考察了与资产能力相关的收入与支出情况。通常的理解是，收入与资产是两个不同的概念。正如迈克尔·谢若登所言，"即使大部分缺乏想象力的会计也懂得收入与资产之间存在很重要的区别"，资产是"家庭中的财富储备"，构成了投资资本，"会产生未来的收入"，当然，目前的资产占有是否能持续增加实际价值，取决于成功的投资。② 而收入是指"家庭中的资源流动"，是与物品、服务消费和生活标准相联系的一个概念。③ 然而，收入与资产也是密切相关的，"收入能被结余而积累为资产，形成未来消费的一个储存，反之，许多资产带来收入流动。实际

---

① 迈克尔·谢若登：《资产与穷人——一项新的美国福利政策》，高鉴国译，商务印书馆，2005，第122~123页。

② 迈克尔·谢若登：《资产与穷人——一项新的美国福利政策》，高鉴国译，商务印书馆，2005，第122~123页。

③ 迈克尔·谢若登：《资产与穷人——一项新的美国福利政策》，高鉴国译，商务印书馆，2005，第6页、第118页。

上，大多数新古典经济学家没有对收入和资产做很大区分"①。"收入与资产并不像一个会计所划定的那样清晰……二者之间的界限是很模糊的。"②收入既可以被用于消费，也可以成为资产。收入能否成为资产，关键取决于收入能否被结余而用于储存积累或投资。因此，"低保家庭所拥有的资产数量所反映的是他们以前的资产积累，并不能反映其在未来积累资产并摆脱贫困的可能性，收入、消费支出以及收支结余就显示了重要意义"③。换言之，考察低保家庭的资产状况时，仅仅考察其现有的资产而不考察其收支状况是不完整的，毕竟收支状况反映了其资产积累的现实能力。表1简要表明了本研究所涉及的城市低保家庭主要收支变量及其构成。

表 1　城市低保家庭收支变量及其构成一览

变量代码与名称	内容构成	变量代码与名称	内容构成
Y1 工资性收入	受雇而取得的工资、薪金、奖金、劳动分红、津贴、补贴等收入，共 4 小项	Y4 社会救助性收入	低保金、各种救助性减免或补贴、教育救助、医疗救助等国家提供的各类救助，共 6 小项
Y2 经营性收入	经营生产所获得的收入，共 1 小项	Y5 社会捐赠性收入	社会、亲属提供的各类捐助或赠予，共 3 小项
Y3 财产性收入	储蓄存款利息、有价证券红利、储蓄性保险投资以及其他股息和红利等收入、出租或者出让房产以及其他不动产收入等，共 3 小项	Y6 家庭老人养老金	共同生活、财政统一的家庭老人养老金等收入，共 2 小项

---

① 迈克尔·谢若登：《资产与穷人——一项新的美国福利政策》，高鉴国译，商务印书馆，2005，第 122～123 页。

② 迈克尔·谢若登：《资产与穷人——一项新的美国福利政策》，高鉴国译，商务印书馆，2005，第 118 页。

③ 程胜利：《中国城市低保家庭的资产状况及其社会政策意涵》，《山东大学学报》2005 年第 1 期，39 页。

变量代码 与名称	内容构成	变量代码 与名称	内容构成
Y7 社会保险类收入	各类保险性收入，共3小项	X7 儿童教育成长类支出	儿童教育、培训、成长类用品、娱乐玩具、零用钱等支出，共4小项
Y8 其他收入	其他不在上述范围内的特殊性收入，共1小项	X8 文化娱乐类支出	图书、期刊、报纸，旅游、电影票、剧院票等，共4小项
Y9 月总收入	Y1至Y8之和	X9 交通通信费	交通、通信费用，共2小项
X1 食品类支出	米面杂粮、蔬菜水果、肉禽蛋奶、油盐酱醋茶以及家人在外就餐花费，共9小项	X10 社交类支出	在外请客、人情开支，共2小项
X2 居住类支出	房租、修缮、家具、居住其他用品与花费，共4小项	X11 养老与医疗保险缴费	家庭成员用于养老与医疗的保险缴费开支，共2小项
X3 日化用品支出	日常洗涤、护理、卫生等用品，共2小项	X12 其他消费支出	共1小项
X4 服装类支出	成人与儿童的服装开支，共2小项	X13 总消费支出	X1 + X2 + X3 + X4 + X5 + X6 + X7 + X8 + X9 + X10 + X11 + X12
X5 医疗类支出	成人与儿童的医药开支，共2小项	X14 维持型消费支出	X1 + X2 + X3 + X4 + X5 + X9 + X12
X6 成人教育培训类支出	成人教育培训，共1小项	X15 发展型消费支出	X6 + X7 + X8 + X10 + X11
收支结余	Y9 − X13		

（三）城市低保家庭资产状况分析

在描述性统计分析的基础上，本部分首先分析了城市低保家庭资产状况的变化情况，然后探讨了收支及其结余状况，最后简要分析了城市低保家庭所拥有的耐用品以及其他物质资产状况。

1. 城市低保家庭资产分化急剧扩大，房产为决定因素

在2012年所调查的1051户低保家庭中，平均总资产（现金资

产与房产）约为 24.8 万元，单从这个平均值来看，我们似乎应该
很乐观，但平均值掩盖了太多的信息。如果我们把是否拥有房产
作为一个分类变量，把被调查对象分为有房产的家庭和没有房产
的家庭两类，情况就发生了巨大的变化。在我们这项抽样调查中，
拥有各类房产的城市低保家庭样本数为 696 户，占样本总数的
66.2%，没有房产的城市低保家庭样本数为 355 户，占样本总数的
33.8%。进一步的分析表明，拥有房产的城市低保家庭所拥有的
平均总资产约为 37.64 万元，而没有房产的城市低保家庭所拥有的
平均总资产实际约为 -3569 元。也就是说，拥有房产的城市低保
家庭平均总资产高达几十万元，而没有房产的城市低保家庭实际
上资产为负。如果我们把房产这一项大额资产扣除掉，单看低保
家庭的现金资产总额（家庭储蓄 - 家庭借贷总额），结果发现：总
体上，城市低保家庭拥有的平均资金总额仅为 1151 元，而平均每
个家庭借贷 6076 元，这样，城市低保家庭的平均现金资产总额为
-4924 元。如果我们把有房产的低保家庭与没有房产的低保家庭
分开来看，没有房产的低保家庭平均资金总额为 562 元，借贷资金
总额为 4131 元，家庭平均现金资产总额为 -3569 元；相比之下，
拥有房产的低保家庭平均资金总额为 1452 元，借贷资金总额为
7067 元，家庭平均现金资产总额为 -5616 元。如果考虑到房屋资
产，在 696 户拥有各类不同来源的产权房屋的低保家庭中，平均房
屋资产约为 38.20 万元，房产因素使城市低保家庭划分为两个群
体，拥有房产并享受到近 10 年来房屋大幅增值的城市低保家庭，
在总资产上远远超过了没有房产的低保家庭（见表 2）。

表 2　城市低保家庭现金资产与房产情况一览

单位：万元

U1 住房类型		家庭储蓄	家庭借贷	家庭现金资产	家庭房产	家庭总资产
商品房或自建房 （N = 114，10.8%）	平均值	0.0837	0.4993	-0.4156	36.4344	36.0188
	标准差	0.49171	2.69830	2.74995	22.57264	22.94462
	极差	5.06	27.00	32.06	193.00	206.80

U1 住房类型		家庭储蓄	家庭借贷	家庭现金资产	家庭房产	家庭总资产
房改房 （N = 408，38.8%）	平均值	0.1749	0.7393	− 0.5644	37.7264	37.1620
	标准差	0.82384	4.07245	4.17524	14.88735	15.71356
	极差	8.09	65.00	73.09	100.80	135.80
继承房产 （N = 53，5.0%）	平均值	0.1822	0.6544	− 0.4722	30.5782	30.1060
	标准差	0.73578	1.81815	2.01170	17.80808	18.17422
	极差	5.00	10.00	14.97	64.66	64.66
拆迁安置回迁房 （N = 121，11.5%）	平均值	0.0864	0.8153	− 0.7289	44.8077	44.0788
	标准差	0.42637	2.89540	2.94169	18.85351	19.33193
	极差	4.30	20.00	24.10	91.00	100.00
租房（市场） （N = 140，13.3%）	平均值	0.1082	0.6649	− 0.5567	0.0000	− 0.5567
	标准差	0.71584	2.31480	2.43453	0.00000	2.43453
	极差	8.00	18.00	26.00	0.00	26.00
廉租房 （N = 41，3.9%）	平均值	0.0150	0.3390	− 0.3240	0.0000	− 0.3240
	标准差	0.06126	1.07212	1.07869	0.00000	1.07869
	极差	0.30	6.00	6.30	0.00	6.30
单位宿舍或公租房 （N = 99，9.4%）	平均值	0.0333	0.1373	− 0.1040	0.0000	− 0.1040
	标准差	0.11745	0.56614	0.52002	0.00000	0.52002
	极差	1.00	4.00	4.45	0.00	4.45
其他（寄住在 父母亲戚家等） （N = 75，7.1%）	平均值	0.0122	0.3477	− 0.3355	0.0000	− 0.3355
	标准差	0.05601	1.64621	1.64691	0.00000	1.64691
	极差	0.48	10.00	10.28	0.00	10.28
有产权 （N = 696，66.2%）	平均值	0.1452	0.7067	− 0.5615	38.2015	37.6400
	标准差	0.71450	3.54976	3.63926	17.61845	18.20840
	极差	8.09	65.00	73.09	200.00	235.00
无产权 （N = 355，33.8%）	平均值	0.0562	0.4131	− 0.3569	0.0000	− 0.3569
	标准差	0.45599	1.71376	1.77044	0.00000	1.77044
	极差	8.00	18.00	26.00	0.00	26.00

U1 住房类型		家庭储蓄	家庭借贷	家庭现金资产	家庭房产	家庭总资产
合计 （N = 1051，100%）	平均值	0.1151	0.6076	− 0.4925	25.2981	24.8056
	标准差	0.64014	3.05778	3.13569	23.06958	23.31866
	极差	8.09	65.00	73.09	200.00	235.00

初步的数据分析表明，当前城市低保家庭从现金资产来看，总体上处于负资产状态，普遍存在着一定数额的现金借贷，有房产的低保户家庭比没有房产的低保户家庭的平均现金资产负债总额要高——尽管从现金资产负债率角度来看，前者没有后者高。房产成为城市低保家庭资产状况急剧分化的决定性因素。资产负债情况也表明，拥有房产的城市低保家庭，从金融上拥有更高的信用，相对具有较强的资金借贷能力。

上述数据分析表明了当前城市低保家庭资产状况的总体情况，以及房产在家庭资产分化中的决定性地位，但并没有揭示出城市低保家庭中具体资产的分布结构状况。表3的左半部分"2012年低保家庭资产状况调查"中，列出了详细的低保家庭资产分组分布情况。这部分数据显示，如果不包括房产，累计有22.7%的被调查的城市低保家庭为负资产，其中1万元以内的现金资产负债的城市低保家庭为13.5%。有73.9%的城市低保家庭的现金资产为5000元以内，1万元及以上的城市低保家庭只有2.8%。而一旦包括房屋资产，城市低保家庭的总资产分布结构就发生了巨大的分化。总资产为负的低保家庭从22.7%下降到7.6%，总资产不到5000元的低保家庭从73.9%锐降至27.2%。总资产5万元以上的低保家庭占65.1%，其中，总资产5万~15万元的低保家庭占4.4%，15万~50万元的低保家庭占了46.5%，50万~80万元的低保家庭占了12.5%，80万元及以上的低保家庭占了1.7%，城市低保家庭总资产超过100万元的也存在。城市低保家庭的总资产分组数据，让我们看得更清楚，房屋资产不仅大幅度地增加了城市低保家庭的财富，而且导致城市低保家庭内部的资产结构分化程度极其严重。

表3 城市低保家庭资产分布状况（2005/2012）

单位：户，%

| 资产数额（万元） | 2012年低保家庭资产状况调查（截至7月31日） | | | | | | 2005年低保家庭资产状况调查（截至8月31） | | | | | |
| | 资产（不包括房产）分组 | | | 资产（包括房产）分组 | | | 资产（不包括房产）分组 | | | 资产（包括房产）分组 | | |
	户数	百分比	累计百分比	户数	百分比	累计百分比	户数	百分比	累计百分比	户数	百分比	累计百分比
小于 -10	9	0.9	0.9	3	0.3	0.3	3	0.4	0.4	3	0.4	0.4
-10~-5	19	1.8	2.7	7	0.7	1.0						
-5~-2	39	3.7	6.4	10	1.0	2.0						
-2~-1	29	2.8	9.2	10	1.0	3.0						
-1~-0.5	30	2.9	12.1	9	0.9	3.9	3	0.4	0.8	5	0.7	1.1
-0.5~0	111	10.6	22.7	39	3.7	7.6	6	0.8	1.6			
0~0.5	777	73.9	96.6	286	27.2	34.8	596	78.5	80.1	306	43.8	44.9
0.5~1	8	0.8	97.4	0	0	34.8	80	10.5	90.6	43	6.2	51.1
1~2	14	1.3	98.7	1	0.1	34.9	35	4.6	95.2	29	4.2	55.3
2~5	6	0.6	99.3	2	0.2	35.1	19	2.5	97.7	74	10.6	65.9
5~10	9	0.9	100.0	16	1.5	36.6	7	0.9	98.6	141	20.2	86.1
10~15				30	2.9	39.5				77	11.0	97.1
15~50				489	46.5	86						
50~80	0	0	0	131	12.5	98.5	10	1.3	100.0	20	2.9	100.0
80~100				14	1.3	99.8						
大于100				4	0.4	100.0						
总计	1051	100.0		1051	100.0		759	100.0		698	100.0	

资料来源：程胜利：《中国城市低保家庭的资产状况及其社会政策意识》，《山东大学学报》2005年第1期。

　　然而，无论是从城市低保家庭资产的平均数额角度进行比较，还是从低保家庭资产分组结构分布的角度来比较，这些都属于横向的截面数据分析。从与2005年的一项城市低保家庭资产状况调

查数据的纵向比较来看，我们就会对城市低保家庭的资产状况及
其变化有更深入的认识。

2005 年在济南市开展的那项抽样调查研究中，"在被调查的
803 个（城市低保）家庭中有 759 个对家庭资产做出了估计……如
果不包括房产，被调查家庭的家庭资产平均值只有 5815 元，中位
值仅为 2000 元，这说明如果不包括房产，有一半的低保家庭资产
不超过 2000 元"[①]。而至 2012 年 7 月，距 2005 年在济南市的抽样
调查整整过去了 7 年，在这 7 年间，济南市的经济和社会发展有了
巨大的变化，城市低保标准也从当年的 208 元增至 450 元，但这两
次的抽样调查数据表明，城市低保家庭的平均现金资产总额却从
5815 元降至 -4924 元，前后相差超过了 1 万元。这一数据初看起
来，貌似与我们的直觉和常识相违背。直觉和常识告诉我们，近 7
年来，中国（当然包括济南）经济和社会发展得到了长足的进步，
作为城市最为贫困的群体也应该从中分享到发展成果，现金资产
总额即便是不增加，也不应该大幅度变负。然而，这一数据并不
能被简单地解读为，近 7 年来城市低保家庭没有分享到经济社会的
发展成果，生活水平发生了大幅度下降，而更应该被解读为，近 7
年来城市低保家庭总体借贷能力有所提升，以及各种有效支出需
求日益增多，而低保家庭的收入结构却不能有效应对这一变化。[②]

---

① 程胜利：《中国城市低保家庭的资产状况及其社会政策意涵》，《山东大学学
报》2005 年第 1 期，第 38 页。

② 事实上，本研究提供了两个反驳这种可能存在的误导性解读，即近 7 年来，被
调查的城市低保家庭现金资产由正资产急剧变为负资产，不应该被简单地解读
为生活水平下降的证据。其一，拥有房产的低保家庭借贷总额超过了没有拥有
房产的低保家庭（即便是早年房改房时拥有房产的低保家庭——这部分家庭用
于购买公房的资金数额非常低——以及通过继承拥有房产的家庭的资产负债额
也远远高于不拥有房产的低保家庭负债额），这从一个角度说明，拥有房产大
大提高了这部分家庭的金融信用，提高了其敢于和能够借贷的信心和能力。经
济学常识也告诉我们，家庭的适度负债并不一定意味着家庭生活水平的下降，
有时更可能反映的是，家庭金融信用的水平。也就是说，只有有了一定的金融
信用，才更有可能借到钱。其二，下文的收支状况调查分析数据，也将表明，
城市低保家庭的收不抵支现状长期积累下来，低保家庭总体上负债（转下页注）

从分组结构分布的比较来看，不包括房产，2005 年被调查的低保家庭中，现金资产为负资产的家庭仅为 1.6%；有 78.5% 的低保家庭现金资产不到 5000 元；现金资产 5000～5 万元的低保家庭为 17.7%；现金资产超过 5 万元的低保家庭为 2.2%。而至 2012 年，被调查的低保家庭中，现金资产为负资产的家庭大幅度攀升至 22.7%；低保家庭现金资产不到 5000 元的占 73.9%，基本上与 2005 年基本持平或略有下降；现金资产 5000～5 万元的低保家庭为 2.7%，现金资产超过 5 万元的低保家庭仅为 0.9%，没有现金资产为 10 万元以上的低保家庭。仅仅从现金资产的分布结构上分析，2012 年被调查的城市低保家庭相比于 2005 年，除了在分组负债结构比例上有较大的变化，基本结构还是较为稳定的，尤其是 5000 元以内现金资产的低保家庭，都占七成以上，总体结构并没有实质性的分化。然而，一旦我们考虑到房产因素，2005 年与 2012 年，被调查的低保家庭总资产的分组结构分布就发生了根本性的分化。2005 年被调查的低保家庭总资产（包括现金资产与房产）中为负的家庭比例为 1.1%，而 2012 年则为 7.6%；2005 年低保家庭总资产在 5000 元以内的家庭比例为 43.8%，而 2012 年则为 27.2%；2005 年总资产在 5000～5 万元的家庭比例为 21.0%，而 2012 年则为 0.3%；2005 年总资产在 5 万～15 万元的家庭比例为 31.2%，而 2012 年则为 4.4%；2005 年总资产过了 15 万元门槛的仅为 2.9%，而到了 2012 年则暴增至 60.7%，其中 15 万～50 万的家庭占 46.5%，50 万～80 万元的家庭占 12.5%，80 万元及以

（接上页注②）是必然的。这部分是由于低保家庭开支出现了扩张，原来被压抑的一些支出被释放出来，比如，低保家庭的日常食品性支出所占比例大幅降低，而医疗性支出大幅攀升。被调查的城市低保家庭现金资产由正资产急剧变为负资产的事实，也不能表明，城市低保政策维持性目标没有达到，恰恰相反，城市低保政策维持性生计的目标早已达到。近几年来，我国还大大提高和拓展了相关的救助水平和附加福利内容，但发展型的生计支出日益被提上日程，各种开支逐渐增多。我们从这一个方面可能需要认识到，低保家庭开支的增多并不一定是一件坏事情。

上的低保家庭占了 1.7% 。这一对比数据清晰地表明了，2005 年与
2012 年被调查的低保家庭总资产分组结构分布从相对集中到急剧
的两极分化的现实，而造成这种两极分化的决定性因素正是房产
及其近 7 年来的急剧增值。通过各种方式，拥有房产的低保家庭，
通过这种不动产，参与了改革开放以来中国经济发展成果的分配，
而没有这种不动产的低保家庭，则缺少了这种通过房产分享经济
社会发展成果的"资格"。

　　尽管拥有房产的低保家庭，至少从调查数据来看，只有仅有
的一套住房①——这套住房并不能立即变卖，形成自己的现金收
入，如果其还想继续享受低保待遇的话——但由于产权房不仅

---

① 本次调查没有发现低保家庭拥有两套及其以上的住房，事实上，即便有，也不
　可能被如实告知，这需要通过住房登记管理部门进行信息核对。但即便是比较
　保守的住房情况的调查数据以及比较保守的房产估价，也足以说明问题。近年
　来，民政部门在对居民家庭经济状况进行审查时，逐渐强调对家庭财产的调
　查，并借助各个分散在社会保障部门、住房登记管理部门、公安部门、工商部
　门、税务部门以及公积金管理中心等政府相关机构中的数据记录，来审核低保
　家庭的经济财产状况，作为申请低保待遇的资格审查，并清退收入和财产超过
　本地区规定的低保家庭。自低保制度建立以来，享受低保的基本资格除了户
　籍，最重要的凭据是平均家庭收入低于当地最低生活保障标准，"持有非农业
　户口的城市居民，凡共同生活的家庭成员人均收入低于当地城市居民最低生活
　保障标准的，均有从当地人民政府获得基本生活物质帮助的权利。前款所称收
　入，是指共同生活的家庭成员的全部货币收入和实物收入，包括法定赡养人、
　扶养人或者抚养人应当给付的赡养费、扶养费或者抚养费" 〔参见《城市居民
　最低生活保障条例》 （国发〔1999〕271 号），http://www.mca.gov.cn/article/
　gk/fg/shjz/201507/20150715848484.shtml，最后访问日期：2018 年 7 月 17 日〕。
　但收入并不能反映家庭的经济状况，2012 年 9 月 1 日，《国务院关于进一步加
　强和改进最低生活保障工作的意见》（国发〔2012〕45 号）正式规定，"户籍
　状况、家庭收入和家庭财产是认定最低生活保障对象的三个基本条件"。财产
　状况被正式规定为享受低保资格的必要条件之一，并要求建立救助申请家庭经
　济状况核对机制。"在强化入户调查、邻里访问、信函索证等调查手段基础上，
　加快建立跨部门、多层次、信息共享的救助申请家庭经济状况核对机制，健全
　完善工作机构和信息核对平台，确保最低生活保障等社会救助对象准确、高
　效、公正认定。经救助申请人及其家庭成员授权，公安、人力资源社会保障、
　住房城乡建设、金融、保险、工商、税务、住房公积金等部门和机构应当根据
　有关规定和最低生活保障等社会救助对象认定工作需要，及时向民政部门提供
　户籍、机动车、就业、保险、住房、存款、证券、个体工商户、（转下页注）

具有居住属性，而且具有财产、金融属性，即房产具有实在的金融信用能力以及产生收入的能力（属于财产性收入），这就大大拓展了拥有房产的低保家庭的可行选择能力。上文曾解释了拥有房产的城市低保家庭总体上比没有房产的城市低保家庭具有更高的负债额，这反映了低保户运用不动产金融信用获得贷款融资的现状。实际上，在调查过程中，我们发现了一些低保户运用房产进行获得财产性收入的个案，下面提供两个比较典型的相关案例。

　　在济南市 SZ 区 EQ 街道 TE 社区中的一位 Z 姓低保户，该低保户为男性，调查时 62 岁，离异，无子女。曾作为铁路工人工作了 18 年，后来因为对单位待遇不满意，偷盗单位财产被发现，入狱服刑 2 年，被单位开除。患有心脏病、高血压，右手落下残疾，年老体衰，基本无劳动能力，享受全额低保金 450 元/月。其仅凭低保金以及相关救助，只能维持吃饭等日常开支，难以充分满足医药等多方面的开支需求。该低保户所处的小区地段较优，该小区房产价格平均在 1 万元左右。Z 先生拥有一套从父母那里继承而来的 30 平方米的产权房。为了补贴日益增多的生活开支需求，他偷偷地把房子出租给他人，每月获得 800 元/月的租金收入，其在城郊租住一套小房子，支付租金 200 元/月，通过这种办法，他每月稳定地获得 600 元的收入（当然，他有自己的办法来应付政府和居委会的经济财产定期审核）。在谈到通过这种换租的形式获得的

（接上页注①）纳税、公积金等方面的信息。民政部要会同有关部门研究制定具体的信息查询办法，并负责跨省（区、市）的信息查询工作。到'十二五'末，全国要基本建立救助申请家庭经济状况核对机制。"［《国务院关于进一步加强和改进最低生活保障工作的意见》（国发〔2012〕45 号），http://www.gov.cn/zwgk/2012－09/26/content_2233209.htm，最后访问日期：2018 年 7 月 17 日］该文件对"共同生活的家庭成员"收入与财产、经济状况审查（尤其是多部门联网信息核对机制）等进行了详细的规定和说明。

租赁收入时，Z 先生反复提到如下话语："这让我能够安心，心不那么发慌了"；"没有这笔收入，我晚上都睡不着觉"；"低保金说没就可能没了，房子永远是自己的"；等等。这笔收入对满足其日常生活、医药支出非常重要，并大大提高了其生活的稳定性，提高其了生活选择的自由度，更重要的是，给其生活提供了不可估量的信心和可贵的独立程度。

另一个比较有意思的个案是发生在济南市 SZ 区 XLZ 街道 XL 社区中一位户主为 T 姓的低保家庭。

> T 为男性，调查时 50 岁，初中文化，患有甲亢，具有一定的劳动能力，从事一些房屋防水修理工作，每月收入不稳定，时好时坏，最高时收入每月能达到 2000 元，少时收入不到 500 元。妻子 51 岁，患有糖尿病。据 T 介绍其妻子基本无劳动能力，没有信心找到合适的工作，且还要照料无自理能力的孩子。现有两个孩子，均为男性，大儿子 26 岁，严重智障和肢体残疾，无生活自理能力。另一个儿子 16 岁，在上高中，身体健康。自 2012 年 1 月至 7 月，该户共花费医疗费 1 万多元。全家享受低保金 510 元/月，加上相关的救助，也难以维持全家日益增多的开支需求，尤其是医疗、孩子教育需求。家庭拥有一套 40 平方米的房改房，房改时花费全家积蓄 2 万元获得房屋产权。目前该小区房价市场估值为 30 万元左右。其岳父母住在同一个小区，为增加收入，其与岳父母合住在一起，把自己的房子出租出去，每月获得租金 1200 元。

这种通过房屋换租等方式利用所拥有的房产获取稳定的财产性收入，在很大程度上满足了日益增多的消费开支或在一定程度上提升了生活质量，增强了生活能力的信心和独立程度，这种资产效应对于穷人非常重要。

2. 城市低保家庭总体上收不抵支，收支平衡结构难以维持

调查分析数据显示，城市低保家庭月收入平均为 1672 元，其中工资性收入平均为 412 元，占 24.64%；经营性收入平均为 25 元，占 1.50%；财产性收入平均仅为 3 元，占 0.18%，几乎可以忽略不计；社会救助性收入（包括低保金、教育、医疗等各种国家制度性救助转支）平均为 701 元，占 41.93%；社会捐赠性收入平均为 144 元，占 8.61%；家庭老人养老金（生活在一起，财政统一）转支平均为 263 元，占 15.73%；社会保险类收入平均为 118 元，占 7.06%；其他收入平均为 6 元，占 0.36%。其中，低保金平均收入为 575 元，占平均月总收入的 34.39%。这表明，城市低保家庭的月收入构成中，社会转支性收入（社会救助性收入＋社会捐赠性收入＋社会保险类收入）平均占到月收入的 57.56%，接近六成。也就是说，社会转支性收入构成了城市低保家庭收入的最重要基础。在社会转支性收入中，低保金占 59.71%，即低保金又占社会转支性收入的六成左右。关于低保金在低保家庭平均月总收入所占的比例，2005 年的那项抽样调查以及 2006 年 12 月至 2008 年 12 月所开展的一项长期追踪研究，都提供了有力的证据：低保金在低保家庭平均月收入中约占 1/3 强。2005 年在济南开展的抽样调查结果表明，低保金占低保家庭平均收入的 33.5%[①]；2006～2008 年在济南所开展的对 33 户低保家庭的长期追踪研究结果也表明，低保金占低保家庭平均月收入的 36.62%[②]。低保金构成了城市低保家庭收入的重要组成部分。然而，在城市低保家庭平均月收入的构成中，工资性收入是必不可少的组成部分，如果结合着下文的支出结构来看，我们就会发现，单靠社会转支性收入不可能维持基本生活需求。甚至靠社会性转

---

① 程胜利：《中国城市低保家庭的资产状况及其社会政策意涵》，《山东大学学报》2005 年第 1 期，第 39 页。

② 高功敬、高灵芝：《城市低保的历史性质与福利依赖》，《南通大学学报》2009 年第 3 期，第 119 页。

支和工资性收入都不能维持基本生活需求，家庭老人养老金也成为维持低保家庭日常生活开支的重要构成。

在这次抽样调查中，低保家庭平均月消费支出为 1706.62 元，其中最主要的几项消费支出项目、各自平均支出费用以及所占比例，自高至低依次是：食品类支出，平均 439.18 元/月，占 25.73%；医疗类支出，平均 437.26 元/月，占 25.62%；养老与医疗保险缴费，平均 294.73 元/月，占 17.27%；儿童教育成长类支出，平均 199.49 元/月，占 11.69%；居住类支出，平均 156.26 元/月，占 9.16%。这五大类支出共占低保家庭平均月支出总额的近九成，其中食品类支出与医疗类支出两项分别占家庭平均月支出总额的 1/4 强，两项合计占月消费总额的一半以上。如果我们把 "X1 食品类支出 + X2 居住类支出 + X3 日化用品支出 + X4 服装类支出 + X5 医疗类支出 + X9 交通通信费 + X12 其他消费支出" 加总在一起，构成低保家庭的维持型消费支出，而把 "X6 成人教育培训类支出 + X7 儿童教育成长类支出 + X8 文化娱乐类支出 + X10 社交类支出 + X11 养老与医疗保险缴费" 加总在一起，构成低保家庭的发展型消费支出，统计结果显示，低保家庭的平均维持型消费支出为 1168.32 元/月，占月平均总消费额的 68.46%；发展型消费支出为 538.30 元/月，占月平均总消费额的 31.54%。尽管本次调查的维持型消费总体比例依然占了近七成，但发展型消费支出也占据了三成多。发展型消费支出对于贫困家庭的可持续生计具有重要的意义。这一点与 2006～2008 年对城市低保家庭的追踪调查的饮食消费占比相比较，可得到一定程度的佐证：低保家庭用于饮食支出的比例大幅度降低，由 42.99% 降为 25.73%。[①]

综合上文所描述的城市低保家庭收支数据，我们把低保家庭

---

① 高功敬、高灵芝：《城市低保的历史性质与福利依赖》，《南通大学学报》2009年第 3 期，第 119 页。

所有的收入——无论是相对稳定性的收入，还是极其偶然的收入——加总平均后为 1673.11 元/月，而消费性开支却为 1706.62 元/月，这样，低保家庭的收支结余为 -33.51 元，总体上收不抵支。如果不包括家庭老人的养老金转支，那么，收支缺口将达到 297.16 元。尽管城市低保家庭消费结构中发展型消费支出的增长，一直是我们所期待看到的变化，但这也意味着城市低保家庭消费项目和消费数额的增加，仅仅依靠社会救助性收入是远远不够的。

表4 城市低保家庭月收支概况一览

单位：%，元

低保家庭支出类别	支出占比	平均值	低保家庭收入类别	收入占比	平均值
X1 食品类支出	25.73	439.18	Y1 工资性收入	24.62	412.11
X2 居住类支出	9.16	156.26	Y2 经营性收入	1.50	25.13
X3 日化用品支出	1.60	27.25	Y3 财产性收入	0.19	3.21
X4 服装类支出	0.68	11.66	低保金	34.36	575.17
X5 医疗类支出	25.62	437.26	Y_1 社会救助性收入（不包括低保金）	7.51	125.73
X6 成人教育培训类支出	0.30	5.05	Y_2 社会救助性收入（包括低保金）	41.88	700.90
X7 儿童教育成长类支出	11.69	199.49	Y5 社会捐赠性收入	8.58	143.64
X8 文化娱乐类支出	1.95	33.25	Y6 家庭老人养老金	15.73	263.35
X9 交通通信费	2.08	35.52	Y8 社会保险类收入	7.07	118.28
X10 社交类支出	0.34	5.78	Y9 其他收入	0.39	6.49
X11 养老与医疗保险缴费	17.27	294.73	Y 月总收入	100	1673.11
X12 其他消费支出	3.59	61.19	样本	1051	
X13 总消费支出	100.00	1706.62	收支结余1（包括Y6）		-33.51
X14 维持型消费支出	68.46	1168.32	收支结余2（不包括Y6）		-297.16

低保家庭支出类别	支出占比	平均值	低保家庭收入类别	收入占比	平均值
X15 发展型消费支出	31.54	538.30	样本	1051	
样本	1051				

3. 城市低保家庭耐用品总量不足，物质资产微乎其微

家庭耐用品不仅仅属于消费品，在一定程度上还具有资产属性，属于有形资产的一部分。"家庭耐用品，有以家务劳动效率提高为形式的收益。在某些方面，家庭耐用品对家庭部门来说，类似于工业部门的机器和设备——两者都需要金融资本开支，都被预期增加效率，都有长期的但并非无期限的功用。"[①]在我们这次抽样调查中，城市低保家庭中耐用品平均最多的几个项目依次为：床、衣柜、沙发等大型家具，平均为 2.99 件/户；手机，1.16 部/户；彩色电视机，平均 0.93 台/户；煤气、液化气灶具，0.85 台/户；抽油烟机，0.67 台/户；电冰箱、冰柜，0.67 台/户；洗衣机，0.60 台/户，其余耐用品和物质资产户均数量都没有超过 0.5。大型家具以及手机成为城市低保家庭户均拥有超过 1 个的耐用品。彩电，煤气、液化气灶具在城市低保家庭中的普及率也接近于户均 1台；但抽油烟机，电冰箱、冰柜以及洗衣机刚刚超过户均 0.60 台，远远达不到户均 1 台的水平，这将在很大程度上降低低保户的生活质量和生活效率。值得注意的是，与信息化相关的工具，除了手机超过户均 1 部，台式电脑的户均拥有量达到 0.22 台（笔记本电脑、平板电脑户均几乎为 0），这一方面说明，电脑在低保家庭中逐渐开始增多——相对于 2008 年之前，电脑在很多地方还是限制低保资格的重要工具——但另一方面，低保户家庭中电脑的户均比例还太低。电脑几乎是现代家庭中必备的消费、娱乐、资讯、

---

① 迈克尔·谢若登：《资产与穷人——一项新的美国福利政策》，高鉴国译，商务印书馆，2005，第 123 页。

学习和生产工作的平台工具，因此，大力倡导贫困家庭拥有电脑具有重要的长期效应。低保家庭的其他物质资本中，电动自行车、固定电话以及空调的户均拥有量非常低，只能接近或超过 0.3 个，而至于汽车①、摩托车等机动车辆则接近于无。

表5　城市低保家庭耐用品及其他物质资产概况

	N	最小值	最大值	平均数	标准差
H1 彩色电视机	1043	0	2	0.93	0.309
H2 影碟机/DVD/VCD/CD	1045	0	2	0.11	0.323
H3 照相机、摄像机	1045	0	3	0.06	0.247
H4 电冰箱、冰柜	1045	0	2	0.67	0.487
H5 台式电脑	1045	0	2	0.22	0.417
H6 笔记本电脑、平板电脑	1045	0	1	0.03	0.172
H7 洗衣机	1045	0	2	0.60	0.494
H8 空调	1045	0	2	0.26	0.458
H9 汽车	1045	0	1	0.00	0.069
H10 摩托车	1045	0	1	0.02	0.127
H11 电动自行车	1045	0	3	0.34	0.517
H12 固定电话	1045	0	3	0.34	0.490
H13 手机	1045	0	4	1.16	0.824
H14 缝纫机	1045	0	1	0.17	0.378
H15 煤气、液化气灶具	1045	0	1	0.85	0.361
H16 抽油烟机	1045	0	2	0.67	0.471
H17 微波炉	1045	0	2	0.19	0.573
H18 床、衣柜、沙发等大型家具	1043	0	11	2.99	1.749

---

① 当然，拥有汽车，特别是拥有一定规格的汽车的家庭享受低保，基本上被视为"骗保"，通常这是对的，但也不能绝对这样认为，拥有一辆价格低廉的汽车，基本上作为生产工具，平时不定期地搞一些运输经营，获得一定的收入，这并不能构成"骗保"的证据。换言之，拥有机动车辆是否被视为"骗保"，关键取决于机动车辆主要被用于消费还是用于生产。

续表

	N	最小值	最大值	平均数	标准差
H19 重要生产工具	1031	0	9	0.05	0.352
H20 其他	1024	0	4	0.03	0.221

（四）小结

通过对抽样调查结果的统计分析与相关比较研究，我们得出如下基本结论。

第一，当前城市低保家庭资产分化急剧扩大，是否拥有房产成为低保家庭中资产分化的根本性因素。拥有房产的城市低保家庭，在最近十年间，伴随着房产的急剧增值——房产的增值可被视为 40 年来中国改革开放所带来的经济社会发展的主要成果之一——而参与分享了中国经济社会的发展成果。

第二，从中国城市低保家庭的资产构成来看，现金资产总体上大幅度减少，由正变负，城市低保家庭金融负债率较高。城市低保家庭现金资产大幅度减少，甚至总体上处于负债的状况，主要是如下两个方面的因素交互作用的结果。其一，城市低保制度及其相关救助制度实际上只能维持低保家庭的基本生存需要，而伴随着低保家庭医疗性消费增长以及各种发展型消费需求的增多，城市低保家庭的社会性救助收入逐渐不能满足基本生活需要。即便是低保金以及相关救助不断地随着经济社会发展以及通货膨胀因素而相应增长，也无法满足日益增长的消费需求。这本质上是一种救助理念和目标定位问题，现有的低保救助政策的理念和目标定位就是维持基本生活需要。作为较为严格的经济状况审查的救济制度，在制度机制上排斥和抑制工资性收入与经营性收入，甚至在很大程度上也排斥和抑制发展型消费支出。其二，城市低保家庭的负债在一定程度上也反映了城市低保家庭负债能力的提高，尤其是拥有房产的低保家庭在金融借贷上具有了一定程度的信用。尽管城市低保家庭的现金资产负债及其扩大，是上述两个因素共同作用的结果，但很显然，这两方面因素在性质及其影响地位上是不同的，第一个因素是制度结构性因素，在这种制度结构性框架下，城市低保家庭的负债及其日益增加几乎是必然的；第二个因素在很大程度上进一步扩大了城市低保家庭的平均负债程度，但这种负债的增加往往具有一定的积极主动性。

第三，我们对所调查的城市低保家庭的收支状况的结构性分析结果，为第二点结论中的第一个原因解释提供了证据。对城市低保家庭的收支状况的结构性分析表明：尽管低保制度及其相关的救助制度为城市低保家庭提供了重要的转支性收入，但面对着城市低保家庭日趋多元化的消费需求，尤其是发展型消费支出的释放和增长，城市低保家庭流动资金总体上收不抵支，现有的收支结构难以维持。而造成这种收支结构难以维持的主要原因，正在于低保家庭消费结构的多元化及其日益增长的消费支出——尤其是发展型消费支出需求的增长——与社会转支性收入政策目标之间的内在张力。

第四，城市低保家庭耐用品总量不足，物质资产微乎其微。在经济审查性救助政策中，某种家庭耐用品以及相应的物质资产是否应成为限定性标准，除了参照与经济社会发展阶段相适应的基本消费水平这个因素，还应该充分认识到耐用品以及某些物质资产的生活效率功能与生产性功能，而不能仅仅从耐用品以及物品的消费性属性来考量。

在上述实证性分析结论的基础上，下文结合当前城市低保政策的新变化，尤其是近期关于对低保家庭的"财产性审查"要求，探讨并反思一下这种制度变革的取向及其潜在效果。总体而言，财产性审查的根本目的是排除"显著性超标"行为，但这不应成为城市贫困家庭财产性积累的抑制性因素。

首先，需要在排除"显著性超标"行为与兼容穷人资产积累这两项目标之间达到一种适切的平衡。任何一项财产审查性福利制度都不能完全排除"显著性超标"行为，关键在于尽可能地利用各种有效率的方法去排除这种"显著性超标"行为。2012 年上半年，"从国家审计署公布的《全国社会保障资金审计结果》来看，尽管低保工作成效显著，但一些地方仍存在'错保'、'漏保'、'骗保'等问题，全国错保率约为 4%"①。根据这种估计，显然"骗保"行为存在着一定的数量，无论这种违规行为数量所占比例有多低，但其所造成的影响都是非常恶劣的，绝不能容忍这种违规行为。事实上，通过联网信息进行技术性信息审核是一项非常有针对性和高效率的排除"显著性超标"行为的方法。因此，2012 年 9 月 1 日《国务院关于进一步加强和改进最低生活保障工作的意见》（国发〔2012〕45 号）以及在此基础上 2012 年 12月 12 日《民政部关于印发〈最低生活保障审核审批办法（试行）〉的通知》（民发〔2012〕220 号）第一次制度性地要求："乡镇人民政府（街道办事处）通过县级以上人民政府民政部门与公安、人力资源社会保障、住房城乡建设、税务、金融、工商等部门和机构，对低保申请家庭的户籍、车辆、住房、社会保险、养老金、存款、证券、个体经营、住房公积金等收入和财产信息进行核对，并根据信息核对情况，对申请人家庭经济状况声明的真实性和完整性提出意见。"这一审核机制是必要的、可行的、高效的。问题在于，各地在制定相应的"禁止性财产标准"时，应该尽可能地制定一些"显著性"财产标准，尽可能地与城市贫困家庭的资产积累相兼容，不应该显著地抑制城市贫困家庭的资产积累。要在排除"显著性超标"行为与兼容穷人资产积累这两项目标之间达到一种适切的平衡，就需要对各种财产性审查标准进行细致的分析，但总的原则应该是强调"显著性"，即把财产审查性标准不要制定得太高，以给穷人资产性积累提供一个适度的、非被抑制性

---

① 《民政部：低保工作成效显著　全国低保错保率约为 4%》，http://www.gov.cn/jrzg/2013‐02/25/content_2339035.htm，最后访问日期：2018 年 7 月 17 日。

的自由空间。如果各地制定了非常狭窄的财产性限制标准，那么，不仅不利于整体上的反贫困目标，而且会大大增加政策的敏感性，客观上加重制度的运行成本。

其次，低保收入与财产性审查周期可以适当放宽，设置一个有利于资产积累的相对宽松的自主空间。2012 年 12 月发布的《最低生活保障审核审批办法（试行）》第三十三条规定："对城市'三无'人员和家庭成员中有重病、重残人员且收入基本无变化的低保家庭，可每年复核一次。对短期内家庭经济状况和家庭成员基本情况相对稳定的低保家庭，可每半年复核一次。对收入来源不固定、有劳动能力和劳动条件的低保家庭，原则上城市按月、农村按季复核。"需要考虑的一点是，我们是否有必要对城市中"收入来源不固定、有劳动能力和劳动条件的低保家庭原则上按月"来进行经济状况审查？如此短的经济状况审查显然是通过这种制度机制，督促有劳动能力和劳动条件的低保家庭成员尽快进入到就业市场中去，并及时发现已进入劳动力市场的低保家庭成员的收入，以便尽早排除这部分人员继续享受低保。显然，这种规定依然是"准确"地反映了低保制度的维持性生计理念，而非发展性理念。在实践中，不少地方已经积极探索了一些缓解低保救济的财产审查与就业促进之间内在张力的创新性机制，比如，在广东省佛山市禅城区启动了低保与促进就业联动机制，有劳动能力的低保人员应进行求职登记，再就业后其家庭人均月收入达到或超过低保标准的可继续保留一年的低保待遇。[1] 有学者倡导建议："一旦家庭平均收入超过低保标准，应继续保留短期待遇直至收入稳定；超过低保标准的'边缘户'，可以保留与低保制度相关的配套福利措施，消除其就业的后顾之忧。"[2] 这些创新性实践和

---

[1] 韩克庆、郭瑜：《"福利依赖"是否存在？——中国城市低保制度的一个实证研究》，《社会学研究》2012 年第 2 期，第 164 页。

[2] 韩克庆、郭瑜：《"福利依赖"是否存在？——中国城市低保制度的一个实证研究》，《社会学研究》2012 年第 2 期，第 165 页。

政策建议具有非常重要的积极价值，内在地体现了发展型社会政策的基本理念。

事实上，要做到这一点，不是技术上的问题，更不应该是财政上的问题，最主要的是克服福利观念上的障碍，对于资产在反贫困中的重要作用有明确的认识。资产效应在迈克尔·谢若登为其名著《资产与穷人——一项新的美国福利政策》中文版所撰写的前言中得到了完整的表述："拥有资产除了能够延迟消费以外，还很有可能产生其他许多积极的影响，包括更明确的未来观、更稳定的家庭、更多的人力资本投资、更妥善的财产管理、更积极的社区参与等。消费型收入对大众生活的维系固然十分重要，但如果想要长久地改善家庭的生活条件，就有必要在教育、住房、生意等方面投资。这里的家庭指的是任何家庭，无论是贫穷还是富有。有人认为收入非常低的家庭不能或不应该积累资产，这种想法是错误的。其实，哪怕是小额的资产积累也会对家庭的长远发展起着重大影响。"①正如迈克尔·谢若登所强调指出的，"福利政策的失误是一种民族观念的失误……收入只能维持消费，而资产则能改变人们的思维和互动方式。有了资产，人们开始从长计议，追求长期目标。也就是说，收入只能填饱人们的肚子，资产则能够改变人们的头脑。非穷人的财富积累产生于实现这些目标的各种制度结构中，但是穷人很少有这些促进资产积累的结构。对贫困的福利接受者，资产积累不受鼓励，在大多数情况下，甚至不被允许。财产审查性收入转支计划（如对未成年人儿童家庭的补助、食品卷和补充保障收入）包含着'资产审查'，实际上是禁止其拥有超出最低限额的金融资产。从某种意义上讲，这本来应当是为穷人服务的以资产为基础的社会政策，但它却走错了方向。无论是从福利接受者还是纳税者的视角出发，检验反贫困政

---

① 迈克尔·谢若登：《资产与穷人——一项新的美国福利政策》，高鉴国译，商务印书馆，2005，"中文版前言"第 1 页。

策的关键应当在于：接受者的经济状况比政策执行前有所好转吗？尤其是接受者拥有更多资产吗？如果问题的答案是否定的，那么反贫困政策就是失败的；如果答案是肯定的，那么就是成功的"①。事实上，有学者早就对此提出了建议："从社会政策理论看，没有一项社会政策是万能的。当一项政策的潜能被挖掘到相当程度时，可能就要考虑其未来发展的走势，也有可能要适时地向其他更加合适的方向转型……（关于低保制度的未来发展以及转型）我们的视野也将从单纯的社会救助扩展到包括'可持续生计'和'资产建设'在内的整个反贫困的社会政策。"②当然，我们不会寄希望于低保政策是"万能良药，期待其解决所有的问题"，也不希望其演变成"一个综合性的社会救助体系……（以至于）妨碍其他社会救助和福利制度设计，例如不利于老年人福利、儿童福利、残疾人福利等其他专项制度的全面建设"③。但关键的问题在于，低保制度的目标定位如果仅仅局限于"解除贫困家庭的生活困境"或满足贫困家庭的基本生存需求，那么，这项政策本身就内在地与反贫困与能力建设产生冲突，从整体上并不利于其他社会福利制度的目标实现。事实上，一个以发展型社会政策理念为基础的低保救助制度，更易与其他社会福利制度相兼容，或者更能从整体上达成社会福利政策的根本目的。

二 城市低保家庭人口健康状况

基于现代"生物－心理－社会医学模式"对健康的认知框架，

---

① 迈克尔·谢若登：《资产与穷人——一项新的美国福利政策》，高鉴国译，商务印书馆，2005，第6页。
② 唐钧：《城市低保制度、可持续生计与资产建设》，《商洛师范专科学校学报》2005年第1期，第2页。
③ 韩克庆、郭瑜：《"福利依赖"是否存在？——中国城市低保制度的一个实证研究》，《社会学研究》2012年第2期，第166页。

本项研究运用抽样调查法，描述分析了城市贫困人口的生理和心理－行为健康状况，并结合人口统计学相关变量进行了分组别探讨。研究发现，城市贫困人口健康状况总体上较差，患病比例大，以慢性病为主，抑郁和焦虑症状较为严重。城市贫困人口的生理健康、抑郁症状在不同性别、年龄、文化程度、工作状况、婚姻状况以及家庭类型（状况）下，均存在着显著性差异。另外，工作变量和社会支持因素对城市贫困人口的焦虑状况具有重要的影响。

（一）背景与问题

进入 21 世纪以来，随着中国城市化与工业化的飞速发展以及经济社会结构的深刻变化，城市人口的健康状况已成为社会各界关注的热点问题。当前，传媒界、政府部门、各种医疗保健企业和组织、学术界等，对城市人口健康状况的关切广度与深度，与 20 世纪后半叶，甚至与 21 世纪初期状况相比，已不可同日而语。然而，对于城市贫困人口健康状况的关注还有待提高，对城市贫困人口健康问题进行专门研究的论文还不是很多。这部分城市群体恰恰需要社会各界，尤其是学术界给予更多关注，并对之进行深入研究分析。当前，城市贫困人口的健康问题十分突出，是城市人口健康工作领域中的重点与难点之一，也是国家反贫困领域中一直面临的突出问题。因此，从实证研究的角度，描述清楚当前城市贫困人口的基本健康状况具有重要的现实意义。本节运用抽样调查法，对城市贫困人口的典型群体即低保家庭进行问卷调查，收集一手资料，以此为基础，试图对当前城市贫困人口的健康状况进行描述性分析，以期为相关深入研究的开展提供借鉴，为相关政策的制定和完善提供一定的基础性数据参考。

（二）概念界定与研究操作框架

日常生活中，人们对于健康的理解常常指身体没有患病的状态，即便是患有一些临时性的或长期的小病，也是其在一个相对短期内经过常规性的治疗很快得以康复，或长期根本不会对身心功能或生活产生显著性的影响。总体上，这种对健康的理解是一种生物医学模式（biomedical model）的理解，聚焦的是人作为生物有机体的生理健康。"它认为每一种疾病都必须并且可以在器官、组织、细胞或分子水平上找到可以测量的形态学改变，可以确定生物的、理化的特定病因。医学的作用就是通过精密的技术来测量这些变化，解释病人的症状和体征，并且能够找到治疗的手段达到恢复健康的目的。"①换言之，如果个体患有生理上的特定疾病，且对个体身心功能或生活产生显著性影响，那么，个体就处于不健康的状态。通常这种生理性疾病可以被分为两种情况，一种是患有慢性病，比如高血压、糖尿病、心脑血管疾病等，这种疾病虽不立刻致命，且可以通过医疗、生活方式或身心调整在一定程度上得到控制或减缓，但难以根治，且对日常的生理和社会功能造成慢性损害，并诱发严重疾病。另一种是患有严重的疾病，这类疾病对生命的威胁往往是严重的、即刻的，比如恶性肿瘤、严重的心脏病以及其他各种急性症状等。根据生物医学模式的基础，我们可把生理健康分为三种类型，即健康状态、患有慢性病、患有严重疾病。

当然，对健康的生理学模式的理解显然是有局限性的。首先，众多疾病的病因已不能单纯地归因于生物学因素，在现代社会中，社会、行为、心理等因素与生理之间的交互作用日益凸显，并被现代科学所揭示出来。在现代工业社会变迁过程中，由于社会结构和制度的急剧变迁以及各种生活方式的流行，"生物医学模式已无法运用单纯生物因素，解释疾病的病因和控制慢性非传染性疾病的发生和发展，即使是以生物因素为主导的一些传染病，如性传播疾病、艾滋病、结核病等，也明显受到社会、行为、心理因

① 龚幼龙、严非编《社会医学》，复旦大学出版社，2005，第11页。

素的作用。许多疾病的生物因素要通过社会与心理因素而发挥作用。疾病的表现形式已经由单因单果向多因多果发展"①。其次，健康状态不仅仅表现为生理有机体没有生病或生一些小病的状况，而被扩展为"体格、精神与社会之完全健康状态"②。这就意味着，生物有机体即使没有患病或仅仅生一些常规小病，也不一定处在健康状态，而可能处在一种亚健康状态，生理无明显病变或只是常常生一些常规小病，但身心、行为功能出现了不同程度的障碍，往往表现为抑郁、焦虑、行为异常、难以适应社会等。因此，人们对健康的认知和理解也逐渐从传统的"生物医学模式"转向了"生物－心理－社会医学模式"。健康状态也从单纯的生理层次，扩展为生理、心理、道德、社会适应等多维层次。

　　基于上述探讨，本项研究在测量贫困人口的健康状况时，主要测量了城市贫困人口的生理和心理－行为两个主要的层次，并结合性别、文化程度、职业、行为等社会因素进行描述分析。在具体测量时，评估生理健康状态通过如下方式进行。首先，让被调查者自己评估。分为四种情况：第一种是身体很好，很少得病；第二种是身体较好，偶尔得一些小病，比如感冒发烧等；第三种情况是自我评估身体健康为一般情况，经常得一些小病，虽然这种情况没有生物医学上的长期或严重病变，但已明显感到整体健康水平或生理免疫能力的下降，或心理情绪、行为适应能力上存在具有明显的变化或不适，这种情况可以被界定为亚健康状况；③

---

① 龚幼龙、严非主编《社会医学》，复旦大学出版社，2005，第11页。

② 《世界卫生组织组织法》（2005），http://www.who.int/governance/eb/constitution/zh/，最后访问日期：2018年7月17日。

③ 需要说明的是，这里使用的亚健康概念主要侧重于生理学意义上的，指生理处在健康与患病（慢性病与严重疾病）之间的一种状态。广义上的亚健康概念（比如世界卫生组织界定的亚健康概念）还包括心理情绪抑郁或焦虑以及行为功能上的失调状况，关于这部分内容，本项研究运用相关量表专门进行了测量。也就是说，本项研究出于操作的角度，把通常意义上理解的亚健康内容分成了两部分来研究：生理学意义上的，即生理整体上处在健康与患病之间的一种状态；心理情绪、功能意义上的，这部分用量表来测量。

第三种情况是自我评估身体不好，长期患有慢性病；第四种情况是身体很不好，患有严重疾病。其次，说明患有何种疾病，进行分类核对。第三、四种情况在被调查时，需要同时说出患有何种慢性病和严重疾病，以疾病的医学类型与性质进行分类核对，避免主观健康状况评估造成的偏误。在测量城市贫困人口心理情绪、行为适应层次上的健康状况时，本项研究单独通过现代临床医学中经常使用的相关量表来进行测量。

（三）研究方法与测量工具说明

本项研究采取的研究方法是抽样调查法，所运用的资料收集工具为调查问卷和量表。本项研究的调查对象为低保户，这是城市贫困群体中的典型代表。本数据来源于"发展型社会政策理念下城市贫困家庭可持续生计研究"项目课题组于2012年7~9月在山东地区所实施的"城市贫困家庭生活状况调查"中的城市低保家庭子样本数据库（具体情况参见第一章介绍）。具体样本分布概况如表6所示。需要说明的是，该项研究是课题组持续进行的城市贫困家庭生活状况综合调查中的一部分。另外，在测量工具上，为全面了解城市贫困人口的心理—行为健康状况，本项研究在问卷调查结束后，有针对性地对被调查对象进行了抑郁症状和焦虑症状的测量，主要采取了具有较高信度和效度的贝克抑郁量表和贝克焦虑量表。

表6　城市低保家庭子样本分布情况

单位：人，%

		频数	百分比	累计百分比
性别	男	478	45.5	45.5
	女	572	54.5	100.0
	合计	1050	100.0	

续表

		频数	百分比	累计百分比
年龄组	29 岁及以下	42	4.0	4.0
	30~39 岁	72	6.9	10.9
	40~49 岁	529	50.5	61.4
	50~59 岁	269	25.7	87.1
	60~69 岁	82	7.8	94.9
	70 岁及以上	54	5.2	100.0
	合计	1048	100.0	
文化程度	文盲	69	6.6	6.6
	小学	111	10.6	17.2
	初中	507	48.6	65.8
	高中（中专）	288	27.6	93.4
	大专及以上	69	6.6	100.0
	合计	1044	100.0	
目前工作状况	工作（有单位）	73	7.0	7.0
	离/退休	98	9.4	16.4
	失业/下岗	332	31.7	48.1
	一直无工作	424	40.5	88.6
	其他	121	11.5	100.0
	合计	1048	100.0	
获取户籍时的年龄	5 岁及以下	644	63.0	63.0
	6~18 岁	65	6.4	69.4
	18 岁及以上	314	30.7	100.0
	合计	1023	100.0	
婚姻状况	在婚	640	61.0	61.0
	离婚	157	15.0	76.0
	丧偶	146	13.9	89.9
	未婚	107	10.2	100.0
	合计	1050	100.0	

		频数	百分比	累计百分比
家庭类型（状态）	独身	216	20.6	20.6
	单亲	216	20.6	41.2
	丁克	66	6.3	47.5
	核心家庭	493	46.9	94.4
	联合家庭	60	5.7	100.0
	合计	1051	100.0	
家庭关系和睦，很少争吵	同意	861	89.7	89.7
	不同意	99	10.3	100.0
	合计	960	100.0	
遇到急事（非资金）能找到人帮忙	总是或经常	622	59.6	59.6
	很少或从未	421	40.4	100.0
	合计	1043	100.0	
遇难到暂时经济困难能借到钱	总是或经常	506	48.7	48.7
	很少或从未	533	51.3	100.0
	合计	1039	100.0	
专业技术证书	有	205	19.6	19.6
	无	839	80.4	100.0
	合计	1044	100.0	

贝克抑郁量表和贝克焦虑量表（BecK Anxiety Inventory）是美国的阿隆·贝克（Aaron T. Beck）所编制，被应用于心理门诊、精神病科或医院等领域的辅助测量，具有较高信度和效度。其中贝克抑郁量表是由 21 道题目所构成，要求被试在每组内选择（0～3 分）最适合自身状况（最近一周，包括被调查时）的一项描述，然后把相应分值加总起来即为该个体当前抑郁水平得分。尽管判断抑郁程度的临界值因研究目的而各异，但通常而言，总分小于等于 4 分，为无抑郁或极轻微抑郁；5～13 分为轻度抑郁；14～20 分为中度抑郁；21 分及以上可视为重度抑郁。贝克焦虑量表也是一个含有 21 个项目的自评量表。该量表用 4

级评分（1～4 分），主要评定受试者被多种焦虑症状烦扰的程度。该量表适用于具有焦虑的成年人，能比较准确地反映主观感受到的焦虑程度。以 BAI 大于或等于 45 分为判断界限，用 Kappa 一致性公式对量表判断和临床诊断进行分析，结果表明具有高度的一致性（$K = 0.82$）。[①] 本研究以 45 分为临界值，把 45 分及以上得分视为有显著的焦虑症状（抑郁症），把得分低于 45 分的被调查视为没有显著的焦虑症状。需要进一步说明的是，抑郁与焦虑都是负面的个体心理情绪，二者通常存在着内在的关联，焦虑达到一定程度可以引起某种程度的抑郁症状，抑郁有时也会表现出某种程度的焦虑，本次抽样调查的结果表明，焦虑水平（贝克焦虑量表原始分）与抑郁水平（贝克抑郁量表分值）之间存在着显著的高度正相关，（有效样本大小为 873 个，皮尔逊相关系数 $r = 0.550$，$p < 0.001$）。尽管如此，二者也存在着本质的区别，很难用其中一个变量完全解释另一个变量，也就是说，焦虑症状与抑郁症状具有测量个体心理情绪健康状况的独立性价值，不可相互取代。

（四）城市贫困人口健康状况的描述性分析

1. 总体健康状况较差，患病比例大，抑郁和焦虑症状较为严重

在本次调查中，城市贫困人口健康状况总体上较差，这主要表现在如下几个方面。首先，从城市贫困人口生理健康状况来看，患病比例大，以慢性病为主。在 1048 个有效样本中，处于健康状况的比例仅为 1/5 强，有近 1/5 的人口处在生理的亚健康状态，剩下的约 3/5 的人口处在患病状态中。在患病状态的人口中，慢性病人口占总体样本规模的 42.1%，占患病人口样本大小的 71.24%。另外，患有严重疾病的人口实际上往往大多患有各种慢性疾病，

[①]　龚幼龙、严非主编《社会医学》，复旦大学出版社，2005，第 265～268 页。

在统计时，我们把同时患有慢性病和严重疾病的人口归入了患有严重疾病的人口类别中了，这样看来，城市贫困人口中患有各种慢性病的人口占据了统治地位。患有严重疾病的城市贫困人口高达17.0%（见表7），这个比例也较高。其次，从抑郁状况分布来看，在898个有效样本中，城市贫困人口中只有12.9%的人口不存在显著性的抑郁（无抑郁或极轻微抑郁），剩下的77.1%的被调查者呈现不同程度的抑郁状态，其中轻度抑郁所占比例较大，占有效样本规模的2/5强，中度抑郁和重度抑郁的分别占23.1%和22.9%，即中度及以上的抑郁症状患者占了46.0%（见表7）。这说明，当前城市贫困人口中的抑郁情绪普遍存在，且程度比较严重。最后，从城市贫困人口的焦虑症状来看，有26.5%的被调查者有显著性的焦虑症状，这个比例也较高。有焦虑症状的被调查者相对于有抑郁症状的被调查者而言，显得没有那么普遍，然而，鉴于焦虑症状大多测量的是较为明显或严重的生理、心理和行为上的不适表征，所以一旦表现出明显的焦虑症状，往往后果较为严重。也就是说，对于许多有抑郁症状的个体而言，尤其是轻度或中度抑郁症状的个体，往往不一定表现出较强的焦虑症状，反之则不然。下面结合相关变量组别，分别对城市贫困人口的生理健康状况、抑郁状况和焦虑状况做进一步的交互分析。

表7 城市贫困人口健康状况分布情况

单位：人，%

		频数	百分比	累计百分比
生理健康状况	健康	224	21.4	21.4
	亚健康	205	19.6	41.0
	慢性病	441	42.1	83.1
	严重疾病	178	17.0	100.0
	合计	1048	100.0	

		频数	百分比	累计百分比
抑郁状况	无抑郁或极轻微抑郁	116	12.9	12.9
	轻度抑郁	369	41.1	54.0
	中度抑郁	207	23.1	77.1
	重度抑郁	206	22.9	100.0
	合计	898	100.0	
焦虑症状	有焦虑症状	256	26.5	26.5
	无焦虑症状	711	73.5	100.0
	合计	967	100.0	

2. 不同变量组别下城市贫困人口生理健康状况分析

调查结果表明，不同性别、年龄组、文化程度、工作状况以及婚姻状况下，城市贫困人口的生理健康存在着显著性差异，而在获取户籍年龄、家庭关系和睦程度、社会支持（找人帮忙办事和借钱）、有无专业技术证书变量分组下不存在显著性差异（详见表8）。

（1）从性别来看，城市贫困人口的生理健康状况存在着显著性差异，女性比男性健康的相对比例整体要高。在抽样调查样本中，女性健康的比例为22.9%，男性相对比例为19.5%；在亚健康和患有严重疾病的相对比例上，男性都普遍高于女性，但在慢性病方面，女性明显高于男性，这通常是由女性容易患有各种妇科慢性病所导致的。这种城市贫困人口生理健康状况的性别差异，总体上符合人们对一般人口的性别疾病结构分布的认知。

表8　不同变量组别下城市贫困人口的生理健康状况

单位：人，%

变量		频数	生理健康状况			
			健康	亚健康	慢性病	严重疾病
性别 * $\chi^2 = 10.377$, $p = 0.016$)	男	477	19.5	21.2	39	20.3
	女	571	22.9	18.2	45	14.2

续表

变量		频数	生理健康状况			
			健康	亚健康	慢性病	严重疾病
年龄组 ** ($\chi^2 = 60.197$, $p = 0.000$)	29 岁及以下	42	52.4	16.7	19.0	11.9
	30~39 岁	71	33.8	18.3	21	26.8
	40~49 岁	528	18.8	17.8	45	18.6
	50~59 岁	269	17.1	21.9	46	15.2
	60~69 岁	82	18.3	26.8	46	8.5
	70 岁及以上	54	31.5	18.5	37	13.0
文化程度 ** ($\chi^2 = 36.329$, $p = 0.000$)	文盲	69	24.6	14.5	38	23.2
	小学	110	23.6	20.0	45	11.8
	初中	506	19.4	17.8	47	15.4
	高中（中专）	288	17.7	24.3	38	20.5
	大学及以上	69	40.6	18.8	26	14.5
目前工作状况 ** ($\chi^2 = 59.666$, $p = 0.000$)	工作（有单位）	72	38.9	13.9	35	12.5
	离/退休	98	30.6	27.6	36	6.1
	失业/下岗	322	17.8	16.6	46	19.9
	一直无工作	423	15.8	19.1	46	19.4
	其他	121	33.1	25.6	30	11.6
获取户籍年龄 ($\chi^2 = 6.454$, $p = 0.374$)	5 岁及以下	643	20.8	19.1	41	19.0
	6~18 岁	65	27.7	16.9	43	12.3
	19 岁及以上	314	20.7	20.7	45	14.0
婚姻状况 ** ($\chi^2 = 30.482$, $p = 0.000$)	在婚	638	22.6	20.5	41	15.5
	离婚	157	12.1	18.5	50	19.1
	丧偶	146	20.5	17.1	49	13.7
	未婚	107	29.0	18.7	25	27.1
家庭类型（状态） ($\chi^2 = 24.988$, $p = 0.015$)	独身	215	20.5	16.7	37	25.6
	单亲	216	19.9	18.1	49	13.4
	丁克	66	16.7	19.7	52	12.1
	核心家庭	491	21.8	21.4	41	16.3
	联合家庭	60	31.7	20.0	38	10.0

续表

变量		频数	生理健康状况			
			健康	亚健康	慢性病	严重疾病
家庭关系和睦 ($\chi^2 = 0.997$, $p = 0.802$)	同意	858	21.6	19.8	42	16.3
	不同意	99	18.2	18.2	47	17.2
遇到急事（非资金） 能找到人帮忙 ($\chi^2 = 3.814$, $p = 282$)	总是或经常	620	22.1	17.7	43	17.3
	很少或从未	420	20.2	22.6	41	16.4
遇到暂时经济 困难能借到钱 ($\chi^2 = 4.641$, $p = 0.200$)	总是或经常	505	19.8	17.8	44	18.2
	很少或从未	531	22.4	21.7	40	15.8
专业技术证书 ($\chi^2 = 6.632$, $p = 0.085$)	有	204	23.5	22.5	34	19.6
	无	838	20.9	18.7	44	16.2
合计			21.4	19.5	42	16.9

$^*p < 0.05$, $^{**}p < 0.01$。

（2）不同年龄组别下城市贫困人口的健康状况分布基本呈现钩子形（乚形）。在调查样本中，29 岁及以下的健康相对比例为52.4%，30 岁组的健康相对比例为 33.8%，40 岁组的健康相对比例降为 18.8%，50 岁组的健康相对比例降至最低点，为 17.1%，60 岁组的健康相对比例略有回升，为 18.3%，70 岁及以上的高龄人口的健康相对比例提升至 31.5%，整体上的结构分布形态大体呈现一种钩子形，即乚形。调查显示，40 岁组至 60 岁组的城市贫困人口的生理健康状况处于相对低点，50 岁组城市贫困人口的生理健康状况最低。不同年龄组别下城市贫困人口的抑郁状况分布也存在类似的情况，下文将给出进一步的分析。

（3）在高等教育文化水平以下，城市贫困人口的健康状况相对比例与文化程度呈现明显的反向关系。如表 8 所示，接受过高等教育的城市贫困人口中，健康状况相对比例高达 40.6%，而在非高等教育文化程度的城市贫困人口的健康状况的相对比例分布中，文化程度越高，生理健康的相对比例就越低。这说明，即使在城市贫困人口群体中，是否接受高等教育对于生理健康状况具有重要的影响，接受高等教育对于提升人口的健康水平至关重要。但在没有接受高等教育的城市贫困人口中，文化程度与生理健康相对比例却呈现显著的反向关系，这可能与自我期望和参照群体有关，文化程度越低，自我期望相对越低，参照群体的同质性越强，心理失衡和不良情绪就会越少。

（4）工作状况是影响城市贫困人口生理健康的重要变量。调查数据显示，在不同的工作状况下，城市贫困人口的生理健康状况存在着显著性差异，工作（有单位）的城市贫困人口的生理健康的相对比例最高，为38.9%，剩下的依次为其他（个体手工业者、打工者等）、离/退休人员、失业/下岗人员、一直无工作人员，依次为33.1%、30.6%、17.8%、15.8%。这说明，工作是影响城市贫困人口生理健康的重要变量。

（5）不同婚姻状态和不同家庭类型的城市贫困人口的生理健康状况存在着明显的不同。未婚的城市贫困人口的生理健康相对程度最高，为29.0%，这可能是由未婚的被调查者往往较为年轻所导致的。除此之外，对于在婚、离婚和丧偶（且当前不在婚状态）三类城市贫困人口而言，在婚人口的生理健康的相对比例较高，为22.6%，其次是丧偶状态的人口，为20.5%，生理健康相对比例最低的是离婚人口，仅为12.1%。对于家庭类型而言，处在联合家庭状态的被调查者的生理健康所占的比例最高，为31.7%，其次是核心家庭，为21.8%，处在丁克家庭状态的被调查者的生理健康的比例最低，为16.7%。不同的婚姻状态和家庭类型对于城市贫困人口生理健康状况具有显著性影响。

3. 不同变量组别下城市贫困人口抑郁与焦虑状况分析

上文结合调查数据描述分析了具有显著性差异的各个变量组别下，城市贫困人口的生理健康状况相对分布情况。下文具体探讨不同变量组别下城市贫困人口的抑郁与焦虑状况的关联。

（1）不同性别在抑郁程度上存在显著性差异。抽样调查数据表明，在城市贫困人口的抑郁状况分布中，女性的抑郁症状相对比例为89.7%，而男性的抑郁症状相对比例为84.2%，女性显著地高于男性。尤其是在重度抑郁症状的相对比例上，女性为25.5%，相对比例高出男性5.5个百分点（见表9）。在城市贫困人口中，女性往往承受着双重的压力，一方面是社会中的性别不平等导致的压力，另一方面是贫困状态下女性遭受了更多的身心损害。

表9　不同变量组别下城市贫困人口的抑郁状况

单位：人，%

变量		频数	抑郁状况			
			无	轻度	中度	重度
性别 * （$\chi^2 = 8.485$， $p = 0.037$）	男	406	15.8	40.1	24.1	20
	女	491	10.4	42.0	22.2	25.5
年龄组 * （$\chi^2 = 27.048$， $p = 0.028$）	29 岁及以下	37	27.0	35.1	16.2	21.6
	30 ~ 39 岁	59	15.3	33.9	22.0	28.8
	40 ~ 49 岁	448	10.0	42.6	23.4	23.9
	50 ~ 59 岁	232	10.3	43.5	22.8	23.3
	60 ~ 69 岁	74	17.6	36.5	27.0	18.9
	70 岁及以上	46	28.3	37.0	21.7	13.0
文化程度 * （$\chi^2 = 22.120$， $p = 0.036$）	文盲	54	13.0	44.4	20.4	22.2
	小学	90	8.9	36.7	30.0	24.4
	初中	443	12.0	40.2	24.6	23.3
	高中（中专）	241	12.0	41.9	21.2	24.9
	大学及以上	65	26.2	49.2	12.3	12.3
目前工作状况 ** （$\chi^2 = 36.307$， $p = 0.000$）	工作（有单位）	62	19.4	45.2	19.4	16.1
	离/退休	89	21.3	50.6	12.4	15.7
	失业/下岗	288	12.2	38.9	26.7	22.2
	一直无工作	350	9.1	37.1	24.9	28.9
	其他	107	15.0	50.5	18.7	15.9

续表

变量		频数	抑郁状况			
			无	轻度	中度	重度
获取户籍年龄 ($x^2 = 5.450$, $p = 0.487$)	5 岁及以下	551	13.2	43.4	22.7	20.7
	6 – 18 岁	57	8.8	38.6	24.6	28.1
	19 岁及以上	273	12.1	38.5	23.1	26.4
婚姻状况 * ($x^2 = 18.239$, $p = 0.032$)	在婚	559	12.9	42.6	23.8	20.8
	离婚	128	7.0	44.5	21.1	27.3
	丧偶	123	13.8	34.1	28.5	23.6
	未婚	87	19.5	36.8	13.8	29.9
家庭类型（状态） ($x^2 = 14.938$, $p = 0.245$)	独身	173	17.3	34.1	22.5	26.0
	单亲	185	9.2	43.8	22.7	24.3
	丁克	62	11.3	38.7	17.7	32.3
	核心家庭	424	12.7	42.2	24.8	20.3
	联合家庭	54	14.8	48.1	18.5	18.5
家庭关系和睦 ** ($x^2 = 53.967$, $p = 0.000$)	同意	741	13.2	45.2	21.3	20.2
	不同意	84	8.3	9.5	35.7	46.4
遇到急事（非资金） 能长到人帮忙 ($x^2 = 6.279$, $p = 0.099$)	总是或经常	530	13.0	43.0	23.8	20.2
	很少或从未	364	12.9	37.9	22.0	27.2
遇难到暂时经济 困难能借到钱 ($x^2 = 3.551$, $p = 0.314$)	总是或经常	429	13.1	42.9	23.8	20.3
	很少或从未	463	13.0	39.3	22.2	25.5
专业技术证书 ($x^2 = 4.068$, $p = 0.254$)	有	183	9.8	45.4	25.1	19.7
	无	709	13.5	40.1	22.6	23.8
合计			12.8	41.1	23.1	23.0

*$p < 0.05$, **$p < 0.01$。

（2）不同年龄组别下城市贫困人口的抑郁状况分布呈现倒 U 形结构。

调查数据表明，29 岁及以下与 70 岁（高龄岁组）组别有抑郁症状的相对比例分别为 72.9% 与 71.7%；30 岁组和 60 岁组患有抑郁症状的相对比例则分别提升至 84.7% 和 82.4%；中间年龄组（40 岁组和 50 岁组）的城市贫困人口有抑郁症状的相对比例则相对最高，分别为 89.9% 与 89.6%。城市贫困人口患有抑郁症状的相对比例呈现较为完美的倒 U 形结构。反过来看，不同年龄组别下没有抑郁症状的相对比例分布就是标准的 U 形结构，这一点在分布形态结构上虽与不同年龄组别下生理健康状况的 L 形结构有所差别，但大体一致，都呈现了明显的两头高、中间低的状况。

（3）接受过高等教育的城市贫困人口有抑郁症状的比例低。表 9 显示，大学及以上学历的城市贫困人口有抑郁症状的相对比例最低，为 73.8%，小学文化程度的城市贫困人口有抑郁症状的相对比例最高，为 91.1%。文盲、初中、高中（中专）文化程度的城市贫困人口有抑郁症状的相对比例大体一致，基本为 88.0%。接受过高等教育的城市贫困人口不仅——与生理健康状况相对分布状况一样——有抑郁症状的相对比例最低，而且中度与重度抑郁症状相对分布比例均为 12.3%，大体上是其他文化程度组别的一半左右。

（4）不同工作状态下有抑郁症状的相对比例差异显著。一直无工作的城市贫困人口有不同程度的抑郁症状的相对比例高达 90.9%，其次是失业/下岗人员的相对比例为 87.8%，而离/退休人员有抑郁症状的相对比例则相对最低，为 78.7%，工作（有单位）的人员，为 80.7%。一直无工作和失业/下岗人员有中度及以上抑郁症状的相对比例远高于其他人口，分别为 53.8% 与 48.9%，在各自的有效样本中，所占相对比例分别超过和接近一半。

（5）婚姻状况和家庭关系状况是影响城市贫困人口是否具有抑郁症状的重要影响因素，家庭类型对城市贫困人口的抑郁症状不具有显著性影响。与生理健康状况一样，婚姻状况与城市贫困人口是否有不同程度的抑郁症状具有显著性相关关系。未婚贫困人口有抑郁症状的相对比例最低，而在婚（处在婚姻状态）和丧偶的城市贫困人口中有抑郁症状的相对比例基本一致，处在中间水平，而离婚的城市贫困人口中有抑郁症状的相对比例最高，为92.9%。另外，家庭关系是否和睦显著地影响到城市贫困人口有抑郁症状的相对比例和严重程度。家庭关系和睦的贫困人口有抑郁症状的相对比例为86.7%，且大多为轻度抑郁症状，即45.2%，中度抑郁症状和严重抑郁症状的相对比例分别为21.3%和20.2%。而家庭关系不和睦的贫困人口患有抑郁症状的相对比例高达91.6%，且大多为中度和重度抑郁症状，相对比例分别高达35.7%和46.4%。由此可见，家庭关系状况对城市贫困人口的抑郁症状有显著的影响。从表9可以看出，处在不同家庭类型中的个体在抑郁症状上没有显著性差别。

（6）城市贫困人口的焦虑症状与工作状况、社会支持状况显著相关。

在不同变量组别下城市贫困人口的焦虑症状中，只有工作状况、社会支持状况（包括找人帮忙与借钱这两项重要子变量）变量组别具有显著性差异，其他变量组别下城市贫困人口的焦虑症状不具有显著性差异（见10）。一直无工作的贫困人口有焦虑症状的相对比例最高，为33.2%。这进一步说明工作对于城市贫困人口整体性生活的重要意义。在遇到急事（非资金）或遇到暂时经济困难，总是/经常能找到人帮忙或总是/经常能借到钱的人有焦虑症状的比例，显著地低于很少/从未能找到人帮忙或借到钱的人有焦虑症状的比例，这说明除了工作变量，社会支持状况对城市贫困人口的焦虑症状具有显著性影响。

表10　不同变量组别下城市贫困人口的焦虑症状

单位：人，%

变量		频数	焦虑症状	
			有焦虑症状	无焦虑症状
性别 （$\chi^2 = 1.041$， $p = 0.308$）	男	430	24.9	75.1
	女	536	27.8	72.2

变量		频数	焦虑症状	
			有焦虑症状	无焦虑症状
年龄组 ($\chi^2 = 6.122$, $p = 0.295$)	29 岁及以下	40	17.5	82.5
	30 ~ 39 岁	69	29	71
	40 ~ 49 岁	486	28.6	71.4
	50 ~ 59 岁	247	25.5	74.5
	60 ~ 69 岁	77	26	74
	70 岁及以上	46	15.2	84.8
文化程度 ($\chi^2 = 4.932$, $p = 0.294$)	文盲	60	25	75
	小学及以下	100	31	69
	初中	474	27	73
	高中（中专）	262	27.1	72.9
	大学及以上	68	16.2	83.8
目前工作状况 ** ($\chi^2 = 18.363$, $p = 0.001$)	工作（有单位）	67	23.9	76.1
	离/退休	94	20.2	79.8
	失业/下岗	309	24.9	75.1
	一直无工作	383	33.2	66.8
	其他	111	15.3	84.7
获取户籍年龄 ($\chi^2 = 0.353$, $p = 0.838$)	5 岁及以下	600	26	74
	6 ~ 18 岁	61	29.5	70.5
	19 岁及以上	286	26.2	73.8
婚姻状况 ($\chi^2 = 1.743$, $p = 0.627$)	在婚	592	26	74
	离婚	139	30.2	69.8
	丧偶	135	27.4	72.6
	未婚	100	23	77
家庭类型（状态） ($\chi^2 = 3.391$, $p = 0.495$)	独身	191	22.5	77.5
	单亲	203	28.1	71.9
	丁克	64	28.1	71.9
	核心家庭	451	27.9	72.1
	联合家庭	58	20.7	79.3

变量		频数	焦虑症状	
			有焦虑症状	无焦虑症状
家庭关系和睦 ($\chi^2 = 19.10$, $p = 0.000$)	同意	799	24.2	75.8
	不同意	90	45.6	54.4
遇到急事（非资金）能找到人帮忙** ($\chi^2 = 1.354$, $p = 0.245$)	总是或经常	560	25.2	74.8
	很少或从未	403	28.5	71.5
遇到暂时经济困难能借到钱* ($\chi^2 = 5.607$, $p = 0.018$)	总是或经常	460	23	77
	很少或从未	500	29.8	70.2
专业技术证书 ($\chi^2 = 0.186$, $p = 0.666$)	有	189	25.4	74.6
	无	772	26.9	73.1
合计			26.6	73.4

$^*p < 0.05$，$^{**}p < 0.01$。

（五）小结

人们对健康的认知经历了传统的"生物医学模式"向现代的"生物 - 心理 - 社会医学模式"的转变，对健康的生物医学模式的理解仅仅聚焦于生理状况和病因，忽视了复杂的心理和社会因素，因而具有较强的局限性。本项研究基于"生物 - 心理 - 社会医学模式"对于健康的认知，运用抽样调查方法，描述性地分析了城市贫困人口的生理和心理 - 行为两个主要的健康层次；针对城市贫困人口的心理 - 行为健康层面，主要运用了贝克抑郁量表和贝克焦虑量表测量了城市贫困人口的抑郁和焦虑状况，并结合性别、文化程度、职业等主要基本变量因素进行了分组别探讨。现将基本研究发现总结如下。

第一，城市贫困人口健康状况总体上较差，患病比例大，以慢性病为主，抑郁和焦虑症状较为严重。本项调查数据表明，城市贫困人口中患病比例较大，尤其是患有慢性病的人较多，患有严重疾病的人实际上往往大多患有各种慢性疾病，城市贫困人口的生理健康状况的确不容乐观，这严重影响了其基本生活和幸福程度，在很大程度上使其因生理健康问题难以摆脱贫困状态。总之，超过七成的城市贫困人口具有不同程度的抑郁情绪，其中近一半的调查人口患有中度及以上的抑郁症状，另外，近1/3的城市贫困人口呈现显著性焦虑症状，城市贫困人口的总体健康状况非常差，令人担忧。

第二，调查结果表明，不同性别、年龄、文化程度、工作状况、婚姻状况以及家庭类型（状况）下，城市贫困人口的生理健康存在着显著性差异，而在获取户籍年龄、家庭关系和睦程度、社会支持（找人帮忙办事和借钱）、有无专业技术证书数量变量分组下不存在显著性的差异。而在抑郁症状上，不同性别、年龄、文化程度、工作状况、婚姻状况以及家庭关系状态的组别下，城市贫困人口的抑郁症状具有显著性差别。对于焦虑症状而言，只有工作状况、社会支持状况变量组别下城市贫困人口的焦虑症状具有显著性差异。具体来说有如下几点。

（1）从性别来看，城市贫困人口的生理健康状况存在着显著性差异，女性比男性健康的相对比例整体要高。另外，不同性别间在抑郁程度上也存在显著性差异。在城市贫困人口的抑郁状况分布中，女性的抑郁症状相对比例显著地高于男性。这在一定程度上说明，在城市贫困人口中，贫困程度强化了女性所遭受的不平等程度。

（2）不同年龄组别下城市贫困人口的健康状况分布基本呈现钩子形（L形），与此类似的，不同年龄组别下城市贫困人口的抑郁状况分布呈现倒 U 形结构。低龄组的生理健康状况和无抑郁或极轻微抑郁症状相对比例较低很容易理解，但对于高龄组在生理健康状况和无抑郁或极轻微抑郁上症状相对比例依然较高的情况就需要给出合理的解释。之所以出现高龄组的生理健康状况和无抑郁或极轻微抑郁状况比例相对较高，一种合理的解释可能是，度过疾病多发期的中老年期后依然存活下来的高龄组人口，往往身体基础较好，且具有良好的生活方式和乐观豁达的精神状态。

（3）是否接受高等教育，对于城市贫困人口的生理健康状况和抑郁状态具有重要影响。接受了高等教育的城市贫困人口，分别在生理健康状况和抑郁状况的相对比例上显著低于高等教育文化程度以下的贫困人口。而值得引起关注的是，在高等教育文化程度以下，城市贫困人口的健康状况相对比例与文化程度呈现明显的反向关系。

（4）工作状况是影响城市贫困人口生理健康、抑郁症状与焦虑症状的重要变量。工作对于城市贫困人口的重要性不仅仅在于其是一种必要的谋生手段，更在于其具有常被人们忽略的更重要的非功利价值。通常而言，工作对于人们的含义不仅仅是谋生的手段，更是整体生活的重要构成要素，对于身心、精神生活具有深刻的影响。这一点，对于城市贫困人口而言，也不例外，甚至是更为重要的。作为一种谋生的手段，工作对于城市贫困人口的重要性至少不低于其他社会成员。而工作作为整体生活的必要构成，对于城市贫困人口的重要性常常被人们忽略，相关研究文献也很少对此进行探讨，似乎工作对于穷人而言仅仅是一种谋生的手段而已。这是一种严重的误解。工作对于城市贫困人口的重要性不仅仅体现在人们日常认为的谋生价值上，更重要的是其对日常生活以及身心健康具有深刻的影响。长期无工作、失业/下岗不仅仅导致或加剧经济贫困，而且在很大程度上削弱了人们的精神状态与能动力，使身心遭受创伤，往往导致抑郁和焦虑，并进而危害生理健康。

（5）不同婚姻状态的城市贫困人口的生理健康状况存在着明显的不同。另外，婚姻状况和家庭关系状况是影响城市贫困人口是否具有抑郁症状的重要影响因素。

（6）在不同变量组别下城市贫困人口的焦虑症状中，只有工作状况、社会支持状况（包括找人帮忙与借钱这两项重要子变量）变量组别具有显著性差异，其他变量组别下城市贫困状况的焦虑症状不具有显著性差异。

三　城市低保对象精神健康状况及其影响因素分析

城市最低社会保障制度在保障城市贫困家庭的基本生活、维护社会稳定方面起到了较大的作用，较好地发挥了"最后一道社会安全网"的作用。对山东省低保对象抑郁程度影响因素的分析发现，低保对象的心理健康状况堪忧，低保对象的年龄和受教育程度对抑郁水平有影响，抑郁水平外在的影响因素源于他们的身体健康状况以及工作稳定性等，社会资本的匮乏以及同质性特征并不能帮助他们走出不良的情绪状态。

（一）问题的缘起

城市最低生活保障制度是我国城市贫困治理中的一项重要制度安排，对于保障城市贫困家庭的基本生活具有重要意义。对于这一制度的探索始于20世纪90年代。1993年6月1日，针对收入较低、生活困难的在职职工、退休职工以及社会闲散人员，上海市政府宣布建立"城市居民最低生活保障线制度"，拉开了全国建立城市低保制度的序幕。这一制度迅速得到了厦门、青岛、福州、大连等城市的响应，截至1996年底，全国已有101个城市建立了城市低保制度。1997年，中央要求："在所有地级以上城市都要建立居民最低生活保障制度，有条件的县镇也可以考虑尽早建立。"1999年9月，国务院颁布了《城市居民最低生活保障条例》，标志着城市低保作为一项制度正式确立。《城市居民最低生活保障条例》颁布之后，社会救助各项制度逐步完善、供养和补助标准持续提高、救助覆盖范围不断扩大。2000 年底，城市低保制度仅仅覆盖 400 余万人，经过制度确立和 2001 年、2002 年两次扩大覆盖面，2002 年覆盖人数激增至 2200 万人，完成"应保尽保"目标。城市低保制度萌芽、推广和确立阶段与宏观的制度性结构变迁密不可分，在这些阶段，市场经济向纵深方向发展，国有企业与集体企业改制、企业减员增效，导致大量的下岗失业人员出现，城市低保制度带有国家对于下岗失业职工的历史性补偿性质。

随着大规模下岗失业潮接近尾声，全国享受城市低保待遇的贫困居民人数也已经基本稳定，低保人员不再大规模扩张，2004 年之后，低保对象人数不再激增，进入稳定期，2007 年享受城市低保的人数为 2233 万人，新增的贫困群体也不再是特殊历史时期形成的下岗失业人员，而变成学界所谓的"新贫困群体"。城市低保制度整体社会背景也由"转轨"转向"城市反贫困"。

无论是在哪种背景下，也不管各个阶段存在着怎样不同的问题和质疑，可以明确地说，城市低保制度在保障城市贫困家庭的基本生活、维护社会稳定方面起到了较大的作用，较好地发挥了"最后一道社会安全网"的作用。学术界对于该项制度的研究热点也一直围绕着"制度运行中存在的问题进行"[1]。伴随着低保制度进入相对稳定的成熟期，学术界的研究热点开始转向更加细致化的研究，福利依赖问题研究[2]、城市低保标准的科学制定及动态调整问题[3]、城市低保制度实施中的社会参与问题、低保制度与就业

---

① 韩克庆、刘喜堂：《城市低保制度的研究现状、问题及对策》，《社会科学》2008 年第 2 期。

② 韩克庆、郭瑜：《福利依赖是否存在？——中国城市低保制度的一个实证研究》，《社会学研究》2012 年第 2 期；徐丽敏：《国外福利依赖研究综述》，《国外社会科学》2008 年第 6 期；蓝云曦、周昌祥：《社会结构变迁中的福利依赖与反福利依赖分析》，《西南民族大学学报》（人文社科版）2004 年第 8 期。

③ 洪大用：《城市居民最低生活保障标准的相关分析》，《北京市行政学院学报》2003 年第 3 期；黄晨熹：《城市低保对象动态管理研究：基于"救助生涯"的视角》，《人口与发展》2009 年第 6 期。

制度的对接及联动①、城乡低保制度的统筹及对接、城市低保制度及可持续生计等成为重要的研究课题。当然，低保对象生活状况研究一直是学界研究的热点。但是，在解决包括低保对象在内的城市弱势群体的问题过程中，政府更多、更主要的是采用直接的宏观政策调控，以及以构建社会保障体系等方式进行经济援助，却忽略了他们的心理需求，即缺乏对城市弱势群体的心理状态和内心世界的了解和关注。实际上社会弱者往往在心理或人格上存在这样那样的问题或特点，这类问题妨碍着他们最终走出困境。②从某种角度讲，来自社会的关怀、同情、引导等心理救助所起的作用并不亚于物质层面。对低保对象进行"心理上的干预，并积极开展相应的心理救助工作，从而使低保对象缓解心理上的焦虑、失落和不满……重塑生活信心"③ 也是城市低保制度的题中应有之义。

虽然有关低保对象心理健康研究的呼吁颇多，但是实际的研究，尤其是定量的研究却远远不足（下文会具体述及）。其原因可能是出于社会学学科内定性研究和定量研究两种研究范式的不同，一般认为，在研究目标上，定量研究重视预测控制而定性研究重视对意义的理解；在研究对象上，定量研究强调事实的客观实在性而定性研究强调对象的主观意向性；在研究方法上，定量研究注重经验证实而定性研究注重解释建构。心理健康问题自然属于主观意向性范畴，需要研究者更多的"理解和解释"。这种分野可能导致研究者产生研究方法上的"路径性依赖"，固守"心理健康问题当由定性研究来完成"的成见。心理学学科更关注个体层面

① 任丹：《城市最低生活保障制度与就业联动机制探析》，《社会保障研究》2009年第5期；刘军强：《增长就业与社会支出：关于社会政策的常识与反常识》，《社会学研究》2012年第2期。
② 李迎生：《全面建设小康社会与社会救助制度的全面转型》，《社会科学研究》2003年第6期。
③ 刘喜堂：《当前我国城市低保存在的突出问题及政策建议》，《社会保障研究》2009年第4期。

心理的状况研究，注重实验方法，当然，该学科领域内的研究也不乏对于某一大型群体心理的研究，但是，研究时往往要求有更多的可控因素，从有关大型群体心理健康程度的研究对象多集中在学生群体可以窥见一斑。此外，心理学的研究在自变量的设计上不宜过多，而低保群体的心理健康问题恰恰可能会有很多的影响因素，"控制情境"几乎不可能做到，即使能够理想地"控制情境"，做出了一些解释，其解释力也可想而知。

学界研究的匮乏并不代表该问题不突出、不重要。实际上，有关低保对象心理健康的问题恰巧需要定量的研究，心理健康问题的重要性自不待言，能够将该问题与低保对象的生活状况结合起来进行因果分析才能找到真正的有针对性的建议。鉴于此点，本研究拟做出初步的尝试，抛砖引玉，期盼这一主题能得到更多学界同仁的重视。

（二）文献综述

相关研究文献表明，有关低保对象心理健康状况的研究整体学术性较差，主要是一般性理论分析，甚至只是有关这一现象的简单的议论，缺少经验性研究结果。现有文献中，下列研究与本研究的关系相对密切，其研究结果对本研究有较好的借鉴意义。

尹志刚认为，弱势群体在生活质量上都具有低层次性，苦闷、焦虑、彷徨、悲观是他们精神生活的主要特点。[①] 邵云娜在对江苏省六市（南京、苏州、无锡、常州、泰州、南通）低保对象的访谈中发现，低保对象常常会有积极向上和悲观消极两种截然相反的心理表现。具有消极悲观心理的低保对象占了大多数，他们通常是由于疾病、残疾、灾难等情况而致贫的，并且多为长期被纳入低保体系。刘立臣认为，低保对象作为一种特殊的社会弱势群

---

① 尹志刚：《论现阶段我国社会弱势群体》，《北京教育学院学报》2002 年第 3
期。

体，存在一些共同的行为心理特征，归纳起来主要包括以下几个特征：渴望求助、等靠依赖、无忧无虑、社会异常、相互攀比。[①]蓝云曦、周昌祥在研究中也注意到了低保对象的心理健康问题，并提出运用个案工作方法对"低保"人员进行心理咨询、诊断，以了解"低保"案主的真实情况，提供咨询建议。[②] 具体而言，可以通过案例引导、心理调适、资源中介、激励自信、回顾启示、训练自尊等方式，帮助"低保"案主重建就业信心，使其通过自助，走上工作岗位。李迎生也指出，个案工作者应特别注重社会弱者心理、人格、动机、态度的改变，只有如此，才有可能使社会弱者最终走出困境。[③] 通过简单回顾有关研究可以看出，这些研究基本都是通过"头脑风暴法"或者定性研究得出的结论，很少有实证研究，尤其是缺乏经验数据的支持。

张训保等对江苏省徐州市 19 个居委会登记在册的低保人员进行了心理卫生状况调查，并将其与同等数量的非低保人员配对进行对照分析，结果表明，低保人员在心理健康方面，如躯体化症状、强迫症状、人际关系敏感、忧郁、焦虑等方面的得分值都显著高于非低保人员。他们将影响低保人员心理卫生状况的因素分为三类：非人为可改变因素（性别、文化程度、婚姻状况、子女状况、自评健康状况、上年比健康状况、居住面积、既往职业等）、现存因素（当前职业状况，与兄弟姐妹、朋友之间的关系，遇到经济困难时亲朋资助情况，患病后的就医状况，睡眠状况，运动、休闲状况及经常吸烟情况等）、社会支持因素（主要包括异常婚姻率高、多和孩子住在一起、较少能得到家人帮助、少得到救济等）。该研究的结论不够明确，在研究的基础上也很难提炼有建设意义的政

---

① 刘立臣：《城市低保对象心态分析与对策》，《经济研究》2005 年第 3 期。

② 蓝云曦、周昌祥：《社会结构变迁中的福利依赖与反福利依赖分析》，《西南民族大学学报》（人文社科版）2004 年第 8 期。

③ 李迎生：《全面建设小康社会与社会救助制度的全面转型》，《社会科学研究》2003 年第 6 期。

策建议。此外，在研究规范性上，其抽样方法有可商榷之处，研究所使用的比较可能需要在控制相关变量的情况下进行进一步验证。

具体到本研究，将主要涉及有关某一群体的抑郁、焦虑等心理健康状况的研究，心理学领域内的研究并不少见，这也给笔者进行研究假设，尤其是区分可能影响低保人群心理健康的相关因素即自变量提供了思路。

井世洁和乐国安通过对初中生的应激过程进行模型验证后发现：生活事件与应对方式并不是相互独立地对焦虑和抑郁起作用，而是整合在一起协同作用，这一结论支持 Larzarus 等人所提出的应激交互作用模型。[①] 李伟等采用问卷法，对 394 名大学生进行了压力感问卷、抑郁问卷、焦虑问卷和社会支持感受问卷的测查，结论是：生活中的压力事件是抑郁、焦虑的重要相关因素，而社会支持能够在一定程度上缓解心理压力、减少压力带来的不良情绪体验，从而提高个体心理健康水平。[②] 刘玉兰通过在南京某打工子弟学校全面普查获得的容量为 570 人的样本来研究流动儿童的精神健康状况，结果表明流动儿童的精神健康状况差于非流动儿童，社会经济地位、家庭支持和个体抗逆力均对其产生影响，其他社会支持的影响不显著。[③] 贾守梅等对上海市社区空巢老人焦虑现状进行研究，通过对 229 人的问卷调查发现焦虑的发生率为 27.5%。多元回归后进行排序发现空巢老人焦虑的影响因素由高到低排列为：躯体疾病、宗教信仰和文娱活动。[④] 谢丽琴等对农村空巢老人抑郁水平调查发现轻度抑郁者占总调研人数的 72.9%，中重度抑郁者占 7.6%，促进老人抑郁的因素有消极态度、支持利用度、经

---

① 井世洁、乐国安：《初中生的生活事件、应对方式与不良情绪的结构模型研究》，《中国临床心理学杂志》2004 年第 3 期。
② 李伟、陶沙：《大学生的压力感与抑郁、焦虑的关系：社会支持的作用》，《中国临床心理学杂志》2003 年第 2 期。
③ 刘玉兰：《流动儿童精神健康状况分析》，《人口学刊》2012 年第 3 期。
④ 贾守梅、时玉洁、周浩、傅骏、吕斌：《社区空巢老人焦虑抑郁状况及其影响因素调查》，《护理学杂志》2017 年第 14 期。

济状况和宗教信仰。[1] 赖英娟等探讨了我国台湾地区大三学生的正向气质和正向情绪对抑郁情绪的效应，重点关注了自尊、生活目标、希望感和校园人际关系几个变量。[2]

通过阅读已有研究可知，社会学的研究缺乏定量研究的支持，而心理学学科的研究主要集中在心理学相关变量上，具体原因上文已经提出可能性解释，此处不赘。就本研究所涉及的主题而言，将集中于压力事件（或曰生活事件、压力源）、社会支持以及生活态度（近似于对压力事件的应对方式或抗逆力）等几个方面来进行考察。

（三）数据与方法

本研究数据来源于"发展型社会政策理念下城市贫困家庭可持续生计研究"项目课题组于2012年7～9月在山东地区所实施的"城市贫困家庭生活状况调查"中的城市低保家庭子样本数据库（具体情况参见第一章介绍）。为全面了解城市贫困人口的心理－行为健康状况，课题组对被调查对象进行了抑郁症状和焦虑症状的测量，主要采取了贝克抑郁自评量表和贝克焦虑量表。有关样本分布概况见表11。

表 11　城市低保家庭子样本分布概况

单位：人，%

变量名	变量值	频数	百分比	累计百分比
性别	男	478	45.5	45.5
	女	572	54.5	100.0
	合计	1050	100.0	

① 谢丽琴、张静平、焦娜娜：《农村空巢老人抑郁状况与社会支持、应对方式关系的研究》，《中国老年学杂志》2009年第19期。
② 赖英娟、陈伟明、董旭英：《以结构方程式模式探讨台湾大学生自尊、生活目标、希望感及校园人际关系对忧郁情绪之影响》，（台湾）《教育心理学报》2011年第4期。

变量名	变量值	频数	百分比	累计百分比
年龄组	29 岁及以下	42	4.0	4.0
	30～39 岁	72	6.9	10.9
	40～49 岁	529	50.5	61.4
	50～59 岁	269	25.7	87.1
	60～69 岁	82	7.8	94.9
	70 岁及以上	54	5.2	100.0
	合计	1048	100.0	
文化程度	文盲	69	6.6	6.6
	小学	111	10.6	17.2
	初中	507	48.6	65.8
	高中（中专）	288	27.6	93.4
	大学及以上	69	6.6	100.0
	合计	1044	100.0	
目前工作状况	工作（有单位）	73	7.0	7.0
	离/退休	98	9.4	16.4
	下岗失业	332	31.7	48.1
	一直无工作	424	40.5	88.6
	其他	121	11.5	100.0
	合计	1048	100.0	

从表 11 可以看出低保对象的基本分布情况，女性（54.5%）多于男性（45.5%），40 岁组和 50 岁组合计占比 76.2%，超过了低保对象总数的 3/4，低保对象的年龄基本都在高中（中专）及以下，合计占比 93.4%，初中及以下文化程度者占 65.8%。按照就业情况来看，下岗失业和一直无工作组合计占比为 72.2%，而工作（有单位）的仅占 7.0%，比例非常低。总体而言，低保对象的人口学特征分布呈现"两高一低"的状况，即"年龄高、没有工作的比例高、文化程度低"。参照已有研究，本部分对拟研究的主题进行如下模型设计。

1. 因变量：抑郁水平

焦虑和抑郁是最常见的负面情绪，对他们的评定和衡量在心理学和精神医学上有着重要的意义，二者有区别，但是又有高度的相关性。焦虑和抑郁的鉴别在临床上十分困难，在量表的项目上也存在着一些交叉。评定焦虑的量表中含有评定"抑郁心境"的项目，在抑郁的量表中也存在着"精神性焦虑"和"躯体性焦虑"的项目。碍于篇幅，本研究仅对低保对象的抑郁状况进行研究。

2. 自变量

（1）人口学特征变量。这一组自变量包括了性别（X_{11}）、年龄（X_{12}）、受教育程度（X_{13}）。性别为虚拟变量，其中男性为参照组；年龄和受教育程度为定距变量，后者在问卷调查中通过询问"上了多少年学"获得，因为年龄对于因变量可能具有非线性影响（中年人受到家小拖累可能会在精神健康状况上处于最不利的地位，这在探索性数据分析中得到证实。针对抑郁水平和年龄的单因素分析表明，年龄对于抑郁得分的影响是非线性的，而是呈现倒 U 形，转折点发生在 45 岁），所以考虑在模型中纳入年龄平方项。

（2）健康状况。已有的心理学研究表明，重要生活事件对于抑郁、焦虑和紧张等不良情绪的产生有着毋庸置疑的影响，健康状况不良尤其是患有慢性疾病、重大疾病无疑是一种重要生活事件。"因病致贫"和"因病返贫"绝非偶然，疾病与贫困的共生在低保对象中尤为明显，这一点在调查结果的描述性统计中也能够清楚看到。根据民政部 2002 年的摸底调查，低保对象中有 30% ~ 40% 是因病返贫或者因病致贫。[1] 在研究中，我们研究者对健康状况的自评（X_{22}）区分为健康、亚健康、慢性病和严重疾病四类，

---

[1]　洪大用：《改革以来中国城市扶贫工作的发展历程》，《社会学研究》2003 年第 1 期。

其中健康为参照组，考察身体健康状况对于低保对象心理健康状况的细致影响。在调查问卷中，健康状况的测量是通过询问被调查者患有何种疾病（1 很好，很少得病；2 好，偶尔得病；3 一般，经常得小病；4 不好，长期慢性病；5 很不好，患有严重疾病）来获得的，实际分析中将 2 和 3 合并，将身体健康状况命名为健康、亚健康、慢性病和严重疾病四类。

（3）工作状况。已有研究表明，很多低保户在享受低保金的同时，工作状态基本上没有长时间断裂，一直通过各种渠道在努力地找工作。如果考虑到期间经过尝试而没有成功的找工作历程，其找工作的努力与艰辛程度应该超过了外界的想象。因此，找工作可能对于低保对象来说也是一个具有长期性和持续性的生活事件。学界对于是否存在福利依赖的讨论中，低保对象是不是积极寻找工作是一个争论的焦点。很多对低保对象找工作主动性有悲观预期的学者提出，要建立城市低保制度与就业的联动机制。而低保对象是否为找工作而焦虑和抑郁也能成为相关研究的一个经验支持。本研究中将工作状况自变量分为两个部分：工作状态（X_{31}）以及工作稳定性（X_{32}）。工作状态为类别变量，以"目前有工作"的低保对象为参照组，考察在控制其他变量影响下有工作的组别和目前不在工作状态的组别之间的差异；工作稳定性由询问"我或我的家人经常换工作，工作非常不稳定"的四分量表获得（非常同意 = 4，同意 = 3，不同意 = 2，非常不同意 = 1）。

（4）社会救助状况。贫困是低保对象的主要特征，因此要考察低保对象的收支情况对于其心理状态的影响。理想状况是可以将低保对象的收入区分为工资性收入、社会救助性收入两部分。工资性收入包括正式工作收入（指有劳动合同的工作）、临时打工工资收入（没有正式劳动合同）、个体经营性收入、出租房屋收入和退休金等；社会救助性收入应综合低保金、医疗救助（医院直接减免和看病后的数额）、教育救助、住房租赁补贴、临时救助、社会捐助和其他社会补助（包括各种抚恤金、残疾人生活补助等）

等。支出亦应区别出维持型消费和发展型消费两部分。这样的细分无论是对低保对象生活状况的了解，还是对低保对象精神健康状况的了解无疑都有更多的启示意义。但遗憾的是，如同很多学界讨论所提示的那样，详细收集其收支状况并非易事，其中存在很多低保对象为了害怕失去低保资格，以致丧失附带的很多相关福利，而隐匿收入和夸大支出的状况。这一点在为了确定低保资格而进行的严格的家计调查中尚且存在，更何况想凭借一次问卷调查就要得到相对准确的数据，这更是难上加难。所以，本研究选取了比较明确的人均低保金（X_{41}）这个指标。原因如下，低保制度并非采取整齐划一的救助模式，而是差额分类施保，即将家庭人均收入低于最低生活保障标准的部分补齐。所以，从原则上讲，低保对象的支出状况应和最低生活保障标准看齐，通过严格家计调查确定的低保金就是低保对象家庭的收入和支出之间的差距。

（5）社会资本和社会支持状况。社会资本和社会支持状况对于心理健康与否起着重要的作用，而在中国，社会资本在很大程度上可以用"关系"来衡量。抛开中国到底是"强关系社会"还是"弱关系社会"的争议不谈，夫妻、亲子、邻里、朋友等社会关系的完备及有效性会使得个人产生归属感、被接受感和被需要感，有利于个人释放和缓解抑郁、紧张、焦虑等不良情绪，这是不容置疑的。本研究中有关朋友关系的测量由询问被调查者"遇到急事（非资金）能找到人帮助"，以及"遇到暂时经济困难能借到钱"（总是 =4，经常 =3，很少 =2，从未 =1）获得，通过二者构建社会资本存量的变量（X_{51}），通过对"我们家庭和睦，很少发生争吵"的同意程度（非常同意 =4，同意 =3，不同意 =2，非常不同意 =1）来测量夫妻关系（X_{52}）。

（6）生活态度。对于心理健康状况的测量自然离不开低保对象内在的生活态度。已有研究尤其是心理学领域内的研究更注重内在态度、应对方式的影响，也发展出比较多的测量工具。很多研究侧重正向气质和正向情绪对于忧郁感的影响。本研究选择了低保对象对于低保制度的满意程度和低保对象的生活信心两个指标来构建低保对象的生活态度自变量，当然这只是一种尝试性的概括，更严谨的方式应该用经过效度和信度检验的量表来进行测量，鉴于本研究重点在于寻找影响低保对象心理健康的"应激源"，所以这种自变量构建只是做一种尝试。本研究中生活态度所容纳的主要是低保制度的满意程度及生活目标、希望感两个层面的测量。[①] 两指标通过提"我认为政府对我的帮助很大"和"再过几年，我相信我们家的生活会有很大的改善"的四分同意程度量表测量来获得（非常同意＝4，同意＝3，不同意＝2，非常不同意＝1）。

（三）数据分析

1. 数据结果

尽管判断抑郁程度的临界值因研究目的而不同，但通常而言，总分小于等于4分，为无抑郁或极其轻微抑郁；5～13分为轻度抑郁；14～20分为中度抑郁；21分及以上可视为重度抑郁。具体到本研究中，低保对象抑郁状况的初步描述性结果如表12所示。

表 12　低保对象抑郁程度概况

单位：人，%

变量		频数	百分比	累计百分比
抑郁状况	无抑郁或极轻微抑郁	116	12.92	12.92
	轻度抑郁	369	41.09	54.01
	中度抑郁	207	23.05	77.06
	重度抑郁	206	22.94	100
	合计	898	100	

① 赖英娟、陈伟明、董旭英：《以结构方程式模式探讨台湾大学生自尊、生活目标、希望感及校园人际关系对忧郁情绪之影响》，（台湾）《教育心理学报》2011年第4期。

　　从表 12 可以看出，在城市低保对象中，中度抑郁和重度抑郁者占 45.99%，这一比例还是非常高的。学界有些研究者在归纳低保对象心理特征时竟包含"无忧无虑",[①] 本次研究的数据与之迥异，证明那些乐观的归纳纯属主观臆测，甚至有"污名化"的嫌疑。忽略测量工具及信度、效度的不同，只是简单和谢丽琴等有关空巢老人的抑郁程度的研究比较就可知道低保对象作为一个群体的抑郁概况。[②] 在谢丽琴等的研究中，轻度抑郁者占总调研人数的 72.9%，中度和重度抑郁者占 7.6%。可以想象同样是被边缘化的两个群体之间抑郁程度的差别。对影响抑郁状况的各具体因素做回归分析，结果如表 13 所示。

表 13　低保对象抑郁程度影响因素 OLS 模型

抑郁程度	系数	标准误	t	$P > t$	标准化系数
性别	− 1.288845 *	0.6317296	− 2.04	0.042	− 0.06847
年龄	0.275857	0.1527023	1.81	0.071	0.315065
年龄平方/100	− 0.3289917 *	0.1443967	− 2.28	0.023	− 0.39554
受教育程度	− 0.234867 *	0.0924129	− 2.54	0.011	− 0.08852
健康状况					
亚健康	2.318905 *	0.9613051	2.41	0.016	0.038425
慢性疾病	4.082692 ***	0.8353442	4.89	0.000	0.100463
重大疾病	6.306934 ***	1.0654690	5.92	0.000	0.241148
工作与否	1.368240	1.1915940	1.15	0.251	0.241148
工作稳定性	− 0.937995 *	0.3704707	− 2.53	0.012	− 0.08364
人均低保金	0.004151	0.0030218	1.37	0.170	0.046098
夫妻关系	1.656045 ***	0.4530751	3.66	0.000	0.123862
朋友关系	0.024716	0.2167301	0.11	0.909	0.003794

---

① 刘立臣：《城市低保对象心态分析与对策》，《经济研究》2005 年第 3 期。

② 谢丽琴、张静平、焦娜娜：《农村空巢老人抑郁状况与社会支持、应对方式关系的研究》，《中国老年学杂志》2009 年第 19 期。

抑郁程度	系数	标准误	t	$P > t$	标准化系数
生活态度	2.673447 ***	0.3135838	8.53	0.000	0.290256
常数项	- 4.351961	4.7842040	- 0.91	0.363	.

$R^2 = 0.1939$　　$R_a^2 = 0.1801$

*、**、*** 分别表示 $p < 0.1$、$p < 0.05$、$p < 0.01$。

注：$N = 771$。缺失值处理情况：由于有关抑郁量表的测量涉及 21 个问题，而该量表又对数值比较敏感，因此删除了在任一量表具体问题上未作回答的个案。本研究中涉及的自变量也比较多，通过分析各自变量上缺失值的分布，可以知道实际上缺失值是分散于各个变量之中的，因此没有对缺失值进行处理，假设各个缺失值都是随机缺失。最终纳入回归模型的被调查者数量为 771 人。

2. 模型拟合及诊断情况

模型 R^2 为 19.39%，基本达到了模型拟合的要求。模型联合检验 $F (13, 757) = 14.01$，$p = 0.0000$。进一步进行模型诊断如下。

（1）多元共线性检验。通过方差膨胀因子（VIF）检验模型的共线性问题，结果显示各变量（除年龄及其二次项）的 VIF 均在 1.85 以下，不存在共线性问题，进一步进行变量之间的皮尔逊积距相关矩阵检查，发现年龄和受教育程度（$r = -0.2987$）、生活态度和夫妻关系之间的弱相关（$r = 0.2159$）具备统计显著性，出于理论解释的需要，未作处理。对于年龄及其二次项，做对中（centering）处理，对中处理后的年龄和平方项相关系数下降为 0.2458，以此回归也得到了更小的标准误（0.0316906 和 0.001444），限于篇幅不列出新的模型，重新进行 VIF 估计，值均在 1.85 之下。

（2）遗漏变量检验。遗漏变量检验结果显示 $F (3, 752) = 2.23$，$p = 0.0833$，证实不需要纳入因变量的多项式来改进模型。

（3）异方差性检验。异方差性检验结果 $chi^2 (1) = 37.74$，$P = 0.0000$，模型之中存在异方差。为解决异方差问题，对模型所涉及的变量进行了稳健回归（robust regress）和 OLS 回归的系数比较，年龄和平方项在 0.05 水平上不再显著（p 值分别为 0.155 和 0.069），其余各变量的显著性没有发生变化（回归结果从略，本文重点解释 OLS 回归模型）。

（4）奇异值诊断。通过绘制残差对预测值的标绘图，发现残差围绕在 0 周围，呈比较对称的分布，并没有证据表明存在曲线关系或者奇异值，只是离散程度对于超出平均水平的 y 预测值的情形似乎略大，这也许是前面利用 estat hettest 会拒绝等方差的假设的原因所在。进一步做出残差对与每一预测变量的标绘图。通过cooksd 检查奇异值，发现大于 4/755 的奇异值有 37 个。分析奇异值，其抑郁量表得分平均为 26.06 分，被诊断为重度抑郁者（量表得分 >20 分）25 人，占奇异值总数的 68%。如果后续研究将不同抑郁类型分开，对重度抑郁症组单独分析，可能会改变这种情况。为提高模型解释力，再进一步做杠杆值对标准化残差的标绘图（见图 1）。

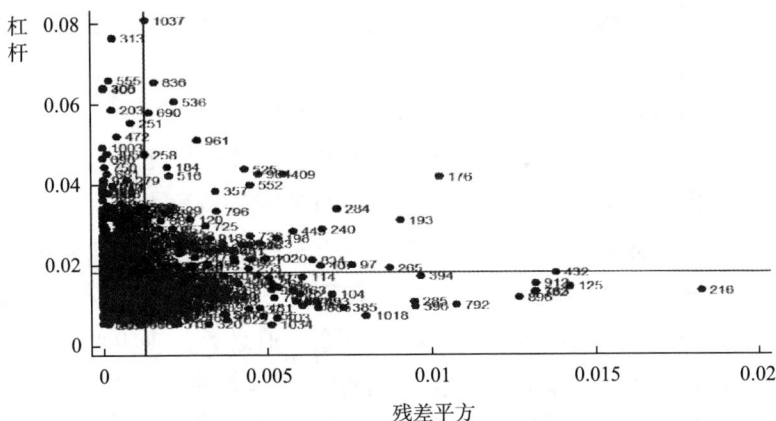

图 1　杠杆作用对残差平方标绘

从图 1 中可以找出杠杆值比较高而且拟合情况也比较差的个案（比如编号为 176 的个案）。如果在更细致的研究中将这些值排除后重新进行回归可能会更好一些，但是这样的解释，如上文所述，就不是针对整个低保群体了，限于篇幅，未作处理。

（5）正态性检验。从标准化残差直方图可以看出其大致符合正态分布（见图 2）。由于奇异值的影响出现拖尾现象。

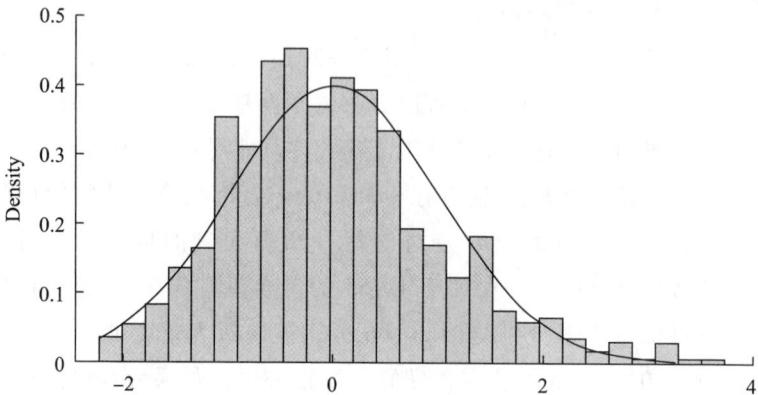

图 2　标准化残差分布

3. 模型解读

通过表 13 的回归结果可以看出，在控制了其他变量的情况下，年龄、受教育程度、身体健康状况、工作的稳定性、夫妻关系和生活态度是显著的。朋友关系和人均低保金数量对于抑郁程度的影响并不显著。具体的情况及可能的解释如下。

在人口学特征变量中，性别、年龄和受教育程度对低保对象抑郁程度的影响是显著的。在其他变量不变的情况下，女性比男性（参照组）在抑郁水平上得分低 1.3 分。同样，在其他变量不变的情况下，年龄和抑郁程度的关系是倒 U 形的，即随着年龄的增加，低保对象的抑郁程度会有所升高，但之后，抑郁水平又呈现下降的趋势，这个转折点在 41.9 岁；其他变量不变的情况下，受教育年数每增加一年，抑郁指数会降低 0.23 分。

如果其他条件恒定，目前有工作的低保对象和其他（包括离退休、下岗失业、学生等）群体在抑郁程度上的差异不具统计学上的显著性；而以"近几年我或我的家人经常换工作，工作非常不稳定"构建的工作稳定性变量对因变量有着显著的影响，证实了已有研究的结论，即低保户往往在屡屡寻找工作但是屡屡受挫的过程中会产生负面的情绪。对于工作稳定性的描述性分析可以看出，接近 71.19%（$N = 958$）的被调查对象认为"自己或家人"

存在工作不稳定的状况（选择同意和非常同意的人数比例），这可能是政策研究需要注意的一个方向。

在健康状况中，是不是有疾病这个重大生活事件对于低保户的精神健康状况来说有着绝对的影响，进一步的分析证实，在控制了其他变量的情况下，相比身体状况自评为"健康"的组别来讲，自评为"亚健康"、"患有慢性疾病"和"患有重大疾病"的低保对象的抑郁程度是递增的，分别比健康组高 2.3 分、4.1 分和 6.3 分。贫困人口怕得病，偏偏又容易得病，是疾病高发的人群，在本研究涉及的 1048 个有效样本中，身体状况自评为"健康"者为 21.37%，自评为"亚健康"的有 19.56%，自评为"患有慢性疾病"的有 42.08%，自评为"患有重大疾病"的有 16.98%，仅从这些数据就能看出，低保家庭成员的健康状况非常令人担忧。有研究者在研究中发现，贫困人口中，没有参加医疗保险和大病统筹的占 62.7% 和 66.0%，还有一部分人虽然参加了却由于种种原因而领不到。[①] 这种状况使得城市低保制度和医疗救助等制度的衔接显得更为突出且必要。

在社会支持情况中，能够找到"急事帮忙和借到钱"的朋友这一变量，在控制了其他条件时，并没有对抑郁程度的降低有显著的效果，这一点可能是和低保对象的社会关系网络的同质性比较强有着密切的关系，低保对象社会资本的这一特性已经为很多研究所证实。简单分析本次调查中低保对象的朋友关系涉及的两变量也能说明一些问题，在两个问题的回答上，"遇到急事（非资金）能找到人帮助"，以及"遇到暂时经济困难能借到钱"均值分别是 1.40 分和 1.51 分，介于很少和从未之间，即低保对象的社会资本存量是非常低的。同时，也能合理想象，低保对象的朋友能提供的社会支持可能也只是"情感性支持"而非"工具性支持"，

---

① 洪大用：《城市居民最低生活保障标准的相关分析》，《北京市行政学院学报》2003 年第 3 期。

这一点如果有进一步的分析应能证实。而在控制住其他变量影响的情况下，夫妻关系和抑郁程度具有统计显著性，显示了美满家庭对于低保对象可能暂时的、贫困的状态能有一个有力的支撑，一个美满的家庭、夫妻能够相濡以沫、共渡难关常常是媒体讴歌、赞扬、称颂的对象，本书也以数据为这些文章做了注脚。作为一种支持关系，夫妻关系对于促进低保对象的心理健康有着不可忽视的作用。

假定其他条件不变，低保金的数量多寡对低保对象抑郁程度的变化不具统计显著性（即使显著，由于其系数很小，提高低保金数量对于降低抑郁程度来讲是微不足道的，单因素分析也证明，低保金与抑郁程度之间的相关关系很弱）。其实仔细分析，这一结果又不出意外，低保金对于精神健康状况影响的方式比较复杂，获取的低保金更高的低保对象基本上都是通过家计调查证明其自我收入能力更低的家庭，这些家庭更有可能因为其他生活事件经历着各种负面的情绪，很难想象是不是一家因为获得了较高的低保金而在紧张、焦虑和抑郁的情绪上能有所缓解。低保对象和同样是接近最低生活保障收入水平但是没能纳入低保范围的"夹心层"之间会不会有情绪上的差异，可能是一个比较有意思的课题，本研究碍于数据来源的缺乏没能进行相关分析，这也是笔者今后研究的一个方向。

正向的情绪，诸如"对于政府帮助满意"、"对未来生活充满信心"构成的内在态度与低保对象的抑郁程度之间有着显著的相关关系并不意外。生活态度也成为本次统计能够预测其心理健康状况的最大预测变量。有学者将这种对于外部生活事件的态度及适应能力等称作抗逆力（Resilience），即个人面对生活逆境、创伤、悲剧、威胁及其他生活重大压力的良好适应，也是个人面对生活压力和挫折的"反弹能力"。从个体层面来说，某些认知因素（自信、乐观、创造力、幽默等）和个性层面的胜任特征都被认为可以导致更高水平的抗逆力。这也再次提醒我们，除了要关注低保家庭的生活状况，还要时刻留意他们内在的、对于生活状况的反应和应对方式。已有学者正在进行社会工作在低保对象家庭中的介入等课题的研究，指出"应特别注重社会弱者心理、人格、动机、态度的改变，只有如此，才有可能使社会弱者最终走出困境"。① 本研究也证实，在帮助低保对象重塑生活信心、积极营造正面情绪等方面，确实可以有所作为。在"以人为本"观念的指导下，希望能看到更多有效的、丰富的促进低保对象心理健康的实践，这也是本研究的根本意义所在。

（三）小结

通过对山东省低保对象抑郁程度影响因素的分析，我们发现，低保对象的心理健康状况堪忧，主要的影响因素源于健康状况以及工作稳定性等，而良好的夫妻关系是帮助他们抵制这种不良情绪的重要因素，社会资本的匮乏以及同质性特征并不能帮助他们走出不良的情绪状态，而低保对象的生活态度对于心理健康状况有着根本的、决定性的影响。需要说明的是，本部分的研究仍然属于探索性质的，至少存在以下几点不足之处，这也是今后进行更深入研究的方向。①本研究意在构建一个低保对象心理健康影响因素的模型，碍于篇幅，并未对每一个有影响的因素作更细致的分析，这一点可以在今后的研究中通过更详尽的分析乃至定性资料的积累得到补充。②有关生活态度或者生活事件应对方式的变量可能还需要进一步的深入测量。③从外在的生活事件到内在的不良情绪产生的并不是简单的因果路径能够概括的，本研究通过 OLS 多元回归模型所做的研究只是探索性的。

---

① 李迎生：《全面建设小康社会与社会救助制度的全面转型》，《社会科学研究》2003 年第 6 期。

参考文献

阿玛蒂亚·森：《正义的理念》，王磊、李航译，中国人民大学出版社，2012。

安东尼·哈尔、詹姆斯·梅志里：《发展型社会政策》，罗敏译，社会科学文献出版社，2006。

安东尼·吉登斯：《第三条道路：社会民主主义的复兴》，郑戈译，北京大学出版社，2000。

鲍海君、吴次芳：《论失地农民社会保障体系建设》，《管理世界》2002年第14期。

曹艳春：《我国城市居民最低生活保障标准的影响因素与效应研究》，《当代经济科学》2007年第2期。

陈琳：《现阶段中国城市贫困人口问题研究》，《农村·农业·农民》2009年第4期。

陈玉萍、冯黎：《健康问题研究中农户财富状况指标的构建——基于四川农户调查数据的分析》，《经济管理》2010年第4期。

成得礼：《对中国城中村发展问题的再思考——基于失地农民可持续生计的角度》，《城市发展研究》2008年第3期。

程胜利：《中国城市低保家庭的资产状况及其社会政策意涵》，《山东大学学报》2005年第1期。

崔凤、杜瑶：《城市最低生活保障身份化探析》，《江海学刊》2010年第6期。

代富强：《农户生计可持续性评价理论解析及指标体系构建》，《湖北农业科学》2015年第2期。

董晓梅、陈雄飞、荆春霞、池桂波、王声湧：《大学生抑郁影响因素的多元线性回归和路径分析》，《中华疾病控制杂志》2009年第3期。

恩格斯：《英国工人阶级状况》，载《马克思恩格斯全集》（第二卷），中共中央马克思恩格斯列宁斯大林著作编译局译，人民出版社，2006。

范瑞泉、陈维清：《大学生社会支持和应对方式与抑郁和焦虑情绪的关系》，《中国学校卫生》2007年第7期。

高灵芝：《城市低保的历史性质与福利依赖》，《南通大学学报》2009年第3期。

龚幼龙、严非主编《社会医学》，复旦大学出版社，2005。

关信平：《现阶段中国城市的贫困问题及反贫困政策》，《江苏社会科学》2003年第2期。

关云龙、付少平：《可持续生计框架下的农户生计资产分析——基于四省五县的调查》，《关东农业科学》2009年第12期。

韩克庆、郭瑜：《福利依赖是否存在？——中国城市低保制度的一个实证研究》，《社会学研究》2012年第2期。

韩克庆、刘喜堂：《城市低保制度的研究现状、问题及对策》，《社会科学》2008年第2期。

何仁伟、刘邵权、陈国阶等：《中国农户可持续生计研究进展及趋向》，《地理科学进展》2013年第4期。

洪大用：《城市居民最低生活保障标准的相关分析》，《北京市行政学院学报》2003年第3期。

洪大用：《改革以来中国城市扶贫工作的发展历程》，《社会学研究》2003年第1期。

侯雪竹：《社会救助法搁置降格为暂行办法》，《京华时报》2014年1月27日。

胡新艳、朱文珏、王晓海、符少玲：《生计资本对农户分工模式的影响：来自广东的调查分析》，《农业现代化研究》2015年第

3 期。

黄晨熹：《城市低保对象动态管理研究：基于"救助生涯"的视角》，《人口与发展》2009 年第 6 期。

黄建伟、刘典文、喻洁：《失地农民可持续生计的理论模型研究》，《农村经济》2009 年第 10 期。

黄建伟、喻洁：《我国失地农民的社会资本研究——基于七省一市的实地调查》，《农村经济》2010 年第 12 期。

靳小怡、李成华、杜海峰、杜巍：《可持续生计分析框架应用的新领域：农民工生计研究》，《当代经济科学》2011 年第 3 期。

井世洁、乐国安：《初中生的生活事件、应对方式与不良情绪的结构模型研究》，《中国临床心理学杂志》2004 年第 3 期。

赖英娟、陈伟明、董旭英：《以结构方程式模式探讨台湾大学生自尊、生活目标、希望感及校园人际关系对忧郁情绪之影响》，（台湾）《教育心理学报》2011 年第 4 期。

蓝云曦、周昌祥：《社会结构变迁中的福利依赖与反福利依赖分析》，《西南民族大学学报》（人文社会科学版）2004 年第 8 期。

乐章、涂丽：《城市贫困家庭的生计资本与生计策略——基于武汉市三个典型社区的实证研究》，《湖北经济学院学报》2015 年第 4 期。

李斌、李小云、左停：《农村发展中的生计途径研究与实践》，《农业技术经济》2004 年第 4 期。

李刚、周加来：《中国的城市贫困与治理——基于能力与权利视角的分析》，《城市问题》2009 年第 11 期。

李伟、陶沙：《大学生的压力感与抑郁、焦虑的关系：社会支持的作用》，《中国临床心理学杂志》2003 年第 2 期。

李小云、董强、饶小龙等：《农户脆弱性分析方法及其本土化应用》，《中国农村经济》2007 年第 4 期。

李迎生：《全面建设小康社会与社会救助制度的全面转型》，《社会科学研究》2003 年第 6 期。

梁义成、李树茁、李聪：《基于多元概率单位模型的农户多样化生
　　计策略分析》，《统计与决策》2011 年第 15 期。

林南：《社会资本：关于社会结构与行动的理论》，张磊译，上海
　　人民出版社，2005。

刘家强、罗蓉、石建昌：《可持续生计视野下的失地农民社会保障
　　制度研究———基于成都市的调查与思考》，《人口研究》
　　2007 年第 4 期。

刘军强：《增长就业与社会支出：关于社会政策的常识与反常识》，
　　《社会学研究》2012 年第 2 期。

刘立臣：《城市低保对象心态分析与对策》，《经济研究》2005 年
　　第 3 期。

刘璐琳：《可持续生计视角下城市新贫困问题治理研究》，《宏观经
　　济管理》2012 年第 12 期。

刘喜堂：《当前我国城市低保存在的突出问题及政策建议》，《社会
　　保障研究》2009 年第 4 期。

刘玉兰：《流动儿童精神健康状况分析》，《人口学刊》2012 年第
　　3 期。

栾驭、任义科、赵亚男：《农民工生计资本与社会融合》，《山东社
　　会科学》2012 年第 11 期。

罗增让：《中学生特质焦虑与家庭环境因素关系的研究》，《心理科
　　学》1993 年第 6 期。

马伟娜、徐华：《中学生生活事件、自我效能与焦虑抑郁情绪的关
　　系》，《中国临床心理学杂志》2006 年第 3 期。

玛哈·罗伯茨、杨国安：《可持续发展研究方法国际进展——脆弱
　　性分析方法与可持续生计方法比较》，《地理科学进展》2003
　　年第 1 期。

迈克尔·谢若登：《资产与穷人———一项新的美国福利政策》，高
　　鉴国译，商务印书馆，2005。

米艾尼、葛江涛、韩克庆：《中国城市有多少穷人》，《今日国土》2011年第9期。

纳列什·辛格、乔纳森·吉尔曼：《让生计可持续》，《国际社会科学》2000年第4期。

潘云新、苏飞、赵秀芳、马莉莎、庞凌峰：《城市农民工生计风险分析及其政策建议》，《北方经贸》2012年第12期。

任丹：《城市最低生活保障制度与就业联动机制探析》，《社会保障研究》2009年第5期。

沈关宝、李耀锋：《网络中的蜕变：失地农民的社会网络与市民化关系探析》，《社会学研究》2010年第2期。

史月兰、唐卜、俞洋：《基于生计资本路径的贫困地区生计策略研究——广西凤山县四个可持续生计项目村的调查》，《改革与战略》2014年第4期。

苏芳、徐中民、尚海洋：《可持续生计分析研究综述》，《地球科学进展》2009年第1期

苏飞、马莉莎、庞凌峰、赵秀芳、潘云新：《杭州市农民工生计脆弱性特征与对策》，《地理科学进展》2013年第3期。

汤青：《可持续生计的研究现状及未来重点趋向》，《地球科学进展》2015年第7期。

唐钧：《城市低保制度、可持续生计与资产建设》，《商洛师范专科学校学报》2005年第1期。

唐钧：《城市扶贫与可持续生计》，《江苏社会科学》2003年第2期。

唐钧：《当前中国城市贫困的形成与现状》，《中国党政干部论坛》2003年第2期。

唐钧：《可持续生计与城市就业》，《中国民政》2004年第2期。

唐钧、张时飞：《京郊失地农民生存状况调查报告》，《中国改革》2005年第5期。

唐丽霞、李小云、左停：《社会排斥、脆弱性和可持续生计：贫困

的三种分析框架及比较》，《贵州社会科学》2010 年第 12 期。

托马斯·皮凯蒂：《21 世纪资本论》，巴曙松等译，中信出版社，2014。

万章浩、杨巧芳：《生计资本对失地农民创业影响的实证分析——以襄阳市襄州地失地农民为例》，《当代经济》2015 年第 1 期。

王才康：《情绪智力与大学生焦虑、抑郁和心境的关系研究》，《中国临床心理学杂志》2002 年第 4 期。

王三秀：《可持续生计视角下我国农村低保与扶贫开发的有机衔接》，《宁夏社会科学》2010 年第 4 期。

王世靓、谢兵：《西部城市贫困家庭可持续生计发展的影响因素分析——以 Q 省 X 市 Z 区 100 户贫困家庭生计资本状况分析为例》，《攀登》2014 年第 1 期。

吴鹏森：《中国城市贫困问题及其现代保障体系的建构》，《南京师范大学学报》2008 年第 2 期。

伍艳：《农户生计资本与生计策略的选择》，《华南农业大学学报》2015 年第 2 期。

伍艳：《贫困地区农户生计脆弱性的测度——基于秦巴山片区的实证分析》，《西南民族大学学报》2015 年第 5 期。

谢东梅：《农户生计资产量化分析方法的应用与验证——基于福建省农村最低生活保障目标家庭瞄准效率的调研数据》，《技术经济》2009 年第 9 期。

谢丽琴、张静平、焦娜娜：《农村空巢老人抑郁状况与社会支持、应对方式关系的研究》，《中国老年学杂志》2009 年第 19 期。

徐定德、张继飞、刘邵权等：《西南典型山区农户生计资本与生计策略关系研究》，《西南大学学报》（自然科学版）2015 年第 9 期。

徐丽敏：《国外福利依赖研究综述》，《国外社会科学》2008 年第 6 期。

徐月宾、张秀兰：《中国政府在社会福利中的角色重建》，《中国社会科学》2005 年第 5 期。

杨团：《社会政策研究范式的演化及其启示》，《中国社会科学》
　　2002 年第 4 期。

杨团：《资产社会政策——对社会政策范式的一场革命》，《中国社
　　会保障》2005 年第 3 期。

杨秀婷、王春昕、王桂茹、何冬梅：《我国空巢老人焦虑抑郁现状
　　及相关因素研究进展》，《中国老年学杂志》2010 第 18 期。

杨云彦、赵锋：《可持续生计分析框架下的农户生计资本的调查与
　　分析——以南水北调（中线）工程库区为例》，《农业经济问
　　题》2009 年第 3 期。

叶仁敏、Knut. A. Hagtvet：《中学生的成就动机、测验焦虑、智力
　　水平与学业成绩关系的探讨》，《应用心理学》1989 年第 3 期。

尹志刚：《论现阶段我国社会弱势群体》，《北京教育学院学报》
　　2002 年第 3 期。

袁茵、卢莲、鲁娓：《焦虑症患者心理控制源与应付方式的关系研
　　究》，《中国健康心理学杂志》2012 年第 4 期。

约翰·罗尔斯：《正义论》，何怀宏、何包钢、廖申白译，中国社
　　会科学出版社，2009。

约翰·罗尔斯：《政治自由主义》，万俊人译，译林出版社，2011。

约瑟夫·斯蒂格利茨：《不平等的代价》，张子源译，机械工业出
　　版社，2013。

约瑟夫·斯蒂格利茨、卡尔·沃尔什：《经济学》，黄险峰、张帆
　　译，中国人民大学出版社，2013。

詹姆斯·梅志里：《发展型社会政策：理论与实践》，载张秀兰、
　　徐月斌、詹姆斯·梅志里编《中国发展型社会政策论纲》，中
　　国劳动社会保障出版社，2007。

张五常：《经济解释》（卷四之制度的选择），中信出版社，2014。

张秀兰、徐月宾：《建构中国的发展型家庭政策》，《中国社会科
　　学》2003 年第 6 期。

张秀兰、徐月斌、詹姆斯·梅志里编《中国发展型社会政策论纲》，中国劳动社会保障出版社，2007。

赵曼、张广科：《失地农民可持续生计及其制度需求》，《财政研究》2009 年第 8 期。

周昌祥：《城市"低保"工作现状及社会工作教育的介入》，《社会保障制度》2004 年第 2 期。

Adam, B. , Beck, U. and Van Loon, J. , *The Risk Society and Beyond: Critical Issues for Social Theory* (London: Sage, 2000).

Ahmed, N. , Troell, M. et al. , " Prawn Postlarvae Fishingin Coastal Bangladesh: Challenges for Sustainable Livelihoods," *Marine Policy* 34 (2010): 218 – 227.

Allison, E. H. and Ellis, F. , " The Livehoods Approach and Management of Small-scale Fisheries," *Marine Policy* 25 (2001): 377 – 388.

Amis, P. , "Making Sense of Urban Poverty," *Environment and Urbanization* 7 (1) (1995): 145 – 158.

Baumann, P. and Sinha, S. , "Linking Development with Democratic Processes in India: Political Capital and Sustainalbe Livelihoods Analysis," *Natural Resource Perspectives* 68 (2001) .

Beal, J. , "Social Security and Social Networks Among the Urban Poor in Pakistan," *Habitat International* 19 (4) (1995): 427 – 445.

Bean, J. , "Living in the Present, Investing in the Future: Household Security Among the Urban Poor," in C. Rakodi and T. Lliyd Jones eds. , *Urban Livelihoods: A People-Centred Approach to Reducing Poverty* (London: Earthscan, 2002), pp. 71 – 95.

Beck, U. , *Risk Society: Towards a New Modernity* (London: Sage, 1992).

Beck, U. , Giddens, A. & Lash, S. , *Reflexive Modernization: Politics, Tradition and Aesthetics in the Modern Social Order* (Cambridge: Polity Press, 1994).

Beck, U. , *World at Risk* (Cambridge: Polity Press, 2009).

Beck, U. , *World Risk Society* (Cambridge: Polity Press, 1998).

Bhattacharyya, S. N. , *Community Development: An Analysis of the Programme in India* (Calcutta: Academic Publishers, 1970).

Boeke, J. , *Economics and Economic Policy in Dual Societies* (Haarlem: Willink, 1953).

Burkey, S. , *People First: A Guide to Self-Reliant, Participatory Rural Development* (London: Zed Books, 1993).

Carney, D. , *Implementing a Sustainable Livelihood Approach*, London: Department for International Development, 1998.

Carney, D. , *Sustainable Livelihoods Approaches: Progress and Possibilities for Change*, London: Department for International Development, 2002.

Chamber, R. (1995) Poverty and live lihoods whose Reality Counts, IDS Discussion Paper Brighton: IDS.

Chambers, R. and Conway, G. , " Sustainable Rural Livelihoods: Practical Concepts for the 21st Century," *IDS Discussion Paper* 296 (1992).

Chaudhuri and Suryahadi, "Assessing Household Vulnerability to Poverty: A Methodology and Estimates for Indonesia," *Columbia University Department of Economics Discussion Paper* 0102 – 52 (2002).

Chenery, H. et al. , *Redistribution with Growth* (Oxford: Oxford University Press, 1974).

Cherni, J. A. and Hill Y. , "Energy and Policy Providing for Sustainable Rural Livelihoods in Remote Locations-The Case of Cuba," *Geoforum* 40 (2009): 645 – 654.

Coombs, P. and Ahmed, M. , *Attacking Rural Poverty: How Non-Formal Education Can Help* (Hashington, DC: Word Bank, 1974) .

De Soto, H. , *The Other Path: The Invisible Revolution in the Third World* (*New York: Harper and Row*, 1989).

DFID, *Eliminating World Poverty: A Challenge for the 21ˢᵗ Century* (London: Department for International Development, 1997).

DFID, *Sustainable Livelihoods Guidance Sheets*, London: Department For Interatioanl Development, 2000.

Eicher, C. K. and Staatz, J. M. , *International Development in the Third World* (Baltimore, MD: Johns Hopkins University Press, 1998).

Farrington, J. et al. , "Sustainable Livelihoods in Practice: Early Applications of Concepts in Rural Areas," *Natural Resource Perspectives* 42 (1999).

Frankenberger, T. D. , Maxwell, M. , "Operational Household Livelihood Security: A Holistic Approach for Addressing Poverty and Vulnerability," *CARE* 2000.

Galbraith, J. K. , *The Affluent Society* (London: Mariner Books, 1998).

Giddens, A. , *The Constitution of Society* (Cambridge: Polity Press, 1984).

Giddens, A. , *The Consequences of Modernity* (Cambridge: Polity, 1990).

Gilman, J. , "Sustainable Livelihoods," *Internationa Social Science Journal* 17 (4) (2000): 77 – 86.

Hall, A. and Midgley, J. , *Social Policy for Development* (London: Sage, 2004).

Higgins, B. , "The Dualistic Theory of Underdeveloped Areas," *Economic Development and Cultural Change* 4 (1) (1956): 22 – 115.

Holcombe, S. H. , *Managing to Empower: The Grameen Bank's Experiment of Poverty Alleviation* (London: Zed Books, 1995).

IDS, *Discussion Paper* 296 (Brighton, England: Institute of Development Studies, 1992).

Karki, S. T. , "Do Protected Areas and Conservation Incentives Contributeto Sustainable Livelihoods? A Case Study of Bardia National-Park, Nepal," *Journal of Environmental Management* 128 (2013): 988 –999.

Kim, Y. et al. , "Asset-Based Policy in South Korea," *CSD Policy Brief* 11 –22 (2011).

Lasse, K. , *The Sustainable Livelihood Approach to Poverty Reduction* (Stockholm: Swedish International Development Cooperation Agency, 2001).

Lewis, W. A. , "Economic Development with Unlimited Supplies of Labour," *Manchester School of Economic and Social Studies* 22 (2) (1954): 139 –191.

Loke, V. and Sherraden, M. , "Building Assets From Birth: A Global Comparison of Child Development Account Policies," *International Journal of Social Welfare* 18 (11) (2009): 119 –129.

Mafeje, A. , "Conceptual and philosophical predispositions," in F. Wilson, N. Kanjhi, and E. Braathen, eds. , *Poverty Reduction: What Role for the State in Today's Globalized Economy?* (London: Zed Books, 2001).

Midgley, J. and Sherraden, M. , "The Social Development Perspective in Social Policy," in Midgley J. , M. B. T. , and Livermore M. eds. , *The Handbook of Social Policy* (Thousand Oaks, CA: Sage Publications, 2000), 435 –446.

Midgley, J. , *Social Development: The Developmental Perspective in Social Welfare* (Thousand Oaks, CA. and London: Sage Publications, 1995).

Midgley, J. and Tang, K. L. , "Social Policy, Economic Growth and Developmental Welfare," *International Journal of Social Welfare* 10

(4) (2001): 242 – 250.

Morse, S. and Nora, M. , *Sustainable Livelihood Approach: A Critique of Theory and Practice* (Berilin: Springer, 2013).

Mullainathan, S. and Shafir, E. , *Scarcity: Why Having Too Little Means So Much* (London: Allen Lane, 2013).

Nurkse, R. , *Problems of Capital Formation in Underdeveloped Countries* (London: Oxford University Press, 1953).

Oakley, P. , *Projects with People: The Practice of Participation in Rural Development* (eneva: International Labour Office, 1991).

Putnam, R. D. Leonardi, R. and Nanetti, R. Y. , *Making Democracy Work: Civic Traditions in Modern Italy* (Princeton: Princeton University Press, 1993).

Rakodi, C. , "Introduction," in C. Rakodi and T. Lliyd Jones eds. *Urban Livelihoods: A People-Centred Approach to Reducing Poverty* (London: Earthscan, 2002), p. 1 – 9.

Rostow, W. , *The Stages of Economic Growth: A Non-Communist Manifesto* (Cambridge: Cambridge University Press, 1960).

Rowntree, B. S. , *Poverty: A Study of Town Life* (Bristol: Policy Press, 2000).

Schulz, T. W. , *Transforming Traditional Agriculture* (New Haven, CT: Yale University Press, 1964).

Scoones, I. , "Sustainable Rural Livelihoods: a Framework for Analysis," *Working Paper* 72 (1998).

Sen, Amartya K. , *Development as Freedom* (Oxford: Oxford University Press, 1999).

Sen, Amartya K. , *Development as Freedom* (New York: Knopf, 1999).

Sen, Amartya K. , *Inequality Reexamined* (Oxford: Clarendon Press, 1992).

Sen, Amartya K. , *On Economic Inequality* (Oxford: Clarendon Press, expanded edtition, 1996).

Sen, Amartya K. , *The Idea of Justice* (Harmondsworth: Penguin Books, 2009).

Sen, Amartya K. , *The Standard of Living* (Cambridge: Cambridge University Press, 1987).

Sen, Amartya K. , *Poverty and Famines: An Essay on Entitlement and Deprivation* (Oxford: Clarendon Press, 1981).

Sen, Amartya K. , *Resources, Values and Development* (Oxford: Black Well, 1984).

Sen, Amartya K. , "Poverty: An Ordinal Approach to Measurement," *Econometrica* 1976.

Sen, Amartya K. , "Rights as Goals," in S. Guest and A. Milne eds. , *Equality and Discrimination: Essays in Freedom and Justice* (Stuttgart: Franz and Steiner, 1975).

Shepherd, A. , *Sustainable Rural Development* (Basingstoke: Macmillan, 1998).

Sherraden, M. , *Assets And the Poor: A New American Welfare Policy* (New York: M. E Sharpe, Inc. , 1991)

Smith, T. , *Family Centres and Bringing Up Young Children* (London: HMSO, 1996).

Stiglize, J. , *Globalization and its Discontents* (London: Penguin Books, 2002).

Townsend, P. , *Poverty in the United Kingdom* (Harmondsworth: Penguin Books, 1979.)

Townsend, P. , *The International Analysis of Poverty* (London and New York: arvester Wheatsheaf, 1993).

Townsend, P. "Poverty and Relative Deprivation," Wedderburn, D. eds. , *Poverty, Inequality and Class Structure.* (Cambridge: Cambridge University Press, 1974).

Vista, B. M. , Nel E. and Binns T. , "Land, Landlords and Sustainable Livelihoods: The Impact of Agrarian Reform on ACoconut Haciendain the Philippines," *Land Use Policy* 29 (2012): 154 – 164.

Wahid, A. , *The Grameen Bank: Poverty Relief in Bangladesh* (Boulder, CO: Westview Press, 1994).

WCED, *Food* 2000: *Global Policies for Sustainable Agriculture* (London: Zed Books, 1987).

Wisner, B. , *Power and Need in Africa* (London: Earthscan, 1988).

Yunus, M. , *Grameen Bank: Experiences and reflections* (Dhaka: Grameen Bank, 1991).

Zimmerman, S. , *Family Policies and Family Well-being: TheRole of Political Culture* (Thousand Oaks: Sage, 1992).

Zimmerman, S. , *Understanding Family Policy: Theories and Applications* (Thousand Oaks: Sage, 1995).

附录　城市贫困家庭生活状况
调查问卷

市/区：

街道：

社区：

被访者姓氏：_____

访问日期：　　年　月　日

开始时间：　时　分　**结束时间：**　时　分（24 小时制）

访问员：_____

复核员：_____

尊敬的女士/先生：

　　您好！为了解城市贫困家庭的基本生活状况和实际需要，我们开展了这项调查。本次调查采取无记名方式，大约耽误您 1 小时时间，您的回答没有是非对错之分，对于您的回答我们将严格保密，请放心回答我们的问题。谢谢您的支持与合作！

发展型社会政策理念下城市贫困家庭

可持续生计研究课题组

A 居民家庭成员概况

1	2	3	4	5	6	7	8	9	10	11	12	13	14	15	16
家庭成员编号	与被访者关系	性别	年龄	户籍获取时间	婚姻状况	上了多少年学	拥有专业技术证书	目前工作状况	健康状况	劳动与自理状况	是否残疾	是何种残疾	是否患有疾病	具体患何种疾病（填写主要的疾病名称）	医疗保障待遇
01	本人														
02															
03															
04															
05															
06															

与被访者关系：
1 被访者
2 夫/妻
3 儿/女
4 父/母
5 岳父/母
6 其他

婚姻状况：
1 在婚 2 离婚
3 丧偶 4 分居
5 未婚

目前工作状况：1 工作（有单位）2 离退休 3 失业/下岗 4 务农 5 在校学生 6 无工作 7 其他【请注明__】

1 是 2 否

健康状况：1 很好，很少得病 2 好，偶尔得病 3 一般，经常得小病 4 不好，长期慢性病 5 很不好，患有严重疾病

性别：【请注明】
1 男 2 女

劳动能力：1 可正常工作 2 无劳动能力，但生活能自理 3 半自理 4 不能自理

证书：1 无 2 驾照 3 电工 4 水暖锅炉 5 厨师 6 财会 7 美容美发 8 计算机 9 英语 10 家政 11 其他【请注明】

残疾类型：1 肢体残疾 2 精神残疾 3 智力残疾 4 视觉残疾 5 听力语言残疾 6 其他【请注明__】

享有何种医疗保障待遇：1 自费 2 公费医疗 3 城镇职工基本医疗保险 4 城镇居民基本医疗保险 5 商业医疗保险 6 其他【请注明__】

B 居民及其家庭成员主要工作情况

B1 居民及其家庭成员当前主要工作概况

1 家庭成员编号	2 当前从事工作类型：1 服务性工作人员 2 商业、运输工人（商贩）3 生产、运输工人或相关人员 4 专业技术人员 5 办事员 6 党政机关、企业单位负责人 7 农林牧渔水利生产人员 8 其他【请注明】	3 请回答具体哪类工作人员（性质工作人员）：1 家政工 2 清洁、勤杂、环卫工 3 维修工 4 看守、看门等护工（锅炉工）5 酒店、餐馆服务员 6 厨师 7 理发、美容服务员 8 保管、养护、仓储等人员 9 运输服务人员 10 其他【请注明】	4 从事该工作时间：（年月）	5 工作主要靠谁找的（找工作途径）：1 自己找的 2 亲戚、朋友介绍 3 通过公共就业服务中心找 4 家政公司或其他劳务公司介绍 5 社区居委会介绍 6 其他【请注明】	6 书面劳动合同：1 有【填写能力】2 无	7 工作月收入（元）：	8 每年奖金、补贴大约多少元（无填0）：	9 日平均工作时间（小时）：	10 周末节假日：1 有 2 无	11 从家到工作地平均耗时（分钟）	12 技能培训：1 有 2 无	13 培训出资方：1 自己 2 雇主 3 政府 4 社区 5 其他【请注明】
01												
02												
03												
04												
05												
06												

B2 到目前为止，您大概更换了多少次雇主/工作：_____
次。【填写最近2年大约更换了几次雇主/工作】

B3 最近一次更换雇主/工作的主要原因（或考虑因素）有哪
些？【多项选择】

（1）给钱太少

（2）雇主挑剔苛刻

（3）发生过纠纷

（4）离家远、无法兼顾家庭

（5）工作时间长、劳动强度大

（6）家里有事

（7）自己身体原因

（8）其他【请注明：_____】

B4 您还曾经从事过哪些工作（最多填写三项主要工作）：

1. _____；

2. _____；

3. _____。

B5 除了当前这份工作之外，现在您是否还从事其他工作？
【指当前是否还兼职其他工作】

（1）是【如果选是，请填写下表】 （2）否

工作内容	收入（元/月）	工作时间（小时/天）	劳动合同	备注
			（1）有（2）没有	
			（1）有（2）没有	

B6 如果现在您没有具体工作，请问：

1	没有工作的主要原因是什么？	1 不想找工作　2 因为健康问题暂时无法工作　3 需要照顾家人　4 暂时还没有找到满意的工作　5 其他【请注明：_____】
2	您期望的工资待遇至少是多少？	_____元/月
3	您期望的工作类型是什么？	请简要列举：

C 家庭居住情况【请根据家庭情况选择相应类别并填写，市场估价参照同地段类似价格】

1. 商品房：面积_____平方米 目前市场估价_____万元

2. 房改房：面积_____平方米 目前市场估价_____万元 当时购买价_____万元

3. 个人租房：面积_____平方米 租金：_____元/月

4. 廉租房：面积_____平方米 租金：_____元/月

5. 公租房：面积_____平方米 租金：_____元/月

6. 动迁安置房或回迁房：面积__平方米 目前市场估价____万元 当时购买价_____万元

7. 其他【请注明：_____】：面积_____平方米 租金：_____元/月

D 家庭成员健康和医疗情况

D1 目前困扰您家庭的最主要的健康问题是：

（1）需要住院的大病

（2）长期存在的慢性病

（3）常见病或多发病

（4）残疾（包括残疾康复）

（5）健康保健

（6）其他疾患【请注明：_____】

D2 今年以来（自 2012 年 1 月 1 日起），您的家庭医疗费用支出总计大约：_____元。

D2.1 今年以来，家人所患疾病和就医花费情况【说明：超过六次的，填写最主要的六次】

患者：1 被访者 2 夫/妻 3 儿/女 4 父/母 5 岳父/母	疾病名称：（包括康复）	就医情况 1 否 2 门诊 3 住院	该疾病治疗总费用（元）	自理费用（元）	医疗救助（元）	医疗保险报销费用 1 居民医疗保险 2 职工医疗保险 3 商业医疗保险	其他费用（元）

续表

患者：1 被访者 2 夫/妻　3 儿/女 4 父/母　5 岳父/母	疾病 名称： （包括 康复）	就医情况 1 否 2 门 诊 3 住院	该疾病治 疗总费用 （元）	自理 费用 （元）	医疗 救助 （元）	医疗保险报销费用 1 居民医疗保险 2 职工医疗保险 3 商业医疗保险	其他 费用 （元）

D2.2 您和家人是否经常有病不去医院看？

（1）是【选是，请回答下一题】　　　（2）否

D2.3 有病经常不去医院看的主要原因是【可多选】

（1）看病太贵

（2）只需自我治疗即可，没有必要去医院

（3）不方便、太麻烦

（4）对去医院看病心理有抵触

（5）其他（请注明：_____）

D2.4 您和家人是否有过因为患病未及时就医或住院而使病情加重的情况？

（1）有，一直这样　　　　（2）有，经常这样

（3）有，偶尔这样　　　　（4）没有，从来不这样

D2.5 当生小病（如感冒发烧、肠胃不适等）时，通常会到哪里解决？

（1）药店　　　　　　　　（2）社区门诊或私人诊所

（3）区级医院　　　　　　（4）市立医院

（5）省级医院

D2.6 当患有慢性病时，通常会到哪里解决？

（1）药店　　　　　　　　（2）社区门诊或私人诊所

（3）区级医院　　　　　　（4）市立医院

（5）省级医院

D2.7 当患有大病时，通常会到哪里解决？

（1）药店 （2）社区门诊或私人诊所

（3）区级医院 （4）市立医院

（5）省级医院

D3 最近三年，您和家人参加健康体检的次数：_____次
【没有体检请填 0，并跳过下题】

D3.1 健康体检费用由谁来支付：

（1）自费 （2）单位

（3）社区 （4）政府

（5）非营利组织 （6）其他【请注明：_____】

D4 家庭成员的健康状况对家庭日常生活影响大吗？

（1）影响非常大 （2）影响比较大

（3）有一点影响 （4）没有影响

| 健康状况对家庭的影响：【多选】 1 影响到了工作 2 加重了经济负担 3 减少了社会交往 4 增加了心理压力 5 影响到了家庭关系 6 制约了孩子教育或成长 7 其他 | → | 对工作的影响程度有多大： 1 丧失了劳动能力，无法工作 2 劳动能力严重降低，收入大幅度减少 3 劳动能力有所降低，收入有所减少 |

D5【未享受医疗救助的请回答】您和家人患病时，未享受医疗救助的主要原因是（可多选）

（1）不了解、不知道

（2）所患病种不在救助范围内

（3）救助程序太复杂

（4）定点机构不方便

（5）救助金额太少，不值得申请

（6）救助或医疗机构服务态度不好

（7）舍不下脸面接受救助

（8）其他（请注明：＿＿＿＿＿＿＿＿＿＿＿）

D6【享受医疗救助的请回答】享受医疗救助对您的家庭生活有影响吗？

（1）影响非常大　（2）影响比较大　（3）有一点影响

医疗救助对家庭影响的表现：【多选】
1 家人患病后得到了及时治疗
2 慢性病得到了控制
3 增加了看病次数
4 自理能力提高
5 劳动能力恢复
6 减轻了经济负担
7 心理压力减小
8 社会交往增加
9 家庭关系变得和睦
10 其他【请注明】

（4）没有影响

医疗救助对家庭没有影响的原因：【多选】
0 基本上不住院，用不上
1 救助金太少，不起作用
2 有些病无法享受救助
3 定点机构不方便
4 其他

D7 您是通过什么途径了解医疗救助的？【可多选】

（1）亲戚介绍　　　　　　（2）朋友介绍

（3）媒体宣传　　　　　　（4）民政部门上门通知

（5）社区居委会宣传　　　（6）医疗机构介绍

（7）其他【请注明：＿＿＿＿＿＿＿＿＿＿】

D8 您比较关注医疗救助方面的哪些方面？【可多选】

（1）申请办法　　　　　　（2）救助内容

（3）救助金额（救助比例）（4）救助方式（程序）

（5）救助定点医疗机构　　（6）咨询和投诉途径

（7）其他（请注明：＿＿＿＿＿＿＿＿＿）

D9 请您给下列医疗救助内容的优先程度排一个顺序：【把相应序号填在下面的空中】

排序：＿＿　＿＿　＿＿　＿＿　＿＿　＿＿

（1）大病

（2）慢性病

（3）常见病、多发病

（4）医疗保健服务

（5）残疾康复服务

（6）其他（请注明：＿＿＿）

D10 您和家人认为目前医疗救助政策存在的主要问题有哪些？
（可多选）

（0）慢性病得不到救助

（1）救助病种范围较小

（2）救助金额太少

（3）救助程序太复杂

（4）救助定点机构太少

（5）救助定点机构离家太远

（6）救助定点机构医疗技术不行

（7）救助或医疗机构服务态度不好

（8）其他

D11 您了解的当地的医疗救助是否出现该救助的没救助，不该救助的却救助了的情况？

（1）有很多　　　　　（2）较多

（3）很少　　　　　　（4）没有

（5）不知道、不了解

E 居民及其家庭社会保险与救助情况

E1 请问您及家人的社会保险情况：

1	2 养老保险			3 医疗保险			4 失业保险			5 工伤保险		6 生育保险		7 住房公积金		
家庭成员编号	1有 2无	个人缴纳（元/月）	其他缴纳方（请注明：___）（元/月）	1有 2无	个人缴纳（元/月）	其他缴纳方（请注明：___）（元/月）	1有 2无	个人缴纳（元/月）	其他缴纳方（请注明：___）（元/月）	1有 2无	缴纳方（请注明：___）（元/月）	1有 2无	缴纳方（请注明：___）（元/月）	1有 2无	个人缴纳（元/月）	其他缴纳方（请注明：___）（元/月）
01																
02																
03																
04																
05																
06																

E2 您是否主动提出过办理"五险一金"的要求？

（1）是 （2）否

E3 请问您家庭的社会救助申请情况：

城市最低生活保障（低保金）	1 有 2 没有	____元/月
医疗救助	1 有 2 没有	____元 从来没用过
教育救助	1 有 2 没有	____元/年
临时救助（比如过年过节慰问金，物折合成现金）	1 有 2 没有	____元/年
住房租赁补贴（或廉租房）	1 有 2 没有	____元/月（____平方米）
其他社会救助	1 有 2 没有	____元/年

E4 除了低保金之外，如果您家庭没有享受其他社会救助，是否提出过申请？

（1）是（如果选是，请说明向谁提出申请：_____）

（2）否

E5 您知道本年度本市的低保标准是多少吗？

（1）知道 （2）不知道

E6 您认为本市的低保标准是否合适？

（1）太高 （2）太低

（3）合适 （4）不清楚

E7 您家最近一次低保资格审核的时间？

_____

E8 您家通过什么渠道得知申请低保的资格和程序？

（1）广播、电视、报纸、互联网等媒体

（2）地方民政部门、街道或居委会

（3）亲戚朋友

（4）其他低保领取者

（5）其他

E9 您对低保资格的审批过程是否满意？

（1）非常满意　　　　　　（2）满意

（3）一般　　　　　　　　（4）不太满意

（5）很不满意

E10 您是否定期接受家计调查？

（1）是　　　　　　　　　（2）否

E11 谁来进行调查的？

（1）居委会　　　　　　　（2）街道

（3）区民政部门　　　　　（4）其他社会组织

E12 您是否同意目前实行的收入调查办法？

（1）非常同意　　　　　　（2）同意

（3）一般　　　　　　　　（4）不太同意

（5）非常不同意

E13 您家是从什么时候开始领取低保金的？

_____

E14 您家从申请到审批成功大约用了多长时间？

_____

E15 您申请和领取低保过程中是否张榜公示？

（1）是　　　　　　　　　（2）否

E16 申请低保后在哪里张榜公示？

_____

E16.1 您认为张榜公示有必要吗？

（1）有　　　　　　　　　（2）没有

E17 在低保救助过程中还有哪些组织机构提供过帮助？【可多选】

（1）慈善组织　　　　　　（2）商会协会

（3）企业　　　　　　　　（4）社工机构

（5）家政公司　　　　　　（6）法律援助机构

（7）职业中介　　　　　　（8）残联

（9）其他_____　　　　（10）无

E18 您和家人认为目前低保救助政策存在的主要问题有哪些？【可多选】

（1）低保名额少

（2）低保标准太低

（3）申请过程不公正

（4）工作效率低

（5）领取不方便

（6）不按时发放

（7）配套救助政策不全面

（8）工作人员服务态度不好

（9）其他_____

（10）无

F 居民及其家庭社会资本与社会支持情况

F1 当我们遇到急事（如家人生病）需要别人帮忙时，我们一般都能找到人来帮助

（1）总是

（2）经常

（3）很少

（4）从未

F2 当我们遇到经济困难时，我们一般都能得到他人的帮助（比如能借到一些必需的钱）

（1）总是

（2）经常

（3）很少

（4）从未

F3 在生活或工作中，请列出 3~5 个给您与家庭提供重要帮助或关系密切的人：

编号 姓氏　与您或家庭的关系： 1 直系亲属 2 非直系亲属 3 好朋友 4 普通朋友 5 邻居 6 同事 7 工作上级 8 工作下级 9 居委会工作人员 10 政府工作人员 11 其他（请注明：___）	性别： 1 男 2 女	年龄： （周岁）	户籍： 1 本地城市 2 外地城市 3 农村	关系程度： 1 很密切 2 密切 3 一般 4 不密切 5 很少交往	教育程度： 1 文盲 2 小学 3 初中 4 高中/职高/技校/中专 5 大专 6 本科 7 硕士研究生 8 博士研究生	职业类型： 1 党政机关、企业单位负责人 2 专业技术人员 3 办事人员 4 商业工作人员 5 服务工作人员 6 农业生产人员 7 产业工人 8 警察与军人 9 其他（请注明：___）	具体职位： （请填写）	政治面貌： 1 中共党员 2 民主党派 3 群众	帮助内容：（选三项，按重要程度排序） 1 工作支持 2 生活照顾 3 借钱 4 借东西 5 教育支持 6 信息提供 7 情感支持 8 生活决定 9 帮助看病 10 社会救助 11 其他（请注明：___）
01（　）									1.___　2.___ 3.___
02（　）									1.___　2.___ 3.___
03（　）									1.___　2.___ 3.___
04（　）									1.___　2.___ 3.___
05（　）									1.___　2.___ 3.___

F4 我们家庭和睦，很少发生过争吵。

（1）非常同意 （2）同意

（3）不同意 （4）非常不同意

G 过去一个月的家庭收入和消费情况

G1 过去一个月的家庭收入情况（有，填写实际数字；无，填写 0）

序号	项目	金额（元）
1	正式工作工资收入（指有正式劳动合同的工作）	
2	临时打工工资收入（没有正式劳动合同、雇主不固定）	
3	奖金	
4	加班费	
5	个体经营性收入	
6	出租房屋	
7	退休金	
8	失业救济金	
9	生育保险	
10	城市最低生活保障金	
11	医疗救助（包括医院直接减免和看病后的数额）	
12	医疗保险（包括医院直接减免和看病后报销的数额）	
13	教育救助（包括减免和现金资助的托幼、学杂费、教育培训等）	
14	住房租赁补贴（或廉租房）	
15	临时救助	
16	社会捐助（包括政府、民间组织和社区等捐助的实物或现金）	
17	其他社会救助（包括各种抚恤金、残疾人生活补助等）	
18	成年子女、其他亲属和朋友等资助（包括赠予的现金和礼物）	
19	向亲戚或朋友借款	
20	向银行借贷	
21	变卖资产收入	
22	其他收入（请说明：_____）	
23	房租减免（每月减免数额）	

续表

序号	项目	金额（元）
24	水、电、煤气、卫生费用减免（每月减免数额）	
25	其他减免（请说明：＿＿＿＿＿＿＿）	

G2 过去一个月的家庭开支情况（有，填写实际数字；无，填写 0）

序号	项目	金额（元）
1	米、面、杂粮（包括粮食制品和半成品）	
2	蔬菜	
3	水果	
4	肉、禽类和水产品（包括熟食、制品和半成品）	
5	蛋	
6	奶、奶粉	
7	食用油、盐、调料	
8	烟、酒、茶叶、饮料	
9	自己在外饮食	
10	在外请客	
11	房租	
12	水、电、煤气	
13	洗澡、理发、护理、美容	
14	日常消耗品（包括洗涤用品、护理及化妆用品、卫生用品）	
15	家用电器、家具	
16	儿童服装、鞋帽	
17	成人服装、鞋帽	
18	儿童玩具、体育用品	
19	子女教育费用（包括学杂费、生活费、学习用具、家教、课外学习等）	
20	成人教育、培训费用	
21	孩子零用钱	
22	儿童医药费用（包括看医生和自购药品）	

续表

序号	项目	金额（元）
23	成人医药费用（包括看医生和自购药品）	
24	本市或外地旅游	
25	交通费用	
26	公园、电影、剧院	
27	报纸、杂志、书籍	
28	通信费用（座机、手机费）	
29	有线电视费用	
30	网络费用	
31	住房、家用电器及交通工具等维修费用	
32	其他支出（1）（请说明：_____）	
33	其他支出（2）（请说明：_____）	
34	截至本月底的银行存款额	
35	截至本月底的现金节余（不包括银行存款）	
36	截至本月底的借款总额	

H 居民家庭的物质资本（非房）情况

H1 家庭拥有家具及耐用消费品情况（有，填写实际数字；无，填写 0）

序号	名称	数量
1	彩色电视机	
2	影碟机（DVD/VCD/CD）	
3	照相机、摄像机	
4	电冰箱、冰柜	
5	台式电脑	
6	笔记本电脑、平板电脑	
7	洗衣机	
8	空调	
9	汽车	

续表

序号	名称	数量
10	摩托车	
11	电动自行车	
12	固定电话	
13	手机	
14	缝纫机	
15	煤气液化灶具	
16	抽油烟机	
17	微波炉	
18	床、衣柜、沙发等大型家具	
19	重要生产工具（请说明：_____）	
20	其他（请说明：_____）	

Ⅰ下面是一些陈述语句，请根据您与您家庭的实际情况或感受，在相应的格子中打上"√"。

陈述语句	很同意	同意	不同意	很不同意
1. 再过几年，我相信我们家的生活会有很大的改善或提高				
2. 现在的家庭收入基本能维持住生活				
3. 在过去的一年里，我们家去下馆子的次数不超过 3 次				
4. 我们家的孩子从未参加过任何补习班、辅导班或特长班				
5. 政府对我们的帮助很大				
6. 我们家很少参加亲戚朋友的红白喜事				
7. 现在很难能找到一份收入在 1000 元以上的工作				
8. 我或我们家人经常换工作，工作非常不稳定				
9. 我对我们家的生活还是很有信心的				
10. 我对孩子抱有很大的期望，孩子也都很争气				
11. 街道、居委会对我们直接帮助很大				

陈述语句	很同意	同意	不同意	很不同意
12. 政府以外组织力量（慈善组织、商会行会、企事业单位、社工机构、中介机构、志愿者）对我们没有直接帮助				

BECK 抑郁询问表与焦虑量表

J1 下表是 BECK 抑郁询问表，请仔细阅读每项，结合您最近一周内的情绪（包括今天）做出符合自己情况的选择，选择 4 种情况中的一种（0、1、2、3），请直接在（0、1、2、3）相应位置上打上"√"。询问表如下：

1	2
（0）我不感到忧愁（悲伤）	（0）对于将来，我不感到悲观
（1）我感到忧愁	（1）我对将来感到悲观
（2）我整天感到忧愁，且不能改变这种情绪	（2）我感到没有什么可指望的
（3）我非常忧伤或不愉快，以致我不能忍受	（3）我感到将来无望，情况不会有改善
3	4
（0）我没有失败的感觉	（0）我对做过的事，没有什么不满意的
（1）我觉得我比一般人失败的次数多些	（1）我对做过的事，不太满意
（2）当我回首过去，我看到的是许多失败	（2）我对任何事情都感到不满意
（3）我觉得我是一个彻底失败了的人	（3）我对一切都感到厌倦
5	6
（0）我没有特别感到内疚	（0）我没有感到正在受惩罚
（1）在相当一部分时间内我感到内疚	（1）我感到我可能受惩罚
（2）在部分时间里我感到内疚	（2）我预感会受惩罚
（3）我时刻感到内疚	（3）我感到正在受惩罚
7	8
（0）我感到我并不使人失望	（0）我感觉我并不比别人差

续表

(1) 我对自己感到失望	(1) 我对自己的缺点和错误常自我反省
(2) 我讨厌自己	(2) 我经常责备自己的过失
(3) 我痛恨自己	(3) 每次发生糟糕的事我都责备自己
9	10
(0) 我从来没有任何自杀的念头	(0) 我不像一般人那样爱哭
(1) 我有过自杀的念头但不会真去干	(1) 我比过去爱哭了
(2) 我很想自杀	(2) 现在我经常哭
(3) 如果有机会，我会自杀的	(3) 我过去总爱哭，现在想哭也哭不出来了
11	12
(0) 和过去相比，我现在生气并不更多	(0) 我对别人没有失去兴趣
(1) 我现在比过去更容易生气发火	(1) 与过去相比，我对别人的兴趣减退了
(2) 我觉得现在所有的时间都容易生气	(2) 我对别人已没有多大兴趣了
(3) 过去使我生气的事，现在一点也不生气	(3) 我对别人已经毫无兴趣
13	14
(0) 我与以往一样能做决定	(0) 我觉得自己看上去和以前差不多
(1) 我现在做决定没有以前果断	(1) 我担心我看上去老了或没有以前好看了
(2) 我现在做决定比以前困难多了	(2) 我觉得我已老了，外貌看上去不好看了
(3) 我现在完全不能做决定	(3) 我认为我看上去很丑了
15	16
(0) 我能和往常一样地工作	(0) 我像往常一样睡得香
(1) 开始去做某些事时要付出很大的努力	(1) 我不如以前睡得香
(2) 我不得不强迫自己去做事情	(2) 我比过去早 1~2 小时醒，且再难入睡
(3) 我什么事也干不成	(3) 比过去早几小时醒来，且再也不能入睡
17	18
(0) 我现在并不比往常感到容易疲劳	(0) 我的食欲和以前一样好

(1) 我现在比往常容易疲劳	(1) 我的食欲不如以前好
(2) 我做任何事都容易疲劳	(2) 我的食欲很差
(3) 我太疲劳了以至于我不能做任何事情	(3) 我没有一点食欲
19	20
(0) 近来我的体重没有减轻多少	(0) 与以往比我并不过分担心身体健康
(1) 我的体重减轻了5斤多	(1) 担心自己的健康，如胃不舒服、便秘
(2) 我的体重减轻了10斤多	(2) 很担心自己的健康，很难去顾及其他
(3) 我的体重减轻了15斤多	(3) 很担心自己的健康，根本不能想其他事
21	
(0) 最近我的性兴趣跟过去一样没有变化	
(1) 我不像往常那样对性感兴趣	
(2) 我现在对性没有多大兴趣	
(3) 我对性完全失去了兴趣	

J2 下表是 BECK 焦虑量表，请您仔细阅读下列各项，指出最近一周内（包括当天）各种症状烦扰的程度，并在相应的空格中打上"√"。

编号	症状	症状程度			
		无 (1)	轻度 （无多大烦扰） (2)	中度 （感到不适但尚能忍受） (3)	重度 （只能勉强忍受） (4)
1	麻木或刺痛				
2	感到发热				
3	腿部颤抖				
4	不能放松				
5	害怕发生不好的事情				
6	头晕				
7	心悸或心率加快				
8	心神不定				

编号	症状	症状程度			
		无 （1）	轻度 （无多大烦扰） （2）	中度 （感到不适但 尚能忍受） （3）	重度 （只能勉强忍受） （4）
9	惊吓				
10	紧张				
11	窒息感				
12	手发抖				
13	摇晃				
14	害怕失控				
15	呼吸困难				
16	害怕快要死去				
17	恐慌				
18	消化不良或腹部不适				
19	昏厥				
20	脸发红				
21	出汗（非因暑热冒汗）				

图书在版编目（CIP）数据

城市贫困家庭可持续生计：发展型社会政策视角／
高功敬著． -- 北京：社会科学文献出版社，2018.9
（社会政策丛书）
ISBN 978 - 7 - 5201 - 3350 - 0

Ⅰ.①城… Ⅱ.①高… Ⅲ.①城市 - 贫困问题 - 社会
政策 - 研究 - 中国 Ⅳ.①D632.1

中国版本图书馆 CIP 数据核字（2018）第 199931 号

社会政策丛书
城市贫困家庭可持续生计
——发展型社会政策视角

著　　者／高功敬

出　版　人／谢寿光
项目统筹／胡庆英
责任编辑／胡庆英

出　　　版／社会科学文献出版社·社会学出版中心（010）59367159
　　　　　　地址：北京市北三环中路甲 29 号院华龙大厦　邮编：100029
　　　　　　网址：www.ssap.com.cn
发　　　行／市场营销中心（010）59367081　59367018
印　　　装／三河市东方印刷有限公司

规　　　格／开　本：787mm×1092mm　1/16
　　　　　　印　张：18　字　数：251 千字
版　　　次／2018 年 9 月第 1 版　2018 年 9 月第 1 次印刷
书　　　号／ISBN 978 - 7 - 5201 - 3350 - 0
定　　　价／89.00 元